Bruce Miller

Leben im Rhythmus

Lebensphasen erkennen und optimal ausschöpfen

Bibliografische Information der Deutschen Nationalbibliothek
Die Deutsche Nationalbibliothek verzeichnet diese Publikation in der Deutschen Nationalbibliografie; detaillierte bibliografische Daten sind im Internet über http://dnb.ddb.de abrufbar

Titel der Originalausgabe: Your Life In Rhythm

Bruce Miller

Leben im Rhythmus
Lebensphasen erkennen und optimal ausschöpfen

Best.-Nr.: 652.808, ISBN: 978-3-939577-07-2

Verwendete Bibelübersetzungen: Soweit nicht anders angegeben stammen die Bibelzitate aus Gute Nachricht, 1997, © Deutsche Bibelgesellschaft.

Cover: David Schultze
Übersetzung & Satz: Holger S. Hinkelmann
Lektorat: Frauke Bielefeldt
Druck und Verarbeitung: CPI – Ebner & Spiegel, Ulm

www.pulsmedien.de

Inhalt

Teil V: Der ultimative Rhythmus

Anhang

Vorwort

Bruce Miller ist als Ehemann, Vater, Gemeindegründer, Pastor, Autor und theologischer Lehrer in der Tat darin geübt, „viele Bälle in der Luft zu halten". Die „Tyrannei der Dringlichkeit" und die Last vieler Verantwortlichkeiten sind ihm bestens vertraut. Dass ein gut gemeinter Rat, doch besser auf seine „Balance" zu achten, bei ihm auf Unverständnis gestoßen ist, kann man gut nachvollziehen. Doch wie findet man dieses ausbalancierte Leben? Wie hält man inmitten von Aufgaben und Verpflichtungen das Lebensgleichgewicht und bleibt dennoch dynamisch und wirkungsvoll? Vor allem: Hat diese Art der Ausgewogenheit jemals bei irgendjemandem funktioniert?

Leben im Rhythmus ist weder eine biblische Theologie des Zeitmanagements noch ein oberflächlicher Selbsthilfe-Ratgeber zur Entfaltung unseres vollen Lebenspotenzials. Bruce Millers Buch ist „Weisheitsliteratur" im besten Sinne. Überzeugend zerstört es den Mythos einer erreichbaren (Lebens-)Balance, ein Phantom, dem viele verantwortliche Leiter in Beruf und Gemeinde seit Jahren vergeblich hinterherhecheln. Miller hat recht: Absolute Balance ist nicht nur kaum zu verwirklichen. Ständige Ausgewogenheit erscheint vielmehr als sicherer Weg, um lediglich Durchschnittlichkeit zu erreichen. Und was noch wichtiger ist: Balance ist kein biblisches Ziel. Menschen, die im Sinne Gottes Spuren hinterlassen haben, waren alles andere als „in Balance". Jesus lebte ein radikales und hingegebenes, kein ausbalanciertes Leben. Gleiches fordert er von seinen Nachfolgern. Und auch Paulus macht in seinen Briefen keineswegs den Eindruck, als sei er ständig im viel beschworenen Gleichgewicht. Ein solches scheint für ihn auch nie erstrebenswert gewesen zu sein. Ihm war eher daran gelegen, die sich ihm in der jeweiligen Lebenssituation bietenden gottgegebenen Gelegenheiten bestmöglich zu nutzen. Diese Liste ließe sich unschwer fortsetzen.

In diesem Sinne plädiert Bruce Miller für einen Lebensstil, der nicht ein umfassendes Gleichgewicht zum Ziel hat, sondern sich an den schon in der Schöpfung angelegten Rhythmen des Lebens orientiert. Dabei hilft er uns zu verstehen, dass unterschiedliche Lebensphasen völlig unterschiedliche Möglichkeiten, Einschränkungen und Herausforderungen beinhalten. Diese Einsicht bewahrt vor unrealistischen und ungesunden Erwartungen und hilft gleichzeitig, die vorhandene Zeit dennoch effektiv auszukaufen. Die eigene Lebensgeschwindigkeit, die Arbeitsbelastung und andere Prioritäten bewusster an natürlicherweise vorgegebenen Rhythmen zu orientieren, bietet hilfreiche Perspektiven, die einerseits schöpfungsgemäß-intuitiv erscheinen und doch überraschend häufig vernachlässigt werden. Ich bin Bruce persönlich dankbar für seine engagierte Erinnerung.

Leben im Rhythmus ist sicher kein Allheilmittel, um getriebene Workaholics vor dem Ausbrennen zu bewahren. Doch wer sich darum bemüht, über die in diesem Buch vorgeschlagenen Strategien nachzudenken und sie sich vielleicht sogar anzueignen versucht, schützt sich vor Dauerstress und vor den völlig irrationalen (und dennoch weitverbreiteten) Schuldgefühlen, die darin bestehen, in den der Erholung dienenden Ruhezeiten zu wenig und in intensiven Stoßzeiten zu viel zu tun. Wer nach dem Lesen anderer Ratgeber für mehr Lebenseffektivität frustriert und überfordert zurückgeblieben ist, findet hier eine hoffnungsvolle, lebensnahe, weise und vor allem weitgehend umsetzbare Alternative. Bruce Millers Buch ist in vielerlei Hinsicht eine befreiende und zugleich praktische Lektüre mit dem Potenzial, manchen Lebensrhythmus positiv zu beeinflussen.

Philipp Bartholomä, Januar 2012

Einleitung: Die Last der Balance

Fühlen Sie sich manchmal überfordert? Erwischen Sie sich dabei, wie Sie am Arbeitsplatz jede Menge Überstunden einschieben oder quer durch die Stadt hasten, um die Kinder zu ihren Freizeitaktivitäten zu bringen? Versuchen Sie krampfhaft, alle Ihre Verpflichtungen zu Hause, an der Arbeit, in der Ausbildung und in der Gemeinde miteinander in Einklang zu bringen? Kommen Sie sich vor wie ein Jongleur, der mehrere Bälle gleichzeitig in der Luft halten muss – und dabei das Gefühl hat, dass es mindestens ein Ball zu viel ist?

Und während Sie alle Ihre Aufgaben jonglieren und Ihr Bestes geben, verklickert Ihnen jemand anders, dass Sie Ihr Leben *in Balance* bringen müssten. Wenn Sie das kennen, halten Sie das richtige Buch in der Hand.

Unzählige Zeitmanagementsysteme und Ratgeber bauen auf dieser Vorstellung auf, dass Sie Ihr Leben in Balance bringen müssten. Vielleicht haben Sie sogar ein Seminar zum Thema „Work-Life-Balance" besucht. Schließlich ist das in den letzten Jahren ein großes Thema.

Stephen Covey schreibt im *Forbes Magazine:* „Die Herausforderung, Arbeit und Privatleben miteinander in Einklang zu bringen, ist ohne Frage eines der bedeutendsten Probleme des modernen Menschen. Ich habe an Tausenden von Orten das jeweilige Publikum nach seinen größten persönlichen und beruflichen Herausforderungen gefragt. Die Frage nach der Vereinbarkeit von Berufs- und Privatleben wurde immer zuerst oder als eines der ersten Probleme genannt."[1]

Jim Bird, der Leiter von WorkLifeBalance.com, sagt: „Die Nachfrage nach Lösungskonzepten zur Vereinbarung von Beruf und Privatleben steigt unter Angestellten und Führungskräften in einem noch nie da gewesenen Ausmaß. Entsprechend ist „Work-Life-Balance“ ein immer heißeres Thema in den Sitzungsräumen von Firmen und Regierungen. Im kommenden Jahrzehnt wird dieses Thema eines der zentralen Fragen sein, die Führungskräfte und Personalabteilungen lösen müssen.“[2]

Doch was ist, wenn dieses Streben nach Ausgewogenheit ein Teil des Problems ist und nicht die Lösung? Was ist, wenn das Ziel, in Balance zu leben – so gut es gemeint sein mag – weder klug noch umsetzbar noch erreichbar ist? Was ist, wenn dieses Ideal einem nur noch zusätzliche untragbare Lasten auferlegt und noch näher an den Burnout treibt?

Die Vorstellung von einem ausgewogenen, ausgeglichenen Leben ist so stark in unserer Kultur verankert, dass es kaum vorstellbar ist, dass es etwas Besseres geben könnte. Aber was wäre, wenn Sie einen Weg finden könnten, voller Feuer zu leben, ohne dabei auszubrennen? Was wäre, wenn Sie einen erfrischend neuen Ansatz finden würden, um das Leben zu gestalten – einen Weg, mit dem Sie den Stress verringern, Ihre Zufriedenheit erhöhen und gleichzeitig mehr Erfüllung erfahren würden?

Ich spreche nicht von einem perfekten Leben oder einem Patentrezept, das alle Ihre Probleme lösen wird. Es geht nicht um ein Wundermittel, das Ihnen allen Stress und jede Schwierigkeit nimmt. Trotzdem müssen Sie sich nicht mit Burnout, Rastlosigkeit und Schuldgefühlen abfinden! Es *gibt* einen besseren Weg: Leben im Rhythmus.

Natürlicher leben

Wissenschaftler entdecken im Moment, dass ein rhythmischer Lebensstil zu einem gesünderen Leben führt. Das leuchtet ein, oder? Unsere gesamte Welt bewegt sich in Kreisläufen: Die Jahreszeiten wechseln. Der Winter weicht dem Frühling, dann steigen die Temperaturen bis zum Sommer an, um im Herbst wieder abzufallen, bis schließlich wieder der Winter einzieht. Der Mond nimmt zu und ab. Die Sonne geht auf und unter. Das Leben pendelt; es verläuft nicht linear oder gleichförmig.

Unser eigenes Leben ist genauso von Rhythmen geprägt. Das beginnt bei unserem Herzschlag, geht weiter über die Atembewegungen und reicht bis zu unserem Bedürfnis nach Essen oder Schlaf. Unser Körper funktioniert rhythmisch.

Wenn wir in unserer Zeit- und Lebensplanung Rhythmus statt Gleichgewicht anstreben, können wir unser Leben in Einklang bringen mit den Rhythmen der Natur. Wir können uns von überflüssigen Schuldgefühlen befreien, weil es ein vergeblicher Versuch ist, alles gleichzeitig unter einen Hut bringen zu wollen.

Auf den folgenden Seiten werde ich Ihnen sechs Rhythmusstrategien vorstellen. Wenn Sie sie umsetzen, werden sie Ihnen zu einem besseren, gesünderen, und erfüllteren Leben verhelfen, das mit den Abläufen und Zyklen des Daseins im Einklang ist. Wenn Sie so leben, werden Sie entdecken, wie Sie das tun können, was wirklich zählt, aber mit weniger Stress und Schuldgefühlen, wie Sie von zielloser Geschäftigkeit frei werden und wie Sie voller Feuer leben können, ohne auszubrennen. Sie werden lernen, wie Sie entspannter und mit mehr Freude leben können.

Leben im Rhythmus – dafür ist Ihr Leben eigentlich bestimmt.

Wie Sie am meisten von diesem Buch profitieren

Leben im Rhythmus stellt einen neuen Lebensansatz vor, der sich sofort und ganz praktisch auswirken kann. Damit Sie möglichst viel von diesem Buch haben, schlage ich Ihnen vor:

1. Lesen Sie das Buch zusammen mit anderen. - *Leben im Rhythmus ist* so aufgebaut, dass eine Gruppe oder ein Team gut damit arbeiten können. Am Ende des Buches finden Sie Fragen, um miteinander ins Gespräch zu kommen oder auch, um für sich alleine weiterzudenken. Viele Leute wollen sich jedoch über ihre Erkenntnisse austauschen und wünschen sich Ermutigung von anderen, die ebenso dabei sind, die Rhythmusstrategien umzusetzen.
2. Machen Sie die Übungen. - In einigen Kapiteln finden Sie kurze Übungen, um die jeweilige Strategie auf Ihr Leben anzuwenden. Dadurch können Sie es gleich praktisch werden lassen.

3. Teilen Sie Ihre Erkenntnisse mit anderen. – Sprechen Sie mit andern über den rhythmischen Ansatz und ermutigen Sie sie, diesen Lebensstil auszuprobieren.

Teil I

Rhythmus

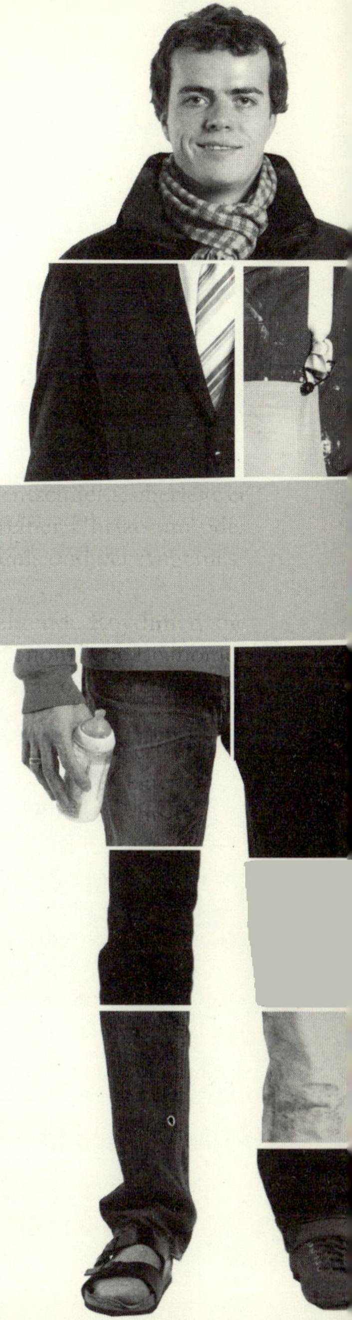

Wie ich zum Rhythmus fand

1

Ich habe Rhythmus; ich habe Musik … was will ich mehr?
George und Ira Gershwin

Als Lebenskonzept hat mich „Balance" nie überzeugt. Instinktiv war mir klar, dass da irgendetwas faul dran war, ohne dass ich es hätte greifen können. Was wäre die Alternative zu einem Leben in Balance?

Meine Freunde werfen mir berechtigterweise vor, dass ich ein Macher hoch drei bin. Ich liebe es, Dinge schnell und mit Nachdruck voranzutreiben, und bin voll auf meine Ziele ausgerichtet. Unweigerlich werfe ich dabei zu viele Bälle in die Luft und einige fallen zu Boden. Ein volles Programm gehörte immer zu meinem Leben dazu. Unzählige Male haben wohlmeinende Leute mir geraten, mein Leben in Balance zu bringen. Aber was sollte das heißen?

Ich habe ehrlich versucht, mir so ein Leben in Balance vorzustellen, aber es ist mir nicht gelungen. Mein Problem war, dass mir eine klare Beschreibung fehlte. Keiner konnte mir eine Definition geben; jeder meinte, das sei doch selbsterklärend. Aber wenigstens ich sah mich nur vor einem riesigen Fragezeichen. Wollten sie mir sagen, dass ich Tempo aus meinem Leben herausnehmen sollte? Oder weniger arbeiten? Mir weniger vornehmen?

„Balance", „Gleichgewicht" - das klang für mich nach irgendetwas mittendrin; wie ein Versuch, durchschnittlich zu sein. Es erinnerte mich an meine Kindheit, als ich mit meinem Freund Don Mickle im Churchill Way Park spielte. Wir turnten gerne auf der grünen Holzwippe. Jeder von uns setzte sich an ein Ende und dann rutschte einer von uns beiden so weit in die Mitte vor, bis die Wippe waagerecht in der Luft stand. Wenn wir es richtig machten, verharrte die Schaukel einen Moment in der Luft. Wenn sich jedoch einer von uns nur ein wenig bewegte, landete der Schwerere mit Wucht auf dem harten Asphalt.

Ist so eine Wippe ein Bild für ein Leben im Gleichgewicht? Wenn ja, dann könnte es so manches böse Ende geben, denn nur wenige sind in der Lage, ihre Wippe exakt in der Waage zu halten. Jedes Mal, wenn ich von dieser Forderung nach einem Leben in Balance hörte, dachte ich: Da muss es ein besseres Lebenskonzept geben. Gibt es kein besseres Leitbild?

Als Bibelleser fragte ich mich, was Jesus zu dieser Frage zu sagen hatte. Immerhin schienen Kirchgänger besonderen Wert darauf zu legen, ihr Leben im Gleichgewicht zu halten. Aber obwohl ich die Bibel von vorne bis hinten las, konnte ich keine Anweisung dazu finden. Mehr noch, Jesu eigenes Leben schien mir in keiner Weise ausgeglichen gewesen zu sein. Er ruft dazu auf, sein Kreuz auf sich zu nehmen und sein Leben aufs Spiel zu setzen. Opfer und Balance passen irgendwie nicht zusammen. Wenn schon, dann ruft Jesus zu einem radikalen Leben auf, nicht zu einem ausgeglichenen.

Trotzdem fühlte ich mich jahrelang schuldig, weil ich kein ausgeglichenes Leben führte. Es gab Zeiten, in denen ich vielleicht mal für kurze Zeit meinte, ich wäre nahe dran. Aber dann kamen wieder so viele andere Phasen, in denen ich das Licht in meinem Büro erst nach Mitternacht ausmachte und mir mein Leben überhaupt nicht ausgeglichen vorkam.

Während ich mich also mit diesem Ideal nicht identifizieren konnte, schien das allen anderen so klar zu sein, dass ich meinte, ich sei der Einzige, der es nicht kapierte. Es stresste mich, dass ich nicht so lebte, wie ich es wohl eigentlich sollte, obwohl ich vom Ziel gar nicht überzeugt war.

Über die Jahre bin ich so manches Buch zum Thema „Erfolg und Leiterschaft" durchgegangen. Ich habe die neuesten Zeitmanagementtechniken ausprobiert: Mein Terminplan stand schon in den ausgefeiltesten Terminkalendern und Zeitplansystemen, in Palms, Blackberrys oder bei Outlook. Alle Systeme hatten ihre Vorteile und waren in irgendeiner Weise hilfreich, aber irgendetwas hat gefehlt.

Der Geistesblitz

Als ich vor einigen Jahren auf einer Leiterschaftskonferenz in Neuseeland sprach, hatte ich einen Geistesblitz. Jeder im Raum kam sich wahnsinnig beschäftigt und gestresst vor und hatte Schuldgefühle, dass er nicht alles schaffte, was er meinte, schaffen zu müssen (genauso wie die meisten anderen Leute, mit denen ich darüber rede). Einige standen kurz vor einem Burnout. Mitten in einer Fragerunde brachte jemand das Thema „Work-Life-Balance" auf.

Während ich auf die Fragen einging und Konzepte ans Whiteboard malte, hatte ich plötzlich eine Eingebung: Rhythmus! Rhythmus ist ein besseres Bild als Balance.

Ich weiß nicht genau, wie die Idee entstand. Wir sprachen einerseits über Ruhebedürfnis und Auszeiten und andererseits über die Anstrengungen bei der Gründung von neuen Organisationen. Vielleicht habe ich Wellenlinien an die Tafel gemalt, die mich an das Auf und Ab im Leben erinnerten. Irgendwie kamen die Gedanken zusammen und mir fiel auf, dass die unterschiedlichen Abschnitte im Leben eine unterschiedliche Lebensweise erfordern. Ruhe und Einsatz müssen nicht *im gleichen Moment* im Gleichgewicht gehalten werden, sondern *im Laufe der Zeit* im Rhythmus sein.

Die Neuseeländer reagierten so positiv auf die Idee vom Rhythmus, dass ich überrascht war. Ein paar Wochen später erzählte mir mein Freund Rowland Forman, der die Konferenz in Neuseeland veranstaltet hatte, dass das Stichwort „Rhythmus" für die Leiter die große Errungenschaft der Konferenz gewesen sei. Sie ermutigten mich, meine Gedanken als Buch herauszugeben, obwohl sie noch gar nicht richtig ausgearbeitet gewesen waren, sondern nur eine plötzliche Eingebung, der sofort alle zugestimmt hatten.

Zurück in den USA machte ich mich an die Arbeit, um herauszufinden, ob der Ansatz vom Rhythmus vielleicht den der Ausgeglichenheit als Bild für ein gut organisiertes Leben ersetzen könnte. Schon bald merkte ich, dass das Konzept so große Möglichkeiten barg, dass es als Leitgedanke mehr als geeignet war. Je länger ich über Rhythmus nachdachte, desto mehr Dinge in meinem Leben und in der Welt entdeckte ich, auf die das Prinzip passte. Es erschien mir so offensichtlich, dass ich mich wunderte, warum nicht schon jemand früher darauf gestoßen war.

Ausgeglichenheit ist ein grundsätzlich statisches Konzept, das darauf ausgerichtet ist, eine gewisse Spannung zwischen festen Gegenständen zu bewahren. Rhythmus dagegen ist *Bewegung*. Er findet in der Zeit statt. Er befindet sich im Fluss; genau wie unser Leben, das auch nicht gleichförmig oder beständig ist, sondern immer in Bewegung und Veränderung begriffen.

Um das Konzept zu entwickeln, musste ich anfangs nicht weiter als auf meinen eigenen Körper achten. Ich legte meine Hand auf meine Brust und fühlte den Rhythmus meines Herzschlags. Ich horchte auf den natürlichen Rhythmus meines Atems: Einatmen und Ausatmen. Aus dem Biologieunterricht in der Schule wusste ich, dass es in unserem Körper jede Menge von natürlichen Rhythmen gibt. Die Hirnströme sollten z. B. nicht linear verlaufen, das wäre ein ganz schlechtes Zeichen. Auf einem EEG wollen wir Schwingungen sehen: ein Auf und Ab.

Es ist so offensichtlich: Der menschliche Körper funktioniert rhythmisch und genauso das Leben.

Eine erstaunliche wissenschaftliche Entdeckung

Internet-Schnellsuchen stießen mich auf eine wissenschaftliche Disziplin, die ich bis dahin nicht kannte: die *Chronobiologie*, die das Leben in ihren Abläufen untersucht. In den letzten Jahrzehnten haben Wissenschaftler vieler verschiedener Fachgebiete entdeckt, dass Rhythmen sowohl die Natur als auch den menschlichen Körper bestimmen. Mehrere bedeutende Universitäten in den Vereinigten Staaten (darunter die Universität von Texas, an der ich studiert habe) haben Forschungseinrichtungen für Chronobiologie eingerichtet. Die Chronobiologie etabliert sich zunehmend. Was ich las, faszinierte mich und machte mir immer klarer, dass diese Erkenntnis zu einem grundlegenden Umdenken in der Wissenschaft führen würde.

Ich malte mir aus, welche Folgen dies für das Alltag der Menschen haben würde. Unsere moderne Welt, der technische Fortschritt – angefangen von der Industrialisierung über die Erfindung der Glühbirne, über Flugreisen bis hin zum Internet – hat unsere intuitive Übereinstimmung mit den Rhythmen der Natur durcheinandergebracht.

Früher setzten einmal Sonnenaufgang und -untergang dem menschlichen Leben Grenzen. Wenn es heute dunkel wird, schalten wir einfach das Licht ein und machen mit dem weiter, womit wir gerade beschäftigt sind. Wir müssen bei Rhythmen noch nicht einmal bis zu den Tieren gehen (mit ihren natürlichen Kreisläufen und Grenzen) oder zu den jahreszeitlich bedingten Kreisläufen bei Pflanzen. Man denke nur an unseren Speiseplan: Früher wechselten die Lebensmittel je nach Jahreszeit. Heute können wir im Sommer Trauben aus Kalifornien und im Winter aus Chile essen. Und alles, was wir sonst noch haben wollen, kann wahrscheinlich irgendwo im Internet bestellt werden, rund um die Uhr, 365 Tage im Jahr.

In der vorindustriellen Zeit folgten die normalen Menschen überall auf der Welt den Abläufen, die Sonne und Mond in ihrem Zusammenspiel mit der Erde vorgaben. Heutzutage haben wir das Gespür für diese natürlichen Abläufe verloren. Was ist heute mit uns los?

Als Pastor habe ich so manches persönliche Schicksal hautnah miterlebt, Siege wie Niederlagen. Ich habe mit gejubelt, wenn Menschen mit kaputtem Leben einen Neuanfang wagten, und habe mitgeweint, wenn einst glückliche Beziehungen zerbrachen. Ich habe mitbekommen, wie Menschen ihr Leben vergeudet und ihre Terminpläne überfrachtet haben. Zu viele meiner Freunde leiden unter enormem Stress und werden gleichzeitig von Schuld über ihr Versagen geplagt, weil sie es nicht schaffen, dieses sagenumwobene Ideal eines Lebens im Gleichgewicht zu erreichen. Manche haben einen Burnout erlebt. Andere schlagen sich durch und versuchen, irgendwie zu überleben.

So begann ich mich zu fragen: Wenn alles um uns herum nach natürlichen Lebensrhythmen abläuft, warum leben dann nicht auch wir so unser tägliches Leben? Was ist, wenn der Mythos von einem Leben im Gleichgewicht Teil des Problems ist? Was ist, wenn wir uns ein falsches Ziel gesteckt haben?

Die ersten Gehversuche

Als Erstes begann ich, meine Vorstellungen von einem Leben in Rhythmen auf meine Ehe anzuwenden. Tamara und ich überlegten, wie wir miteinander mit den natürlichen Kreisläufen umgehen, und fragten uns: Was können wir täglich und wöchentlich tun, um unsere Ehe zu erneuern und zu bereichern? Und weiter: Wie sieht das monatlich, im Quartal und jährlich aus?

Danach probierten wir aus, ob ähnliche Muster auch in der Erziehung oder unserer persönlichen Stillen Zeit funktionierten. Die Ergebnisse überzeugten mich so sehr, dass ich den Gedanken eines rhythmischen Lebensstils auch in meiner Seelsorge und Beratung von Menschen anwandte. Auch bei ihnen hat es funktioniert.

Dabei habe ich auch Fehler gemacht. Von meiner Persönlichkeit her neige ich dazu, dieses einfache – wenn auch tiefsinnige – Prinzip zu viel zu analysieren und zu organisieren. Die Menschen haben schon rhythmisch gelebt, bevor sie jemals einen Buchstaben geschrieben oder ein Dorf gebaut haben. Ich bin versucht, ein System daraus zu machen und es zu skizzieren und in Schaubilder aufzuzeichnen. Natürlich kann man das tun (und ich persönlich finde das recht hilfreich), aber das Faszinierende an der Idee vom Rhythmus liegt darin, dass sie ein grundlegendes Prinzip beschreibt, auf das unser Leben tatsächlich zugeschnitten wurde. Der Schlüssel liegt darin, dass wir uns neu als rhythmische Wesen in einer rhythmisch organisierten Welt begreifen, ohne ein künstliches System zu erfinden.

Meine Frau hasst Diagramme und Schaubilder. Obwohl sie den Rhythmusgedanken gut findet, meinte sie, ich würde nicht ganz richtig ticken, als ich versuchte, unser Leben nun entsprechend durchzugestalten. Sie warnte mich davor, mein Leben nur mit der Planung zu verbringen, ohne die Pläne jemals in die Praxis umzusetzen. Trotzdem haben wir beide von der rhythmischen Lebenssicht profitiert, auch wenn unsere Herangehensweisen ganz unterschiedlich sind.

Weitere Entdeckungen

Als ich weitere Bücher zum Thema „Rhythmus“ las, stieß ich auf Gail Sheehys bahnbrechende Studie über die Phasen des Erwachsenenlebens, die sie in zwei Büchern veröffentlicht hat: *Passages* (1976) [deutsch: *In der Mitte des Lebens*] und *New Passages* (1995) [deutsch: *Die neuen Lebensphasen*]. Obwohl Sheehy den Rhythmusgedanken nicht ausdrücklich zu einem Konzept ausbaut, öffnete mir doch ihr Werk über Lebensphasen die Augen dafür, dass wir uns jeweils in Lebensrhythmen sehen müssen.
So hat z. B. unser Leben einen bestimmten Rhythmus, wenn wir alleinstehend sind. Das ändert sich jedoch, wenn wir heiraten, Kinder bekommen, die Kinder aus dem Haus gehen, wir in Rente gehen und schließlich alt werden. Ich weiß, das klingt selbstverständlich, aber häufig übersehen wir, dass unser Leben in Phasen verläuft.

Aus William Dohertys zukunftsweisendem Buch *The Intentional Family*[3] lernte ich, wie Rituale zu einem besseren Miteinander und zu einer Stärkung von Familien und Ehen führen können. Weil Rituale ihrer Natur nach rhythmisch sind, können sie ohne Schwierigkeiten in die natürlichen Abläufe, die unsere Welt ordnen, integriert werden.

Profisportler verstehen etwas von Rhythmus. Sie haben entdeckt, welches Trainingspotenzial das Intervalltraining bietet, bei dem sich „Arbeits- und Erholungszeiten in festen Intervallen abwechseln“.[4] In *Die Disziplin des Erfolgs* zeigen Jim Loehr und Tony Schwartz ihren brillanten Ansatz, wenn sie von einer „rhythmischen, wellenförmigen Bewegung zwischen Aktivität und Ruhepause“ sprechen.[5]

Erste Reaktionen

Schon recht früh trug ich diese Überlegungen den Mitarbeiterinnen eines groß angelegten Kleinkinderprogramms vor. Es waren hauptsächlich junge Frauen mit kleinen Kindern; einige arbeiteten Teilzeit, einige waren ledig, einige verheiratet, einige geschieden und einige hatten andere Partnerschaften. Sehr schnell waren sie sich einig, dass überhöhter Stress, Hektik und Schuldgefühle die Hauptprobleme in ihrem Leben waren. Sie gestanden sich auch ein, dass das Konzept von einem Leben im Gleichgewicht ihnen nicht weitergeholfen hatte. Auf Anhieb ließen sie sich auf den Rhythmusgedanken ein. Sie erklärten, dass er ihnen Freiheit gäbe und sie von dem quälenden, selbst auferlegten Erwartungsdruck befreite, den ihr Streben nach einem idealen, ausgewogenen Leben ihnen beschert hatte. Im Nachhinein sandte mir die Leiterin des Programms, Molly Ducote, eine Nachricht: „Besonders als alleinerziehende Mutter bin ich überzeugt, dass dieses Buch etwas bewegen wird ... Allein schon Ihre kleine Ansprache hat das Leben meiner Mitarbeiterinnen verändert."

Weitere Schritte

Ich will ehrlich sein: Ich habe dieses Rhythmuskonzept noch nicht bis ins Letzte durchdacht. Bisher habe ich genug damit experimentiert, um sein Potenzial zu sehen. Ich habe erlebt, wie es in Schlüsselbereichen meines Lebens und dem meiner Familie funktioniert hat. Aber es befindet sich immer noch in den Kinderschuhen. Möglicherweise werden Sie das Konzept eines rhythmischen Lebens für Bereiche weiterentwickeln, an die ich bisher nicht gedacht habe. Ich habe nämlich bereits feststellen können, dass der Rhythmusgedanke ein sehr fruchtbares Prinzip ist, das sich auf viele Lebensbereiche anwenden lässt.

Ich lade Sie ein, mit mir zusammen Ihr Leben in seinen Zyklen und Phasen zu betrachten. Je mehr von uns versuchen, rhythmisch zu leben, desto mehr werden wir gemeinsam zu dem zurückfinden können, was wir in unseren dummen Versuchen, ausgeglichen zu leben, verloren haben. Zusammen werden wir neue Wege entdecken, um im Einklang zu leben mit unserer rhythmischen Welt. Dabei geht es um eine gewaltige Veränderung, die Sie vielleicht immer erahnt haben, aber bisher nicht in Worte fassen konnten. Fragen Sie nicht mehr: „Ist mein Leben ausgewogen?", sondern: „Ist es in einem guten Rhythmus?"

2

Unser hektisches Leben und die Last der Balance

Das ist die Hauptillusion im heutigen Berufsleben: „Mit ein paar Kompromissen kannst du alles auf einmal haben." Doch die Behauptung ist falsch und treibt uns in den Wahnsinn. … In Wirklichkeit ist die Vereinbarkeit von Familie und Beruf völliger Quatsch. Sie ist ein unerreichbarer frommer Wunsch. … Das Bestreben, Familie und Beruf in ein ausgewogenes Verhältnis zu bringen, so wie wir uns das heute vorstellen, ist nicht nur eine zum Scheitern verurteilte gute Idee; nein, sie ist geradezu schädlich, ja zerstörerisch.
Keith Hammonds, *Balance is Bunk!*

Wie die meisten seiner Kollegen fühlte sich Mike Jones schuldig, weil er nicht ausgeglichen, sondern ständig in Eile war. Er war gestresst und steuerte langsam auf einen Burnout zu. Letzte Woche besuchte Mike das „Work-Life-Balance"-Seminar seiner Firma, wo man ihm beibrachte, sich in jeden Lebensbereich zu einem gewissen Prozentsatz zu investieren. Mike nahm ihnen das ab.

Allem Anschein nach hatten Mike und seine Frau Julia das perfekte Leben erreicht, den gelebten amerikanischen Traum: ein hübsches Haus in einem Vorort mit einem makellosen Vorgarten, zwei Autos in der Garage, zwei Kindern im Kinderzimmer und zwei Haustieren – einem Hamster und einer Katze. Mike hatte eine gute Anstellung bei einer Hightechfirma und Julia arbeitete ehrenamtlich im Kindergottesdienst und dem Kinderchor der Gemeinde mit.

Eines Samstagmorgens fuhren sie mit ihrem geräumigen Chevy und dem Honda Accord aus der Garage. Mike fuhr Emma zum Fußballtraining, das er selbst auch als Trainer betreute. Julia brachte Ben zu seinem Gitarrenunterricht. Als das Fußballtraining losging, klingelte Mikes Handy. Er warf einen Blick auf die Nummer des Anrufers. Es war Gary, sein Chef. Mike hasste es, das Training zu unterbrechen, aber er wusste, dass er den Anruf besser entgegennahm. Während des Telefongesprächs mit Gary kam ein weiterer Anruf. Es war Julia. Er ließ die Mailbox ihren Anruf annehmen. Als sie jedoch zum zweiten Mal anrief, war ihm klar, dass es dringend war. So ließ er seinen Chef in der Leitung warten – wie er wusste, ein gefährliches Spiel – und nahm Julias Anruf an.

Julia hatte gerade Ben abgesetzt und war gerade auf dem Weg nach Hause vom Lebensmittelladen. Weinend sagte sie: „Ich weiß, du bist beim Training, Mike, doch ich musste gerade daran denken, dass wir seit Monaten keine Zeit mehr für uns alleine hatten."

„Warum ausgerechnet jetzt?", stöhnte Mike (nur für sich hörbar), während sich schon ein Gefühl der Schuld in seinem Magen breitmachte. „Können wir darüber reden, wenn ich nach Hause komme?", sagte er schärfer, als er eigentlich wollte. „Ich habe Gary auf der anderen Leitung ..."

Als er wieder umschaltete, hatte sein Chef aufgelegt. Mike wählte ihn an.

„Ich brauche dich im Büro, und zwar so schnell wie möglich!", erklärte Gary, als die Verbindung wieder stand. „Das neue System, das wir installiert haben, funktioniert nicht. Ich brauche dir nicht zu sagen, dass unser Kunde nicht sehr glücklich ist."

Mike setzte an, um sein Fußballtraining zu erwähnen, ließ es dann aber lieber sein. Mit einer Entschuldigung drückte er die Trainerpfeife seinem Assistenten in die Hand, organisierte, dass jemand Emma nach Hause mitnahm, und fuhr mit Schuldgefühlen davon, weil er nicht für seine Tochter da sein konnte.

Für ein Mittagessen blieb keine Zeit, also besorgte Mike sich schnell etwas Fastfood auf dem Weg ins Büro. Auf der Fahrt meldete sich sein Trainingspartner Bill, der sichergehen wollte, dass er an dem Nachmittag auch zum Basketball käme.

„Nein, ich schaffe es heute nicht, Bill."

„Hey, das sind zwei Wochenenden in Folge", sagte Bill. „Wir brauchen dich auf dem Platz. Du hast gesagt, dass wir auf dich zählen könnten."

„Ich weiß", entgegnete Mike, „aber mein Chef hat gerade angerufen. Auf der Arbeit ist ‚Land unter'. Ich muss hin."

„Ich dachte, du würdest dich nun um mehr Balance im Leben bemühen."

„Ja, ich versuch's ja. Heute Morgen bin ich früh aufgestanden und habe Stille Zeit gemacht. Dann habe ich den Rasen gemäht, bevor ich mit Emma zum Fußballtraining gefahren bin. Julia sitzt mir im Nacken, weil wir keine Zeit zusammen hätten – aber ich habe ja nicht einmal Zeit für mich selbst, geschweige denn für sie. Wenn ich die Sache an der Arbeit wieder ins Lot gebracht habe, muss ich heute Abend zum Vorstandstreffen der lokalen

Tafel und dazu kommt noch ein E-Mail an die anderen Eltern in Sachen Pfadfindercamp. Ich weiß noch nicht einmal, ob ich das ganze Camp bleiben kann, weil ich meinen Eltern versprochen habe, sie zu besuchen. Und dann liege ich bei meiner Arbeit für den Masterabschluss zurück. Aber ja, ich bin auf dem Weg zu mehr Balance."

„Das nennst du Balance?", meinte Bill.

Der ganz normale Wahnsinn

Mike ist nicht der Einzige, der sich überfordert fühlt. Vielleicht haben Sie sich in dem Beispiel selber wiedergefunden. Die meisten von uns kämpfen mit Hektik, konkurrierenden Prioritäten und Stress. Aber es muss nicht so sein. Anhand von Mikes Geschichte, einigen Beispielen aus meinem Leben und dem einiger Bekannter möchte ich Ihnen zeigen, wie Sie eine oder mehrere Rhythmusstrategien in Ihr Leben einbauen können, um so Ihren Stress zu reduzieren und Ihr Leben zu verbessern.

Jane ist eine Unternehmerin, die ein monatliches Lokalmagazin herausgibt. Ihre Ehe ist schwierig, sie hat drei kleine Kinder und hilft mit, ihren todkranken Stiefvater zu pflegen, weil ihre alkoholkranke Mutter nicht zuverlässig ist. Das Magazin läuft gut, aber es ist schwierig, jede Ausgabe rechtzeitig fertigzustellen. Gleichzeitig macht sie sich sorgen über ihre Rechnungen. Sie hat Angst, dass sie eine wichtige Zahlungsfrist versäumt. Kurz gesagt, sie steht völlig unter Stress und fühlt sich in mehrere Richtungen gleichzeitig gezerrt.

Roger hätte nie gedacht, dass ihm das passieren würde: Nach seiner Promotion erhielt er eine Dozentenstelle und meinte, es geschafft zu haben. Er hatte hart gearbeitet, um dorthin zu kommen, und begann, in der akademischen Welt Erfolg zu haben. Gleichzeitig brachte er sich als Ältester in seiner Ortsgemeinde ein. Zusammen mit seiner Frau zog er drei kleine Kinder groß.
Roger und ich sind schon seit Langem befreundet, sehen uns aber nur alle paar Jahre. Als er kürzlich auf Reisen war, setzten Panikattacken bei ihm ein. Er verlor den Antrieb zur Arbeit und fühlte sich niedergedrückt. Ich war zufällig gerade zu der Zeit

in Rogers Stadt und übernachtete bei ihm. An dem Abend am Küchentisch erzählten mir Roger und seine Frau Kathryn, was passiert war, und sagten mir, dass er für den nächsten Tag einen Termin bei einem Psychologen habe. Sie wollten so schnell wie möglich aus dem Loch herauskommen.

Tamara und ich bekamen unsere Kinder, als wir noch sehr jung waren. Unser erster Sohn kam neun Monate und zehn Tage nach unserer Hochzeit auf die Welt. Ein Kind folgte dem anderen, bis wir fünf hatten. An dem Punkt strich ich die Segel, mehr konnte ich nicht verkraften. (Tamara war nicht nur mit fünf Kindern glücklich, sondern wollte sogar noch mehr - eine erstaunliche Frau!) Während ich zwei Jobs parallel hatte und studierte, versorgte Tamara die Kinder fast wie eine Alleinerziehende.
Wie jede Mutter weiß, muss man nicht berufstätig sein, um ein überfülltes und anstrengendes Tagespensum zu haben. Die Frauen, die mit beidem jonglieren, stehen einer noch gewaltigeren Herausforderung gegenüber.

Dan arbeitet bei einem der 500 erfolgreichsten Unternehmen der USA. Er befindet sich mitten auf der Erfolgsspur und steigt von Führungsebene zu Führungsebene auf. Als wir miteinander sprachen, erkannte ich einen fähigen Manager, der sein Team so führt, dass es viel erreicht, und der gleichzeitig das Wohlergehen seiner Mitarbeiter im Blick hat, indem er es nach Stoßzeiten etwas ruhiger für sie angehen lässt. Seine Firma setzte ihn für eine firmenweite Arbeitsgruppe für „Work-Life-Balance" ein. Ich arbeitete mit Dan an einem rhythmischen Ansatz. Er merkte, dass der Rhythmusgedanke in seiner Firmenumgebung funktionieren könnte, weil er instinktiv für sich schon so arbeitete.

Mein Vater ist nun im Ruhestand. Jahrelang arbeitete er als Zahnarzt und zahnmedizinischer Ernährungsberater. Dann verkaufte er seine Praxis, um sich als Selbstständiger ganz auf Vorträge und Artikel über Ernährungsberatung konzentrieren zu können. Er war immer besonders begabt mit seinen Händen gewesen und durch den Gebrauch der Zahnarztinstrumente feinmotorisch sehr geschult. Als ich aufwuchs, probierte er sich in Malerei und im Herstellen von Schmuckstücken. Während meiner

Highschool- und Collegezeit lief mein Vater Kurzstrecken und stellte einige Landesrekorde auf. Nach einiger Zeit als Pilot bei der Marineinfanterie verließ er das Militär, blieb aber in Form. Solange ich zurückdenken kann, hat mein Vater gejoggt, ist Ski gefahren oder Tauchen gegangen. Nun ist er älter und sein Körper gestattet ihm diese Aktivitäten nicht mehr oder zumindest nicht mehr im bisherigen Tempo. Es kann einen ziemlich frustrieren, wenn der eigene Körper und Verstand nicht mehr das leisten, was sie früher konnten.

Jaime erzählte mir, dass seine Frau **Yesinia** nervlich völlig am Ende sei. Obwohl sie eine treue Ehefrau ist, erklärte sie ihm eines Abends, dass es so nicht weitergehen könne. Sie waren von Kalifornien nach Texas gezogen, damit Jaime sein Studium abschließen konnte. Mit dem Erlös vom Verkauf ihres Hauses konnten sie die Ausbildung bezahlen, aber Yesinia muss Vollzeit arbeiten, damit sie über die Runden kommen, während Jaime Halbzeit arbeitet und Vollzeit studiert. Sie haben zwei kleine Jungs, einen in der ersten Klasse und den anderen in der Vorschule. Jaimes Eltern sind zu ihnen gezogen, um sie zu unterstützen. Doch weil Yesinia das Haus jeden Morgen sehr früh für ihre Arbeit im medizinischen Bereich verlässt und Jaime abends seine Vorlesungen hat, sehen sie sich nicht sehr oft. Er hat Wochenenddienst in seiner Firma und muss auch noch studieren. Ihre Ehe verkümmert. Was können sie tun?

In den folgenden Kapiteln werden wir sehen, wie Rhythmusstrategien das Leben eines jeden dieser Menschen erleichtert haben.

Gleichgewicht ist eine Last

Als erfolgsorientierte Menschen halten wir die Augen offen nach der nächsten Technik oder Strategie, die uns hilft, auf der Leiter eine Sprosse höher zu klettern, während wir alles andere im Griff behalten. Und doch sind wir, wenn wir ehrlich sind, manchmal ziemlich am Kämpfen.

Wir kämpfen darum, dass wir den Kopf über Wasser behalten, während wir im Geheimen unser eigenes Versagen sehen, das uns zu chronischen Schuldgefühlen führt. Wir nehmen nicht genug Urlaub und haben trotzdem das Gefühl, das wir nicht hart genug arbeiten. Es scheint so, als wären wir immer weit im Rückstand. Wir widmen unserem Ehepartner und den Kindern nicht genug Zeit und Aufmerksamkeit. Wir treiben nicht so viel Sport, wie wir sollten. Wir bringen uns in der Gemeinde und gesellschaftlich nicht so ein, wie wir es für richtig halten. Auf der Arbeit bleibt so viel liegen und die Fristen laufen ab. Obwohl wir uns beeilen, so sehr wir können (manchmal zu sehr), schaffen wir es nicht. Wir geben unser Bestes, um ein „ausgewogenes" Leben zu führen, aber wir geraten ins Wanken.

Wir balancieren auf einem Schwebebalken, krampfhaft bemüht, jeder Aufgabe genau die angemessene Menge an Zeit und Aufwand zu widmen. Aber wann werden wir das jemals hinbekommen?

Fragen Sie sich selbst: Lebe ich ausgewogen? Ist meine Arbeit im Gleichgewicht mit dem Rest meines Lebens? Widme ich mich in angemessenem Maße meiner Fitness, meiner Familie, meinem geistlichen Leben? Ist meine Ehe im Lot? Wie steht es mit Freizeit, Freunden und ehrenamtlichem Engagement?

Lassen Sie mich raten, was Sie empfinden: Schuldgefühle, Schuldgefühle, Schuldgefühle. Stimmt's? Ich habe diese Frage Tausenden von Leuten gestellt und keiner hat jemals geantwortet: „Ja, mein Leben ist im Gleichgewicht." Wir wissen doch alle, dass unser Leben sich von einem Moment zum anderen ändern kann, sodass wir eine Minute später vom Balken abrutschen, selbst wenn wir vorher gerade einmal den Punkt des Gleichgewichts erreicht hatten. Wenn wir Balance anstreben, trägt das zu Burnout und Schuldgefühlen bei.

Die meisten von uns wollen ein erfülltes Leben; sie wollen einen sinnvollen Beitrag leisten und nebenbei das Leben auch noch genießen. Doch der Stress im Leben führt viele zu Panikattacken, Schlafstörungen und Depressionen. Die Anzahl der jährlich verschriebenen Medikamente gegen Angstzustände, Schlaflosigkeit und Depressionen steigt ins Unendliche.

Das Leben in der hoch entwickelten Welt ist ungesund. Wir haben das Gefühl, wir würden unser Leben verschwenden und hätten nichts davon. Irgendwann wollen wir nur noch, dass der Irrsinn endlich aufhört. Die allgegenwärtigen Medien wecken und bedienen maßlose Erwartungen in allen Lebensbereichen. Die Menschen sind unnötig gestresst, weil sie eben nicht *Bauen, wohnen, schöner leben* [Werbespruch der deutschsprachigen

Zeitschrift *Das Haus* – Anpassung d. Übers.] können und auch nicht die Figur fürs Coverbild bei *Shape* [Fitnessmagazin] haben.

Wir denken, dass irgendetwas mit uns falsch sein müsse – und das stimmt sogar. Bei all unseren Bemühungen, alles im Gleichgewicht zu halten, bleiben wir zu lange auf den Beinen und stehen zu früh auf. Und weil wir noch nicht einmal die paar Stunden gut schlafen, leiden wir unter einem Schlafdefizit.

Wenn das Leben verrücktspielt, lautet das verbreitete Rezept, um das Leben wieder in den Griff zu bekommen: Balance. Das ist der Name des angeblichen Gegengifts zu unserem wahnwitzigen Lebensstil. Aber was, wenn das Gegengift in Wirklichkeit selbst ein Gift ist?

Balance oder Ausgeglichenheit – ein Begriff, der gewöhnlich nicht erklärt wird – ist die moderne Vorstellung von einem gut geführten Leben; ihr Wert wird weithin kaum hinterfragt. Natürlich sollten wir ein ausgeglichenes Leben führen. Wer will schon *un*ausgeglichen sein? Solche Leute liefert man doch ein, oder?!

Ich stimme nicht mit Stephen Covey überein, wenn er Ausgeglichenheit als völlig offensichtliches Prinzip bezeichnet.[6] Meiner Meinung nach ist der Gedanke der Ausgeglichenheit eine Sackgasse, weil er zwangsläufig etwas Statisches, Gleichförmiges und Durchschnittliches an sich hat, und welcher dieser Begriffe beschreibt schon eine gute Lebensweise?! Ausgeglichenheit oder Balance ist ein falsches Ideal, das uns nicht zu Gesundheit führt, sondern in die Verzweiflung treibt, weil es uns eine untragbare Last aufbürdet.

Das Streben nach ausgewogenen Bereichen

Ausgewogenheit finden wir in dem Moment, in dem zwei Gewichte einer Balkenwaage gleich schwer sind. In dem Moment pendelt sich der Waagebalken durch das entsprechende Gewicht waagrecht ein; die beiden Enden sind auf einer Höhe; die Zahlenwerte – auf einem Notizzettel oder Arbeitsbogen zusammengerechnet – ergeben den nötigen Wert. Aber das Leben ist nicht statisch. Es ist ständig in Bewegung. Das Konzept der Balance passt nicht wirklich, weil es voraussetzt, dass unser Leben zu irgendeinem bestimmten Zeitpunkt ein Gleichgewicht erreicht. Doch das Leben hält nicht für uns an, um es auswiegen zu lassen.

Mathematik, Chemie und Buchhaltung arbeiten alle mit der Idee der Ausgeglichenheit, um den Gedanken der Gleichheit auszudrücken. Ausgeglichen zu sein bedeutet, gleiche Werte auf beiden Seiten der Gleichung zu haben. Aber dieses Prinzip der gleichen Werte ist kein erstrebenswertes Ziel für unser tägliches Leben. Wir wollen doch nicht die *gleiche* Zeitmenge für Arbeit, Ehe, Essen, Hobbys und Freundschaften investieren. Selbst wenn wir den Vergleich dahin ausziehen, jedem Lebensbereich seinen *angemessenen* Anteil beizumessen, funktioniert es nicht, weil unser Leben zu dynamisch ist. Es verändert sich ständig.

Ironischerweise hat uns so ausgerechnet das Konzept, das uns vom Wahnsinn des modernen Lebens befreien sollte, in das idealistische Denkschema von einem perfekt einteilbaren Leben gepresst. Chemische Gleichungen und Zahlenreihen bringt man ins „Gleichgewicht", aber nicht das Leben. Menschen sind nicht gleichförmig. Wir sind keine Zahlen oder Arbeitsblätter. Personen sind verschieden und einzigartig. Keine zwei Lebenswege sollten gleich aussehen – nicht einmal annähernd. Selbst in unserem eigenen Leben werden (oder sollten) keine zwei Lebensabschnitte identisch sein. Es ist doch nicht so, als ob wir alle unsere Aufgaben im Leben auf ein festes Maß einstellen könnten. Aufgaben entstehen mit der Zeit, nicht auf einmal.

Ausgeglichenheit drückt Mittelwert oder Durchschnitt aus. Aber im Leben wollen wir es doch zu etwas bringen und kein Mittelmaß sein; wir wollen die Ersten sein, kein Durchschnitt. Eltern ermutigen ihre Kinder, ihr Bestes zu geben. Die meisten wünschen sich für ihre Kinder, dass sie überdurchschnittlich sind. Sportfans feuern ihre Mannschaft nicht an, damit sie „ausgeglichen" ist; sie soll gewinnen! Äußerst erfolgreiche Leute sind normalerweise nicht ausgeglichen. Genies sind nicht ausgewogen. Um in irgendeiner Sache Hervorragendes leisten zu können, sind Einsatz, Mühe und Opfer nötig.

Großer Erfolg erfordert große Opfer. Opfer sind nicht ausgewogen. Und doch sind sie eine unverzichtbare Voraussetzung für Größe. Bedeutende Schriftsteller, Maler, Ingenieure, Missionare, Kriegshelden und Sportler – sie alle bringen Opfer, um das höchste Niveau zu erreichen.

Den Maßstab verändern

Angefangen dem nächsten Kapitel möchte ich Ihnen helfen, Ihr Lebensideal von „Ausgeglichenheit“ auf „Rhythmus“ umzustellen. In einem ersten Schritt können wir der Last entkommen, ausgewogen sein zu müssen und alles auf einmal zu jonglieren. Wenn Sie sich von dieser falschen Erwartung und von dem damit verbundenen überflüssigen Druck freimachen, dann wird dieser Schritt allein Ihren Stress reduzieren und etwas von Ihrer Hektik wegnehmen. Zumindest wird er Ihre falsche Schuld wegnehmen und Ihren inneren Frieden steigern. Dann werden Sie bereit sein, um sich den Rhythmusgedanken als eine bessere Alternative anzueignen.

> ***Alltagsübung:*** Überlegen Sie sich zwei Situationen in Ihrem Leben, für die Sie sich Hilfestellung von diesem Buch erhoffen. Behalten Sie sie beim Lesen im Hinterkopf. Später werde ich das Arbeitsblatt mit seinen sechs Strategien beschreiben, die Sie dann auf Ihre konkreten Lebenssituationen anwenden können.

Warum Rhythmus ein besseres Leben bringt

3

Im Rhythmus treffen sich Planung und Leben.
Philip Rawson

Meine Familie amüsiert sich darüber, dass ich dieses Buch schreibe, weil ich offen gestanden kein Rhythmusgefühl besitze. Bei Hochzeiten weigert sich meine Frau, die Tanzfläche mit mir zu betreten, weil ich sie blamieren würde. Wenn wir in der Gemeinde zu einem Lied klatschen, kann ich den Takt nicht einhalten. Deshalb starre ich auf die anderen Leute und versuche, ihnen nachzuklatschen. Aber mal abgesehen von diesen rhythmischen Herausforderungen funktioniert mein Körper genauso wie Ihrer im Gleichklang mit unserer rhythmischen Welt.

Das Leben ist nicht statisch, linear oder gleichförmig. Es ist in Bewegung, es pendelt, schwankt und pulsiert. Sei es Blutdruck, Hirnströme oder Atmung – wir wollen gesunde, schwingende Abläufe sehen. Ein gut gelebtes Leben wird Wege finden, um mit diesen geschaffenen Rhythmen in Einklang zu gelangen. Wir sind ein Teil der großen Symphonie des Lebens. In unserer technisierten Gesellschaft haben wir nur die Musik ausgeblendet. Wenn die Töne den Rhythmus verlieren, sind sie keine Musik mehr, sondern verkommen zu purem Lärm.

Kürzlich fuhr ich das Motorboot eines Freundes. Ich wusste nicht, dass der Tank fast leer war, bis plötzlich ein lauter Alarm ertönte. Es war ein nerviges, gleichmäßiges Summen, das nicht aufhörte. Genauso ist Leben ohne Rhythmus.

Wir wundern uns, warum wir gestresst, unruhig und voller Schuldgefühle sind. Der Grund: Wir sind aus dem Takt geraten. Wir merken, dass in unserem Leben etwas falsch läuft, weil wir nicht zusammenspielen mit unserer Umwelt und den natürlichen Abläufen. Wir haben die Musik zum

Lärm verkehrt – oder schlimmer noch, wir haben versucht, die Töne zu ordnen, ohne auf die Rhythmen des Lebens achtzuhaben.

Die Rhythmen der Welt

Die Mondphasen, Ebbe und Flut, die Jahreszeiten – die Natur ist voll von Kreisläufen. Bären halten Winterschlaf, Zugvögel suchen im Winter den Süden auf. Wenn der Frühling kommt, schlagen die Bäume aus und die Pflanzen blühen. Die Sterne markieren die Zeit, während sie sich über den Himmel bewegen. Solange es Geschichtsschreibung gibt, wurden die Sternbilder dazu verwendet, um den Lauf eines Jahres (und länger) anhand der Gestirne am Nachthimmel zu verfolgen. Tage und Jahre geben ihren Rhythmus vor, unabhängig davon, wo Sie leben. Sie können den Kreislauf von Tag und Nacht nicht abstellen. Die Sonne wird aufgehen und untergehen.

Eine solche Lebenssicht wird die Rhythmen des Lebens erkennen und feiern. Das passt zu unserem Leben (oder genauer gesagt, unser Leben sollte zu den Abläufen im Universum passen). Um einen neuen Draht zum rhythmischen Leben der Natur zu bekommen, müssen wir unser Verständnis von einer guten Lebensweise ändern, indem wir uns von dem absurden Ideal der Ausgeglichenheit verabschieden. Balance ist eine Fata Morgana, die uns verführt, auf einen Punkt zuzueilen, den wir niemals erreichen werden.

Der Rhythmusgedanke macht auf Anhieb Sinn

Das Bild vom Rhythmus dagegen besitzt größeres Potenzial und ist dynamischer. Es macht einfach Sinn. Es überwindet die Probleme, die sich mit dem Versuch verbinden, unser Leben in Ausgeglichenheit zu gestalten. Dieses Bild nimmt Rücksicht auf Zeit und Veränderung; es ist offen für Abwechslung und Vielfalt; es betont Einzigartigkeit und erkennt wiederkehrende Muster. Das Rhythmusmodell erkennt Hervorragendes genauso an wie Opfer, die nötig sind, um gewisse Ziele zu erreichen. Gleichzeitig hat es Platz für Regeneration.

Das Rhythmuskonzept ist eingängig, sodass die meisten Leute es anhand von ein paar alltäglichen Beobachtungen verstehen. Es gibt zwei Hauptarten von Rhythmen: *Phasen* und *Zyklen*. *Phasen* gehören zu Geschichten mit einem Anfang, einem Mittelteil und einem Ende – einer Art chronologischen Entwicklung, die durch bestimmte Umstände bedingt ist. *Zyklen* sind wiederholte Zeitabschnitte wie z. B. der Herzschlag oder eine Schlagfolge auf dem Schlagzeug – Bewegungen oder Wechsel, die regelmäßig wiederkehren oder abgeändert werden.

Indem wir uns die folgenden Schlaglichter von einem rhythmisch aufgebauten Leben anschauen, können wir schnell verstehen, was ich mit Phasen und Zyklen meine. Der Rhythmusgedanke ist so einleuchtend, dass Sie vielleicht denken werden: Na und? Genauso habe ich mich gefühlt, als ich meinen Geistesblitz in Neuseeland hatte. Der Rhythmusgedanke ist einfach so offensichtlich, grundlegend und praktisch, dass man sich fragt, warum wir ihn so lange vernachlässigt haben.

Phasen einer Sportsaison

Da ich schon immer im Großraum Dallas wohne, ist es nur natürlich, dass ich Fan der Dallas Cowboys bin. American-Football-Fans (und ihre Familien) verstehen etwas vom alljährlichen Kreislauf des Sports. Die Saison geht nicht über das ganze Jahr, der Kreislauf schon. Außerhalb der Saison stehen für die Spieler weniger Trainingseinheiten an. Doch sie nutzen die Zeit, um an ihrer Kraft und Kondition zu arbeiten, die nötigen Operationen durchführen zu lassen und sich vom vergangenen Jahr zu erholen. Verträge werden neu verhandelt, Transfers finden statt. Spieler werden ausgewählt, Trainer engagiert und gefeuert.

Wenn die Vorsaison im Hochsommer anläuft, wird das Training intensiver. Der Trainer setzt zwei Einheiten am Tag an, was während der Saison so gut wie nie vorkommt. In der Vorsaison, wenn die Spiele nicht zählen, können neue Spieler ihre Fähigkeiten in der Hoffnung vorführen, sich einen Stammplatz in der Mannschaft zu sichern.

Die eigentliche Saison verläuft ziemlich vorhersehbar in 16 Spielen; angefangen in den heißen Augusttagen, in denen man im Dolphin-Stadion in Miami mit Flüssigkeitsmangel kämpft, bis hin zu den eiskalten Dezembertagen im Lambeau Field in Green Bay. Nach der Saison folgt die K.-o.-Runde (Play-offs), in der sich alles zuspitzt, das Interesse der Medien zunimmt und die Eintrittspreise in den Himmel steigen.

Sportler, Trainer und Fans kennen den Rhythmus eines Sportjahres. Ähnlich ist es mit dem Leben. Wir müssen wissen, welche „Zeit“ gerade ist, wenn wir gut leben wollen. Außerhalb der Saison müssen wir uns ausruhen und erholen. In Stoßzeiten, wenn es gerade um die Meisterschaft geht, müssen wir trotz Schmerzen spielen und uns zwingen, an die eigenen Grenzen zu gehen.

Im Football wäre es verrückt, zwei Trainingseinheiten am Tag über das ganze Jahr beizubehalten, doch im Geschäftsleben versuchen einige erfolgsbesessene Typen, das ganze Jahr über dieses Powerprogramm umzusetzen, und richten sich zugrunde. Ein Burnout ist unvermeidbar, genauso wie ein Football-Spieler physisch ausbrennen würde, wenn er das ganze Jahr über zwei Trainingseinheiten pro Tag durchziehen wollte.

Wir brauchen solche Nebensaisonzeiten auch in unserem Leben, um uns zu erholen und in den Stoßzeiten auf der Höhe zu sein. Wenn wir jedoch im Leben etwas Bedeutsames erreichen wollen, brauchen wir genauso die Zeiten der K.-o.-Runde, in denen wir maximalen Einsatz für eine gewisse Zeitspanne geben, um ein wichtiges Ziel zu erreichen. Wenn wir versuchen, die Intensität der K.-o.-Runde mit der Erholungszeit der Nebensaison auszugleichen, werden wir keine von beiden Zeiten gut meistern.

Der Rhythmus von Feiern und Trauern

Geburtstage, Absolvierungen, Beförderungen, Geburtstage oder Heiratsanträge sind Zeiten zum Feiern, die einen bestimmten Rhythmus mit sich bringen. Kündigungen, Scheidungen, Krankheit, Arbeitsunfähigkeit und Tod sind Zeiten der Trauer, die ihren eigenen Verlauf und Rhythmus haben. Wir müssen gut trauern, genauso wie wir gut feiern müssen. Trauern und Feiern müssen nicht im Gleichgewicht gehalten werden, sondern sollten in ihrer natürlichen Dynamik durchlebt werden.

Hochzeiten bieten Zeiten für ausgedehntes Feiern, mit Ring- und Hochzeitskleidkauf, Essensbestellung, Blumenwahl und Planung der Hochzeitsreise. Das letzte Schulhalbjahr der Highschool in den USA bringt die Abschlussfeierlichkeiten mit sich: Barett und Talar, Abschlussball, das Bankett und schließlich die offizielle Abschlussfeier. Viel zu oft hasten wir durch Festzeiten und verpassen die Freude dieser Phase. In Zeiten tiefer Trauer oder großer Freude müssen Gewohnheiten zur Seite gelegt werden.

Wir müssen uns die Zeit zum Feiern und Trauern nehmen. Es gibt Zeiten zum Weinen und Zeiten zum Jubeln. Trauer hat ihre eigene Dynamik. Wenn wir jemanden verlieren, den wir lieben, fallen wir in einen Zustand der Trauer. Trauer hat zwar keinen festen Zeitrahmen, aber einen üblichen Verlauf. Wir leben in Phasen der Trauer anders als in Festzeiten.

Der Rhythmus der Lebenszeiten

Singlesein, Ehe, Kindererziehung - jeder menschliche Zeitabschnitt bringt eine besondere Lebensweise mit sich. Wenn eine Frau versucht, während der Schwangerschaft genau so zu leben wie vorher, wird sie nur frustriert werden. Junge Eltern sagen überrascht: „Wir wissen gar nicht, was wir mit unserer ganzen Zeit angefangen haben, als wir noch keine Kinder hatten." Was zu einer Zeit ausgewogen erschien, macht in der nächsten Phase keinen Sinn mehr.

Bauern haben ihr eigenes Verständnis von Phasen. Sie versuchen nicht, Saat und Ernte zur gleichen Zeit ins Gleichgewicht zu bringen – das wäre dumm und auch gar nicht möglich. Stattdessen tun sie immer genau das, was in der jeweiligen Jahreszeit dran ist. Ein Teil unserer wahnsinnigen Hektik kommt daher, dass wir in jeder Jahreszeit pflügen, pflanzen, düngen, ernten und Zäune reparieren. Unser Leben war eigentlich nicht so gedacht. Der Rhythmusgedanke setzt uns frei, sodass wir uns auf eine Phase auf einmal konzentrieren können.

Der Rhythmus der Geschäftsabläufe

Einer meiner besten Freunde arbeitete für eine große Einzelhandelskette. Wenn er in den Läden arbeitete, sahen wir vor den Festtagen nichts von ihm. Wenn Sie in der Buchhaltung arbeiten, steht jedes Jahr der Jahresabschluss an. Wenn Sie in der Tourismusbranche arbeiten, kennen Sie den großen Unterschied zwischen Haupt- und Nebensaison. Wenn Sie in einem Fitnesscenter arbeiten, werden sie feststellen, dass im Januar plötzlich alle auftauchen, die Silvester gute Vorsätze gefasst haben. Für Aktiengesellschaften ist das Quartalsende sehr stressig, weil sie dann darum kämpfen, die gesteckten Ziele zu erreichen, um Aktionäre und Börsenanalysten zufriedenzustellen.

In anderen Wirtschaftszweigen gibt es tägliche, wöchentliche und monatliche Rhythmen. Autohändler stehen am Monatsende unter Druck, weil sie ihre Quoten erfüllen müssen. McDonald's-Filialen stocken täglich für die Mittagsstunden die Belegschaft auf, während am Nachmittag die große Flaute kommt. In einigen Geschäftszweigen müssen die Einnahmen der Ferienzeit für das ganze Jahr reichen oder es wird am Wochenende mehr Geld verdient als die anderen fünf Tage zusammen.

Diese Schlaglichter veranschaulichen, wie eng das Rhythmusprinzip mit unserem Leben verknüpft ist. So funktioniert das Leben einfach. Es wäre aussichtslos, frustrierend und unklug, wenn wir versuchen würden, tagaus, tagein ein einheitliches Gleichgewicht in allen Lebensbereichen zu erreichen, unabhängig von Rhythmen, die das Jahr, das Quartal, der Monat oder die Woche uns vorgeben.

Ausgeglichenheit ist eine Pose. **Rhythmus** ist ein Tanz.
Ausgeglichenheit ist statisch. **Rhythmus** ist dynamisch.
Ausgeglichenheit ist starr. **Rhythmus** ist flexibel.
Ausgeglichenheit klingt nach: Ich kann alles auf einmal haben. **Rhythmus** klingt nach: Ich kann viel haben, aber erst mit der Zeit.
Ausgeglichenheit bedeutet regulieren. **Rhythmus** bedeutet sich einlassen.
Ausgeglichenheit ist eine Wippe. **Rhythmus** ist eine Schaukel.
Ausgeglichenheit erhält ein System aufrecht. **Rhythmus** ergreift Gelegenheiten.
Ausgeglichenheit ist künstlich, menschengemacht. **Rhythmus** ist natürlich, organisch, von Gott geschaffen.
Ausgeglichenheit ist ein Foto. **Rhythmus** ist ein Video.

Rhythmus ist umsetzbar

Der Rhythmusansatz ist einfacher umzusetzen, als immer die Balance halten zu müssen, weil er berücksichtigt, in welcher Phase bzw. welchem Lebensabschnitt wir uns gerade befinden. Ein Mensch mitten im Berufsleben hat einen anderen Lebensrhythmus als jemand im Ruhestand oder ein

Student. Das liegt auf der Hand, aber wenn ich einen gut funktionierenden persönlichen Lebensstil entwickeln möchte, dann muss ich meine Lebensphase dabei einbeziehen.

Während ich diese Zeilen schreibe, ist meine Frau zu Weihnachtseinkäufen unterwegs, weil das zu dieser Jahreszeit ansteht. Die wenigsten Menschen versuchen, ihre Weihnachtsvorbereitungen über das Jahr zu verteilen, schließlich ist Weihnachten im Dezember und die Weihnachtssaison beginnt schon früh genug. (Ich kann immer noch nicht verstehen, wie man mit Weihnachtswerbung direkt nach Halloween anfangen kann.) Eine rhythmische Lebensweise berücksichtigt die Jahreszeit.

In einem Urlaub sollte das Leben langsamer verlaufen als zu einer Zeit, in der man unter Hochdruck daran arbeitet, ein neues Produkt zu einem bestimmten Termin auf den Markt zu bringen. Das Rhythmusmodell berücksichtigt die Dynamik in den Abläufen des normalen Lebens.

Wenn wir versuchen, unser Leben auszugleichen, ohne auf den Zeitpunkt innerhalb des Jahres oder des Monats Rücksicht zu nehmen, treiben wir uns nur selbst in die Verzweiflung. Ferien, Abschlussprüfungen, Play-offs, Sommerpausen, Wochenenden, Montage und Freitage bringen ihren eigenen speziellen Rhythmus mit. Wenn wir mit ihren Wellen gehen, beschert uns das ein realistischeres und besseres Leben.

Rhythmus kann unvorhersehbar sein

Viele Phasen, die auf uns zukommen, sind nicht vorhersehbar. Wie Geburt und Tod kommen sie, wann sie kommen, und wir müssen uns auf die Veränderung unserer Umstände einstellen. Wenn ein Paar heiratet, geben sich Braut und Bräutigam das Eheversprechen: „Ich verspreche dir Treue in guten und in bösen Tagen,in Gesundheit und Krankheit. Ich will dich lieben, achten und ehren, so lange ich lebe.“ Aber seien wir ehrlich, die meisten Paare sind sich nicht wirklich im Klaren darüber, was sie da einander versprechen: Treue durch die rhythmischen Aufs und Abs der unvorhersehbaren Phasen des Lebens. Wie Salomo in seinem berühmten poetischen Werk, dem Buch Prediger, beschreibt: Das Leben bringt Zeiten zum Weinen und Zeiten zum Lachen, Zeiten zum Trauern und Zeiten zum Tanzen, Zeiten zum Sammeln und Zeiten zum Zerstreuen, Zeiten zum

Reden und Zeiten zum Schweigen. Ein Rhythmusmodell hat Platz für die unterschiedlichen Phasen des Lebens.

Rhythmus ist realistisch

Eine rhythmische Lebenssicht birgt weniger Schuldgefühle und mehr Zufriedenheit, weniger Stress und mehr Erfüllung, weniger Verzweiflung und größere Zuversicht, weil wir uns nicht mehr an falschen Erwartungen abarbeiten. Der Rest dieses Buches wird Ihnen zeigen, wie das Rhythmuskonzept Sie in den Genuss dieser Vorteile bringen kann.

Natürlich leben wir nicht im Himmel. Es gibt keine magische Formel, kein Zauberbuch oder Wundermittel, das Ihnen die Schwierigkeiten des Lebens erspart. Aber mit dem Rhythmusansatz können Sie damit besser umgehen, als wenn Sie sich vergeblich um „Balance" bemühen.

Indem Sie sich von dem Streben nach Gleichgewicht verabschieden, machen Sie sich frei von unrealistischen Erwartungen. Mit dem Rhythmusgedanken werden Sie frei, um ins Reine zu kommen mit dem übrigen Leben. So können Sie in allen Situationen zufrieden sein, das Beste aus einer Lage machen, sich jederzeit freuen und zuversichtlich nach vorne schauen. Wenn Sie Ihr Leben im Rhythmus gestalten, dann hilft Ihnen das, Ihre Kräfte einzuteilen, das Leben mit gesunden Ritualen zu feiern und zwischen Arbeit und Ruhe zu pendeln.

Die Last der Balance	Die Vorteile des Rhythmusgedankens
Schuldgefühle (weil man nicht jedem Lebensbereich jederzeit gerecht wird)	**innerer Frieden** (weil man sich von Erwartungen verabschiedet, die nicht zur aktuellen Lebenssituation passen, und für seine Aufgaben ein gesundes Tempo bestimmt)
Hektik (weil man versucht, in jeder Phase und jedem Abschnitt jeder Verpflichtung gerecht zu werden)	**Erfüllung** (weil man die einzigartigen Gelegenheiten wahrnimmt, die jede Phase bietet; und passende Rituale entwickelt)

Die Last der Balance	Die Vorteile des Rhythmusgedankens
Stress (durch den Versuch, jederzeit alles im Gleichgewicht zu halten)	**Freude** (indem man sich für den Segen öffnet, den jede Zeit bereithält, und zwischen Arbeit und Ruhe pendeln kann)
Verzweiflung (weil man nicht weiterkommt mit den aussichtslosen Versuchen, alles im Gleichgewicht zu halten)	Hoffnung (in der Freude auf die nächste Phase und den endgültigen Rhythmus, der schließlich kommen wird)

Rhythmus ist keine Ausrede für Untätigkeit

Amy, eine Grundschülerin (!), hörte mich über die rhythmische Lebensweise sprechen. Auf dem Nachhauseweg sagte sie zu ihrer Mutter: „Das könnte man als Ausrede gebrauchen, um sich zu drücken."

Dieses Konzept könnte man ganz leicht missbrauchen: „Ich kann bei diesem Projekt nicht mitmachen, weil es nicht zu meinem Lebensrhythmus passt", „Ich kümmere mich im Augenblick nicht um meine Familie, weil ich gerade in der Phase bin, meine Firma auszubauen" usw.

Das Gegenmittel dafür ist eine zielgerichtete Lebensweise. Dieses Buch geht davon aus, dass Sie ein Lebensziel haben, das Sie leitet. Ein Lebensziel gibt Ihnen die Leitplanken vor, in deren Rahmen Ihr Leben schwingen und fließen kann. Wenn Sie bisher kein Lebensziel formuliert haben, dann fehlt Ihnen die Richtung, die Sie brauchen, um Ihren Rhythmus zu steuern. Ein Lebensziel zu formulieren ist ein erster wichtiger Schritt auf dem Weg, das Leben in einen Rhythmus zu bringen.

Dieses Buch setzt genauso voraus, dass Sie Verantwortung wahrnehmen. Wenn Sie z. B. Kinder haben, dann sind Sie dafür verantwortlich, ihnen ein guter Vater bzw. Mutter zu sein. Wenn Sie Arbeit haben, dann sind Sie dafür verantwortlich, sie gut zu machen. Als Teil der Menschheit, die gemeinsam diesen Erdball bewohnt, haben Sie bestimmte grundlegende Verpflichtungen. Als Geschöpf Gottes haben Sie Verpflichtungen gegenüber Ihrem Schöpfer. Wenn Sie rhythmisch leben, wird Ihnen das helfen, Ihrer Verantwortung dem einen gegenüber gerecht zu werden, vor dem Sie eines Tages Rechenschaft ablegen müssen. Ihr Lebensziel und Ihre Verantwortlichkeiten leiten Sie und schützen Sie davor, das Rhythmuskonzept als Ausrede zu missbrauchen.

Rhythmus oder *Gleichgewicht* – nur ein Wortspiel?

Gibt es im täglichen Leben wirklich einen Unterschied zwischen Balance und Rhythmus? Jonglieren wir nicht immer noch dieselbe Anzahl von Bällen, nur dass wir jetzt unterschiedlich von ihnen *denken?* Offen gesagt ist mancher praktische Rat in Work-Life-Balance-Seminaren sehr gut. Natürlich sollten Sie angemessen essen, genug Schlaf bekommen und regelmäßig Sport treiben. Natürlich sollen Sie sich nicht zu Tode arbeiten oder die ganze Nacht vor dem Fernseher im Sessel verbringen. Aber die meisten guten Ratschläge, die bei diesem Ansatz mitgegeben werden, passen viel besser zum Rhythmusgedanken.

Trotzdem bietet der Rhythmusansatz mehr als nur die gleichen alten Ratschläge in neuem Gewand. Es handelt sich um ein neues Konzept, das Ihnen hilft, Ihr Leben mit neuen Augen zu betrachten.

Es gibt sechs Rhythmusstrategien, die Ihnen zeigen, wie Sie ein besseres Leben führen können. Doch lassen Sie uns zunächst die beiden Rhythmen anschauen, die diesen sechs Rhythmusstrategien zugrunde liegen.

Kairos- und Chronos-Rhythmen

4

Zeit ist die Methode der Natur, mit der sie dafür sorgt, dass nicht alles gleichzeitig passiert.
Mark Twain

Der Begriff der Zeit erscheint einfach, bis wir versuchen, seine wirkliche Bedeutung zu verstehen. In mancher Hinsicht ist Zeit linear, regelmäßig und sie schreitet in gleicher Geschwindigkeit vorwärts – Minute für Minute, Stunde für Stunde, Tag für Tag usw. Wie wir jedoch die Zeit empfinden, kann sehr unterschiedlich sein, je nachdem was wir gerade machen. Wir sprechen davon, wie die Zeit verfliegt, wenn wir Spaß haben, oder wie sich ein Tag in die Länge ziehen kann, wenn wir mit etwas beschäftigt sind, was wir nicht gerne machen. Zeit ist linear und konstant, aber gleichzeitig scheint sie zu fließen und sich zu ändern.

Als ich mit der Entdeckung aus Neuseeland zurückkehrte, dass der Rhythmusgedanke geeigneter für mein Zeitverständnis und Zeitmanagement sei als die Vorstellung vom Gleichgewicht, fing ich an, über alle natürlichen Rhythmen Buch zu führen, die ich beobachten konnte. Schon bald stellte ich fest, dass es zwei Haupttypen von Rhythmen gibt: die wiederkehrenden (Zyklen) und die nicht wiederkehrenden (Phasen). Einige Rhythmen, z. B. Herzschläge oder Sonnenaufgänge, kehren nach einem ziemlich regelmäßigen Muster wieder. Andere Rhythmen haben Muster, aber sie wiederholen sich nicht. Z. B. folgt unser Lebenslauf einem gewissen Schema von der Geburt über Kindheit, Teenagerzeit, die Tage als junger Erwachsener, das mittlere Lebensalter usw., aber wir erleben jeden Lebensabschnitt nur einmal. Unser Leben verläuft von Phase zu Phase. Jeder Abschnitt ist ziemlich vorhersehbar, aber sie verlaufen alle nur in eine Richtung (linear).

In der Musik gibt es sowohl sich wiederholende als auch lineare Muster, gerade in längeren Stücken wie einer Oper oder Sinfonie. Die meisten Musikstücke haben einen Rhythmus, Lieder haben einen Takt. Aber in einer Sinfonie gibt es auch verschiedene Sätze; einen ersten Satz, einen mittleren und einen Schlusssatz.

Das Meer folgt seinem Muster mit unvorhersehbarem, unregelmäßigen Rhythmus. Manchmal ist das Wasser ruhig, zu anderen Zeiten peitscht ein Sturm die Wellen an die Küste. Trotz all unserer modernen Technik können wir das Wetter oder die Rhythmen des Meeres immer noch nicht vollständig vorhersagen. Immer noch überraschen uns plötzliche Flutwellen.

Auf ganz andere Weise können wir am Himmelszelt einen Rhythmus ablesen. Die Planeten und Sterne bewegen sich größtenteils nach wiederkehrenden, feststehenden Mustern. Wir können am Himmel die Tageszeit ablesen. Der Mond verrät uns, an welcher Stelle im Monat wir uns befinden. Die Länge der Tage und Nächte ist abhängig von dem Neigungswinkel der Erde im Verhältnis zur Sonne und gibt uns so die Jahreszeit an. An den Sternen können wir ablesen, wo wir uns im Jahr befinden. Das sind alles wiederkehrende, vorhersehbare Muster. Der Zyklus von Tag und Nacht ist einer der grundlegendsten natürlichen Kreisläufe. Der 24-Stunden-Rhythmus strukturiert unser Leben auf der Erde. Unser Leben wird von den Kreisläufen der Natur bestimmt, die von den Bewegungen der Gestirne abhängen - Sonne, Mond und Erde.

In unserem Leben fließen beide Rhythmus-Typen ineinander: Wie in einer Geschichte schreitet auch unser Leben von Tag zu Tag, von Jahr zu Jahr weiter. Aber genauso haben wir auch regelmäßig (täglich, wöchentlich, monatlich) wiederkehrende Muster. Wir leben in zyklischen *und* phasenhaften Mustern.

Das Leben ist voller einzigartiger Phasen, von der Verlobungszeit über Schwangerschaft bis hin zur Trauer. Manche erleben wir mehr als einmal, aber nie in derselben Weise. Keine zwei Trauerphasen sind identisch. Lebensphasen sind wie die Wellen des Meeres; einige sieht man kommen, andere nicht. Jede Welle verläuft nach einem gewissen Muster, aber keine zwei Wellen sind völlig gleich.

Zwei Arten der Zeit

Mein Sohn Jimmy war schon immer von der Mythologie begeistert – so sehr, dass er sich damit auf dem College beschäftigte. Als er erfuhr, dass ich mich mit einem rhythmischen Zeitverständnis beschäftigte, erzählte er mir, dass die alten Griechen mir längst zuvorgekommen wären.

In der griechischen Mythologie verband man mit zwei Gottheiten zwei unterschiedliche Zeitverständnisse, die grob gesagt den zwei griechischen Worten *chronos* und *kairos* entsprechen.

Chronos entspricht den Kreisläufen, *kairos* den fortschreitenden Abläufen.[7] Chronos ist die mit Armbanduhr und Wandkalender *messbare Zeit*. Sie ist vorhersehbar und in ihr wiederholen sich die bekannten Kreisläufe. Kairos dagegen ist die *erlebte Zeit*, - sie wiederholt sich nicht und ist nicht so vorhersehbar, sondern schreitet fort. Kairos ist die qualitative Zeit, wenn wir z. B. die Zeit zusammen genießen, wenn der geeignete Zeitpunkt für einfühlsame Worte gekommen ist oder wenn wir den Zeitpunkt für eine Geldanlage abpassen.

In einigen griechisch-römischen Mosaiken wird der Gott Chronos als Mann mit den Tierkreiszeichen dargestellt. In frühen Werken ist er die Personifizierung der Zeit, die aus dem ursprünglichen Chaos hervorgeht. In neuerer Zeit wurde aus ihm der „Father Time" [im englischen Sprachraum bekannte Figur mit Uhr, auch als Comicfigur populär – *Anm. d. Übers.*], dieser alte, weise blickende Mann mit dem langen grauen Bart, dessen geschwungene Sense ursprünglich eine Kurve des Tierkreises war.

Kairos ist der jüngste Sohn von Zeus und gilt als Gottheit der Chancen. Äsop beschreibt ihn in seinen Fabeln als schnellen Läufer. Er ist kahlköpfig, bis auf eine Locke an der Stirn, die man von vorne fassen muss. Kairos kann nur gefasst werden, wenn er auf einen zukommt. Wenn er einmal an einem vorbei ist, kann nicht einmal Zeus ihn zurückholen. Eine Chance ist der kurze Moment, in dem Dinge möglich sind.

Von der Wortbedeutung her hat *chronos* etwas mit Bewegung zu tun. Es handelt sich um ein physikalisches Konzept und ist damit quantifizierbar. Seine Entstehung wird mit der Bewegung der Himmelskörper in Verbindung gebracht.[8] Typischerweise bezeichnet *chronos* die Zeit allgemein oder einen Zeitabschnitt wie den Teil eines Jahres. Platon und Aristoteles bringen *chronos* in Verbindung mit Bewegung und Veränderung. Im Neuen

Testament bezieht sich *chronos* häufig auf eine Zeitspanne, aber es kann genauso verwendet werden, um eine besondere Phase zu bezeichnen.[9]

Im Gegensatz dazu war die ursprüngliche Wortbedeutung von *kairos* „das Entscheidende, der wesentliche Punkt". Der Ausdruck „die Zeit kennen" *(kairon gnothi)*, bedeutet: „Erkenne den kritischen Moment in deinem Leben und welche Entscheidung er von dir fordert; übe dich darin, diesen entscheidenden Punkt in deinem Leben zu erkennen und entsprechend zu handeln."[10] *Kairos* bezieht sich auf den entscheidenden Moment, in dem Sie die Chance ergreifen, die sich Ihnen bietet. Er kann gefährlich oder günstig sein. Er trägt einen schicksalhaften Zug und erfordert rechtzeitiges Handeln.

In der Septuaginta (der griechischen Ausgabe des Alten Testaments) wird *kairos* zu einem Augenblick göttlicher Erwählung oder einer Zeit des Gerichts. Es kann den „geeigneten Augenblick" bedeuten, eine günstige Stunde. Obwohl es im Neuen Testament manchmal auch einfach mit zeitlicher Bedeutung verwendet wird, steht *kairos* doch hauptsächlich für konkrete Scheidepunkte in der Geschichte und im persönlichen Leben.[11]

Zwei Arten von Rhythmusstrategien

In diesem Buch werde ich die Begriffe „Chronos" und „Kairos" verwenden, um zwei verschiedene Arten von Rhythmen zu bezeichnen: Kreisläufe und Phasen.

Wir leben rhythmisch

- indem wir uns in die vom Universum vorgegebenen Muster einfügen, die unsere Chronos-Rhythmen (Zyklen) prägen
- indem wir auf den Wellen unserer Kairos-Rhythmen (Phasen) mitsurfen.

Wir leben alle in der gleichen Welt, die von fünf grundlegenden Chronos-Zyklen bestimmt ist:

1. Jahresrhythmus (Sonne)
2. Jahreszeiten (Neigung der Erdachse)
3. Monate (Mondrhythmus)

4. Wochen
5. Tage (Erdumdrehung)

Außerdem leben wir in Kairos-Phasen: einzigartige Gelegenheiten wie die Geburt eines Kindes, Studienjahre, Genesungszeiten nach einer Verletzung, Ruhestand oder der Umzug in eine neue Stadt. Wir reiten so auf den Wellen des Lebens, wie sie kommen. Chronos-Abläufe beschreiben den zeitlichen Rahmen unserer Welt auf diesem Planeten, während Kairos-Zeiten Muster im Verlauf unseres menschlichen Lebens beschreiben.

Kairos-Zeiten sind nicht an die Uhr gebunden. Sie sind eher Abläufe als Kreisläufe, mehr Ereignisse in einer Geschichte als der Takt einer Melodie. Kairos ist die „gelegene Zeit", der richtige Moment, etwas zu sagen oder zu tun. Wenn ein Mann sich zu einem Heiratsantrag entschließt, überlegt er sich den „richtigen Zeitpunkt". Der hat wenig mit einer Uhr zu tun oder einem Kalender. Es ist vielmehr eine Sache des Gefühls und der Angemessenheit.

Chronos-Zeiten beschreiben zyklische, wiederkehrende Rhythmen, die mit der geschöpflichen Ordnung verwoben sind (astronomische Phänomene, biologische Merkmale). Im Gegensatz dazu sind Kairos-Zeiten lineare, azyklische, menschliche Rhythmen.

Viele einzelne Kairos-Zeiten haben einen vorhersehbaren Verlauf. Die Teenagerzeit bringt übliche Kämpfe und Erfolge mit sich. In einer Trauerzeit machen Menschen Erfahrungen nach einem typischen Muster. Die meisten von uns werden in ihrem Leben ein paar große Trauerphasen durchmachen, dazu kommen einige kleine. Trotzdem verlaufen Trauerzeiten verglichen mit Mondphasen sehr verschieden. Trauer überkommt nicht jeden zur selben Zeit und hängt nicht von astronomischen Bewegungen ab. Sie ist linear, nicht zyklisch.

Chronos-Zeiten sind berechenbar. Wir können uns sicher sein, dass der Sommer kommt. Ein Jahr wird dem anderen folgen, ein Monat dem anderen. Im Gegensatz dazu sind Kairos-Zeiten häufig unvorhersehbar. Auf einige können wir uns einstellen, aber viele überraschen uns völlig. Wir wissen, dass wir älter werden, aber nicht, was uns morgen erwartet. Beispiele für unvorhersehbare Kairos-Zeiten sind Lebensereignisse wie der

Beginn einer Partnerschaft, der Verlust des Arbeitsplatzes, das Erben eines Vermögens oder der Verlust unserer Gesundheit.

Bei Chronos geht es um die messbare Zeit. Bei Kairos geht es um die erfahrene Zeit. Chronos ist die chronologische Zeit, die auf Uhren und Kalender gemessen wird. Eine Kairos-Zeit wird als gute, schlechte, richtige oder falsche Zeit erfahren. Wenn Sie sich drei Stunden mit einem geliebten Menschen treffen, verfliegt die Zeit nur so. Wenn Sie in einer langweiligen dreistündigen Vorlesung sitzen, schleichen die Minuten. Die Chronos-Zeit ist die gleiche: drei Stunden, die Kairos-Zeit dagegen ganz verschieden.

Chronos	**Kairos**
messbare Zeit	erfahrene Zeit
Quantität an Zeit	Qualität an Zeit
Zeit einer Uhr oder eines Kalenders	Herzenszeit
zyklisch	linear
wiederholen sich	einmalig
vorhersehbares Muster	unvorhersehbares Muster
gleichförmig	einzigartig
pendelnd	fortschreitend
z. B. Herzschlag	z. B. Lebenszeit
wie der Takt eines Liedes	wie der Satz einer Sinfonie
Ritual	Hoffnung
Schritte	Möglichkeiten
Tradition (Blick zurück)	Vorfreude (Blick nach vorne)
chronologisch	ereignisbezogen

Während Chronos die *Quantität* an Zeit angibt, die eine Tätigkeit benötigt, geht es bei Kairos um die *Qualität* der Zeit. Chronos beschränkt sich auf die gängigen Messmethoden, während Kairos Ereignisse ins Auge fasst wie die Regierungszeit eines Königs, das Digitalzeitalter, die Wende 1989 oder die Zeit, als Sie sich am Strand verliebt haben. Solche „Zeiten" sind keine Stunden, Tage, Wochen oder Jahre, sondern Beschreibungen von wesentlichen Ereignissen. Wenn wir für eine Zeit beten, in der Frieden auf der Erde herrscht, dann denken wir nicht an ein bestimmtes Datum, sondern an eine Lebensqualität.

Auf einer persönlicheren Ebene sprechen wir von Kairos-Zeiten, wenn wir den Begriff „Zeit“ gebrauchen, um eigene Lebensabschnitte zu beschreiben. „Erinnerst du dich noch an die Zeit, als wir die besten Freunde waren?“ „Erinnerst du dich noch an die Zeit, als Papa zu Hause gearbeitet hat?“ „Weißt du noch, als wir in der und der Wohnung lebten?“ – Das sind nicht einfach die Angaben eines Datums oder einer Dauer, wie sie die Chronos-Zeit quantitativ liefert, sondern Erfahrungen, die qualitativ beschrieben werden – so, wie sie sich *angefühlt* haben.

Ein Kairos-Moment kann so etwas Einfaches sein wie ein mitfühlendes Wort an einen Freund zur rechten Zeit. Sprüche 15,23 sagt: „Du freust dich, wenn du die Antwort nicht schuldig bleiben musst; und wie gut ist das richtige Wort zur rechten Zeit!“ Diese „rechte Zeit“ kann nicht auf einem Küchenwecker eingestellt werden, sondern muss mit dem Herzen erkannt werden.

Auf Kairos-Zeiten zu achten macht das Leben wertvoll. Diese Rhythmen tragen ein enormes Potenzial in sich, noch stärker als die Chronos-Zyklen. Die Kairos-Zeiten sind schwieriger zu erkennen, aber umso wichtiger, beim Schopfe gepackt zu werden. Kairos-Momente können als Chancen ergriffen werden, als Segen genossen oder wegen ihrer Mühen abgelehnt werden. Trennen wir uns in jeder Phase von Erwartungen, die nicht zu diesem Abschnitt passen, und stellen wir uns jetzt schon auf das ein, was uns als Nächstes erwartet!

Teil II

Kairos-Rhythmusstrategien

Ihre persönlichen Phasen und Lebensabschnitte

5

Was hält Musik zusammen? Der Rhythmus. Was hält unser Leben zusammen? Der Rhythmus. Fehlt in Ihrer Welt die Musik? Ist Ihr Leben ein Lied ohne Rhythmus? … Hier und heute, in einer Welt wie besessen von Geschwindigkeit, Lärm, Gier, Begierde und Betriebsamkeit, ist der Rhythmus des Lebens ein radikaler, revolutionärer Akt, der Beginn einer Gegenkultur.
Matthew Kelly, *The Rhythm of Life*

An einem Oktobertag an der kalifornischen Küste nähe Santa Monica schauten Tamara und ich einem Wettkampf von Wellenreitern zu. Während sich am Horizont eine Reihe von Wellen aufbaute, konnten die Surfer ziemlich gut abschätzen, welche einen Ritt wert war und welche man ausließ.

Wenn die Surfer sich entschieden, eine Welle zu nehmen, hatten sie offensichtlich einen Plan. Ich sah, wie sie mit aller Kraft auf die Welle zupaddelten und sich genau in dem Moment, wenn sie umschlug, auf ihre Surfbretter stellten. Während die Welle auf das Ufer zurollte, glitten die Surfer auf der Vorderseite der Welle auf und ab, um möglichst lange auf ihr reiten zu können.

Sie können keine Wellen reiten, wenn Sie die Wellen nicht sehen oder sie falsch einschätzen. Wellenreiter lernen, Wellen zu „lesen“ und ihre natürliche Bewegung von Anschwellen und Brechen zu nutzen. In diesem Kapitel werden wir uns anschauen, wie wir die Wellen des Kairos-Rhythmus in unseren Lebensphasen und -abschnitten erkennen. In den darauffolgenden drei Kapiteln lernen wir dann drei Kairos-Rhythmusstrategien kennen, die uns dabei helfen, gut auf diesen Wellen zu reiten.

Salomos Weisheit

Obwohl wir keine Lehre in Sachen Balance in der Bibel finden, gibt es ein berühmtes Gedicht von König Salomo (dem weisesten Mann, der je gelebt hat), das den rhythmischen Lebensansatz darstellt: Prediger 3,1-8. In den späten 50er-Jahren des 20. Jahrhunderts machte der Folksänger Pete Seeger daraus das Lied „Turn, Turn, Turn", das später in den 60ern von einer Reihe von Bands aufgegriffen wurde, darunter als Bekannteste von der Gruppe *The Byrds*.

Mit vierzehn Gegensatzpaaren deckt Salomo ein weites Spektrum menschlichen Lebens ab. 28 Mal wiederholt er das Wort „Zeit", um herauszustellen, dass Gott uns einen Rhythmus gibt, in dem wir leben sollen.

Ein jegliches hat seine Zeit, und alles Vorhaben unter dem Himmel hat seine Stunde:

geboren werden hat seine Zeit, sterben hat seine Zeit;
pflanzen hat seine Zeit, ausreißen, was gepflanzt ist, hat seine Zeit;
töten hat seine Zeit, heilen hat seine Zeit;
abbrechen hat seine Zeit, bauen hat seine Zeit;
weinen hat seine Zeit, lachen hat seine Zeit;
klagen hat seine Zeit, tanzen hat seine Zeit;
Steine wegwerfen hat seine Zeit, Steine sammeln hat seine Zeit;
herzen hat seine Zeit, aufhören zu herzen hat seine Zeit;
suchen hat seine Zeit, verlieren hat seine Zeit;
behalten hat seine Zeit, wegwerfen hat seine Zeit;
zerreißen hat seine Zeit, zunähen hat seine Zeit;
schweigen hat seine Zeit, reden hat seine Zeit;
lieben hat seine Zeit, hassen hat seine Zeit;
Streit hat seine Zeit, Friede hat seine Zeit.
(Prediger 3,1-8, Luther)

Salomos Gedicht wird gewöhnlich herangezogen, um das Konzept der Balance zu bekräftigen. Aber das stimmt nicht. Salomo spricht nicht davon, unser Tun im Gleichgewicht zu halten, sondern zu erkennen, dass unterschiedliche Phasen unterschiedliche Handlungen und Rhythmen erfordern. „Schweigen hat seine Zeit, reden hat seine Zeit" meint z. B. nicht, dass man beides im Gleichgewicht halten soll, sondern dass es Zeiten zum

Reden und Zeiten zum Schweigen gibt, alles zu seiner Zeit und in seinem Rhythmus.

Salomo gebraucht das hebräische Wort für „Zeit", das Anlässe oder Zeit*punkte* bezeichnet und damit wie der griechische Kairos für mehr steht als nur die chronologische Zeit. Statt eine künstliche Balance zu suchen, fordert Salomo uns heraus, das Leben in jeder Phase voll auszukosten. Wenn es Zeit ist zu lieben, lieben Sie von ganzem Herzen; wenn es Zeit ist, Ungerechtigkeit zu hassen, dann hassen Sie leidenschaftlich! Wenn es Zeit ist zu trauern, trauern Sie wirklich. Wenn es Zeit ist zu tanzen, dann tanzen Sie mit allem, was in Ihnen steckt. Leben Sie mit Feuer und Leidenschaft!

Dieses Gedicht umfasst die bedeutendsten Ereignisse des menschlichen Lebens: seinen Anfang und sein Ende, Phasen von Kreativität und Zerstörung, persönliche und allgemeine Gefühlsäußerungen. Dabei dreht es sich nicht um Dinge, die wir wählen könnten, sondern um Zeiten, die wir nur annehmen können. Eben Kairos-Zeiten. Im *Anchor Bible Commentary* schreibt Choon-Leong Seow: „Tatsächlich entscheiden Menschen nicht, wann sie heilen, weinen, lachen, trauern, verlieren, lieben, hassen, im Krieg sind oder Frieden haben. Das sind Ereignisse, in denen Menschen sich plötzlich wiederfinden und auf die sie nur reagieren können. Als sterbliche Wesen können wir nur entscheiden, ob wir dafür offen sind."[12]

Es gibt keinen Ausgleich zwischen Geburt und Tod, Pflanzen und Ausreißen, Weinen und Lachen. Stattdessen können wir uns, wenn wir unser Leben im Rhythmus leben, ganz in jede Kairos-Zeit hineingeben. Wir können nicht alles im Gleichgewicht *zur selben Zeit* tun – geboren werden und sterben, weinen und lachen –, sondern im Rhythmus *zu unterschiedlichen Zeiten*. Salomo kommt es nicht darauf an, dass wir unser Leben so einteilen, dass wir alle Handlungen in ein und derselben Phase ausbalancieren, sondern dass wir mit dem Leben durch die einzelnen Phasen mitgehen, die jede ihre eigenen Gefühle und Handlungen mit sich bringen. Diese Rhythmen menschlichen Lebens sind Teil und Geschenk von Kairos-Zeiten.

Jeder Aspekt des Lebens hat seine eigene Zeit und gehört in eine spezielle Phase; von daher müssen wir diese *Zeiten verstehen* (1Chr 12,33). Zu einem gut gelebten Leben gehört auch die Weisheit, Phasen zu erkennen, verbunden mit dem Gottvertrauen, dass unsere Zeit in seinen Händen liegt

(Ps 31,16). Von Gottes Standpunkt aus, also im Licht der Ewigkeit, sind alle Zeiten „schön“ und „richtig“ (Pred 3,11).[13]

Salomo will vor allem deutlich machen, dass der Sinn des Lebens darin liegt, sich nach Gottesfurcht auszustrecken (Gott ehren und gehorchen) und das Leben zu genießen. Wir sollen das annehmen, was Gott uns gegeben hat, und uns an seinen Gaben freuen. Wenn wir das Leben so angehen, können wir Verzweiflung und Frust gegen Zufriedenheit eintauschen.[14] Wenn wir im Einklang mit Gottes Rhythmen leben, können wir mehr Frieden, Erfüllung, Freude und Hoffnung finden. Dabei geht es weniger um die ideale Zeit für etwas, als vielmehr darum, im Rhythmus mit Gottes Zeitplan zu leben. Dann wird unser Leben nicht bedeutungslos sein, sondern alles zu seiner Zeit „schön“ und „richtig“, sogar die schweren Erfahrungen.[15]

König Salomo, ein Mann, der das Leben mit allen Sinnen genossen hat, schreibt am Schluss: Wir können das Leben nicht erklären, wir müssen es erleben. Wir können es entweder ertragen oder genießen. Wenn wir uns auf die Kairos-Rhythmen einstellen, wird unser Leben leidenschaftlicher werden und tiefer innerer Friede wird uns erfüllen, weil wir mit Gottes Rhythmen im Einklang leben.

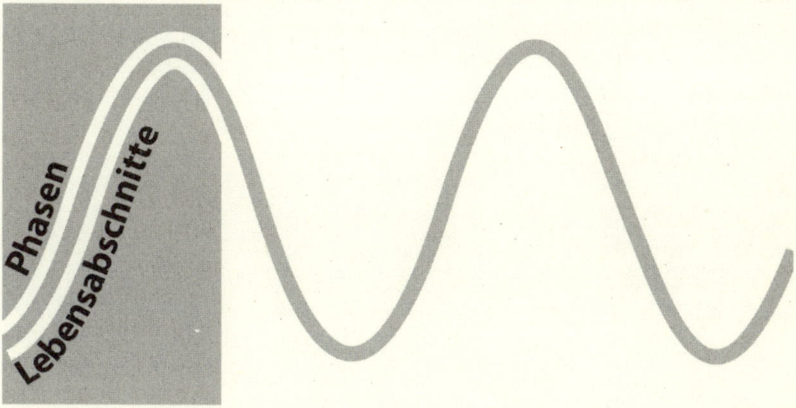

Zwei Arten von Kairos-Rhythmen: Phasen und Abschnitte

Kairos-Rhythmen müssen in ihrem Bezug zu den persönlichen Lebensphasen und -abschnitten gesehen werden. Diese Phasen und Abschnitte sind eher linear als kreisläufig. Wir durchleben sie mehr, als dass wir sie wiederholen. Manche Phasen werden wir mehrfach erleben, aber niemals auf die gleiche Weise.

Phasen dauern normalerweise von einem Monat bis zu fünf Jahren. Dazu gehören Ereignisse wie Geburt, Trauer, die Play-offs im Football, der Hausbau oder der Umzug in eine neue Stadt mit neuen beruflichen Verpflichtungen.

Abschnitte sind dagegen längere Zeitspannen wie die Teenagerzeit, das mittlere Alter oder der Ruhestand, der in den Vereinigten Staaten typischerweise vier bis fünfundzwanzig Jahre dauert. Manchmal überschneiden sich Phasen oder fallen mit Lebensabschnitten zusammen, wie wenn wir in unseren späten Teenagerjahren die Oberstufe besuchen oder mit der Berufsausbildung beginnen. Es geht weniger darum, die Phasen und Abschnitte zu systematisieren als darum zu verstehen, in welcher Zeit in unserem Leben wir uns befinden und dass wir mit dem Rhythmus dieser Zeit im Einklang stehen.

Phasen

Ein jegliches hat seine Zeit … weinen hat seine Zeit, lachen hat seine Zeit.
Prediger 3,1.4 (Luther)

Phasen lassen sich nicht so sehr am Alter festmachen, sondern an einschneidenden Ereignissen ablesen. Eine Phase ist eine Zeitspanne, die sich durch besondere Merkmale auszeichnet, die sie von anderen Zeiten unseres Lebens unterscheiden. Z. B. ist die Schwangerschaft eine neunmonatige Phase, die sich eindeutig von allen anderen Lebensphasen abhebt. Mütter erleben diese Phase anders als Väter. Ähnlich muss auch in anderen Phasen zwischen den Geschlechtern unterschieden werden.

Wann eine Phase einsetzt, ist nicht immer vorhersehbar, aber wenn sie einmal beginnt, dann folgt sie normalerweise einem gewissen Muster. Trotzdem ist es schwierig, die Phasen zu systematisieren, weil sie so unterschiedlich und zahlreich sind. Treten Sie eine neue Arbeit an? Ziehen Sie um? Beginnen Sie eine Fortbildung? Sind Sie gerade nach einer Verletzung in der Reha oder erholen Sie sich von einem Unfall? Haben Sie einen guten Freund zu Grabe getragen? Sind Sie verlobt und steuern auf die Hochzeit zu? Es gibt Tausende an häufigen Phasen. Einige Phasen sind erholsam; andere sind strapaziös und ermüdend.

Wenn eine Phase einsetzt, müssen wir sie zunächst einmal als solche erkennen und dann unser Leben entsprechend anpassen, indem wir uns von unangemessenen Erwartungen trennen, Chancen ergreifen und uns darauf einstellen, was als Nächstes auf uns zukommt (vgl. die drei Strategien in den kommenden Kapiteln).

Trauer

Wenn ein geliebter Mensch stirbt, kommt es uns so vor, als müsste die Welt stillstehen. Dieses Gefühl ist ein Signal an uns, den Lauf des Alltags zu unterbrechen und uns Zeit zum Trauern nehmen. Eine Trauerphase erfordert Zeit, Kraft und Arbeit, damit wir sie durchstehen. Um „gut" zu trauern, müssen wir uns auf die Trauer einlassen.

Aber nicht nur der Tod löst eine Trauerphase aus. Jeder größere Verlust führt zu Trauer: Scheidung, Entlassung am Arbeitsplatz, Verlust von Rücklagen für den Ruhestand durch einen Börsencrash oder die Zwangsversteigerung des eigenen Hauses. Auch wenn wir durch einen Unfall oder eine Erkrankung plötzlich körperlich eingeschränkt sind, trauern wir. Wenn wir einen guten Freund verlieren, trauern wir. Wenn unsere besten Pläne scheitern, trauern wir.

Ein gängiger Verlauf der Trauerphase wurde zuerst von der aus der Schweiz stammenden amerikanischen Psychologin Elisabeth Kübler-Ross nachgezeichnet, deren Buch *Interviews mit Sterbenden* zum Standardwerk der Sterbeforschung wurde.[16]

Die meisten Psychologen und Seelsorger erkennen heute Kübler-Ross' Modell von den fünf grundlegenden Stadien der Trauer an:

1. Leugnen
2. Zorn
3. Verhandeln

4. Depression
5. Annahme

Diese Stadien können in unterschiedlicher Reihenfolge und unterschiedlich ausgeprägter Stärke auftreten. Aber wenn wir eine Trauerphase durchmachen, werden wir nicht gut damit fahren, den Trauerzyklus zu ignorieren.

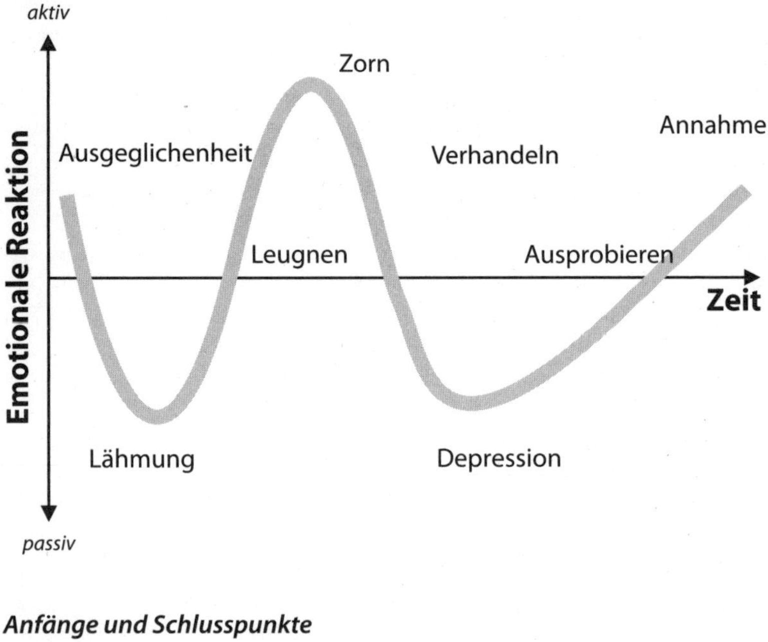

17

Anfänge und Schlusspunkte

Nicht jede Phase ist so gut untersucht worden wie der Trauerzyklus, aber wie bei Trauer gilt allgemein: Wenn wir die natürlichen Rhythmen ausblenden oder gegen sie ankämpfen, führt das zu Gesundheitsproblemen – sowohl körperlich als auch psychisch.

Viele Phasen werden durch Anfänge oder Schlusspunkte markiert. Häufig fängt mit dem Ende einer Phase eine neue an. Mit der Zeugung bricht die Phase der Schwangerschaft an, ein neues Leben beginnt. Die Geburt eines Babys schließt die Schwangerschaft ab und leitet die Babyzeit sowie den ganzen Lebensabschnitt der Kindererziehung ein. Eine neue Beziehung mit einem Freund oder einer Freundin löst eine Kennenlernzeit aus, in der Sie nach und nach von sich erzählen und mehr von sich preisgeben. Wenn Sie eine Firma gründen, leiten Sie damit eine Phase ein, die großen Einsatz verlangt. Ein Umzug in eine neue Stadt bringt eine Phase der Neuorientierung mit sich, die über ein Jahr dauert. Wenn Sie sich entschließen, zu Hause etwas zu renovieren, treten Sie damit eine Phase los, die nicht nur körperliche Arbeit mit sich bringt, sondern auch Ihren gewöhnlichen Tagesablauf durcheinanderbringt.

Wenn Beziehungen zu Menschen neu beginnen – einem neuen Freund, einer Freundin, einem Ehepartner, einem Kind –, dann prägt das unser Leben entscheidend. Auf einer ganz anderen Ebene sorgen auch ein neuer Chef, ein neuer Angestellter, ein neuer Kunde oder Tennispartner für einen neuen Beziehungsrhythmus.

Schlusspunkte begründen häufig neue Phasen. Wenn eine tiefe Beziehung zerbricht, trauern wir. Die innere Nähe und Dauer einer Beziehung bestimmt das Ausmaß unserer Trauer. Der Verlust eines Haustieres, eines Freundes oder Zuhauses – oder mehr innere Verluste wie der des Glaubens oder der Sicherheit – ziehen eine Regenerationsphase nach sich.

Regeneration

Regeneration ist eine eigene Art von Lebensphase. Wenn wir an einer Krankheit oder Verletzung leiden, brauchen wir eine Phase der Regeneration und Genesung. Im Sport bietet die Nebensaison diese Zeit, um sich von den Strapazen der Saison zu erholen. In der Schule bieten die Ferien den Schülern Gelegenheit, um einmal zu verschnaufen. Und für Professoren und Pastoren sind Forschungszeiten Phasen, die sie genießen und in denen sie neue Kraft sammeln.

Krisen

Krisen führen zu einem Rhythmus, der dem Trauerzyklus ähnelt. Eine Rückenverletzung nach einem Autounfall oder eine Erkrankung, die ausgedehnte Krankenhausaufenthalte nach sich zieht, sind Krisen, von denen man sich erholen muss. Ein Wohnungsbrand, ein Einbruch oder Diebstahl, ein plötzlicher Aktienverfall können zu großer Angst und Unsicherheit führen. Je nach Ausmaß des Schadens schließt sich an einen Brand ein Neubau an, Verhandlungen mit Versicherungen oder sogar ein Umzug. Jeder Schicksalsschlag erfordert eine Wiederherstellungszeit – sei sie körperlich, emotional, geistlich und/oder finanziell.

Ernte

Nicht jede Lebensphase entspringt einer Krise oder einem Schicksalsschlag. In manchen Phasen können wir die Früchte unserer Mühen ernten. Manchmal sind das sehr fordernde Zeiten. Wenn das Getreide reif zur Ernte ist, dann muss von morgens früh bis abends spät gearbeitet werden, um die Ernte einzubringen, bevor sie verdirbt. Ähnlich ist es mit der Vorweihnachtszeit im Einzelhandel, mit dem Jahresabschluss in der Verwaltung, der Osterzeit in Gemeinden, den letzten Wochen vor Semesterschluss an den Universitäten oder den Play-offs im Sport. Es geht jeweils um die Meisterschaft. Dann muss man das Äußerste geben. Erntezeiten sind Zeiten der Hochsaison mit viel und schwerer Arbeit – und genauso sollte es sein.

Feiern

Oftmals sind Festzeiten genauso intensiv wie Erntezeiten. Absolvierungen, Verlobungen, Ehejubiläen oder Verabschiedungen in den Ruhestand werden manches Mal mit Partys, Empfängen, einem Festessen oder anderen Feierlichkeiten begangen. Manchmal können sie sich sogar über einige Tage hinziehen. Dazu kommen die vielen Vorbereitungen, um diese Ereignisse zu etwas Besonderem zu machen.

Hochbetrieb

Veränderungen am Arbeitsplatz oder auch Firmenprojekte haben ihre eigenen Rhythmen und Phasen. Eine Produktentwicklung vollzieht sich nach einem bestimmten Muster, genauso die Einführung des neuen Produkts auf den Markt. Das alles sind keine Zeiten für Balance; in diesen Zeiten muss man sich auf den jeweiligen Rhythmus einlassen und alles geben für die Phase, in der man sich befindet. Wenn Sie an eine neue Position oder in eine neue Abteilung in Ihrer Firma versetzt werden, setzt ein Rhythmus ein, in dem es darum geht, neue Beziehungen zu bauen und sich vielleicht auch in ein neues Umfeld einzuarbeiten. Die Gründung einer neuen Organisation bringt einen eigenen Rhythmus mit sich, egal ob es sich um ein Unternehmen, eine soziale Einrichtung oder eine Gemeinde handelt. Mit der Schließung ist es genauso. Betriebsschließungen sind wie Neuanfänge wichtige Rhythmusgeber.

Bestimmen Sie Ihre persönliche Phase

In welcher Phase befinden Sie sich im Moment? Kairos-Zeiten sind manchmal schwer zu erkennen, weil sie so verschieden und einzigartig sind. Vielleicht hilft es Ihnen, an etwas allgemeinere Begriffe zu denken:

- Anfänge und Schlusspunkte
- Strapazen und Ruhezeiten
- Trauer und Feiern

Oder Sie stellen sich ein paar Fragen:

- Wo wenden Sie im Moment große Anstrengungen auf? Wo tun Sie nur das Nötigste?
- Was erfüllt Sie mit Freude? Was schmerzt Sie? - Ein Abschluss, z. B. der Studienabschluss Ihres Sohnes oder Ihrer Tochter, gefolgt vom Einstieg in den Beruf an einem tollen Arbeitsplatz in einem ganz anderen Landesteil, kann sowohl eine Zeit zum Weinen wie zum Freuen sein.
- Haben Sie gerade ein sehr volles Programm, weil Sie eine große Wohltätigkeitsveranstaltung organisieren, sich für eine Partei

im Wahlkampf einbringen oder sich auf eine Prüfung vorbereiten? Oder leben Sie gerade in der „Nebensaison“: Kinder aus dem Haus? Ferien vorbei und Touristen abgezogen? Ist in Ihrem Leben gerade Sommerpause oder läuft der Kampf um die Meisterschaft? Befinden Sie sich in den Play-offs, der Vorsaison oder der Nebensaison?

Vielleicht ist bei Ihnen gerade Halbzeitpause und Sie können kurz durchatmen, bevor noch einmal alles von Ihnen verlangt wird. Wenn Sie lernen wollen, wie Sie die Kairos-Rhythmen so gut wie möglich nutzen können, müssen Sie zunächst Ihre persönliche Lebensphase bestimmen.

Alltagsübung: Bestimmen Sie, in welcher persönlichen Phase Sie gerade stecken. Inwiefern hilft Ihnen die Bestimmung dabei, Ihre Lebensgestaltung in den Griff zu bekommen?

Abschnitte

Siebzig Jahre sind uns zugemessen, wenn es hoch kommt, achtzig
doch selbst die besten davon sind Mühe und Last! (…)
Lass uns erkennen, wie kurz unser Leben ist,
damit wir zur Einsicht kommen!
Psalm 90,10-12

Wenn es Ihnen wie den meisten Menschen geht, dann sind Sie sich Ihres aktuellen Lebensabschnittes nicht völlig bewusst. Daher versuchen Sie vielleicht, Dinge zu tun oder Verpflichtungen zu übernehmen, die im Moment nicht Ihr Problem sind. Wenn Sie die Kairos-Rhythmusstrategien auf Ihren Lebensabschnitt anwenden, kann das Ihre Hektik und Ihren Stress bedeutend verringern.

Wir finden es lustig, wenn kleine Kinder Vater-Mutter-Kind spielen, sich wie Erwachsene verkleiden, Kaffeekränzchen abhalten und so tun, als wären sie 30 Jahre älter. Aber wenn Kinder Verantwortung übernehmen müssen, die eigentlich Erwachsenen vorbehalten sein sollte, ist das sehr traurig. Wenn Erwachsene sich mit Erwartungen belasten, die eigentlich für ein anderes Alter oder einen anderen Lebensabschnitt gedacht sind, ist das einfach verrückt.

Manchmal wollen Studenten ins Berufsleben einsteigen, bevor sie überhaupt mit dem Studium fertig sind. Doch das ist die Studienzeit; das Arbeitsleben wird noch früh genug kommen. Manche Eltern begehen den Fehler, ihre Kinder zum Erwachsenwerden zu drängen. Sie finden es süß oder cool, wenn sich ihre achtjährigen Kinder wie Teenager kleiden oder von einer Freundin oder einem Freund träumen. Aber dadurch wird auf Kinder unangebrachter Druck ausgeübt, weil sie in einen Lebensabschnitt gedrängt werden, für den sie noch nicht reif sind.

In festen Beziehungen kann es passieren, dass Teenager sich so fühlen und verhalten, als ob sie verheiratet wären. Aber sie sind es noch nicht und wenn sie als Teenager versuchen, eine exklusive Beziehung aufrechtzuerhalten, entsteht unnötig Stress. Egal in welchem Lebensabschnitt wir uns befinden, wenn wir Erwartungen von einem zukünftigen oder vergangenen Lebensabschnitt übernehmen, schafft das übermäßig Stress, Hektik und Ablenkung. Wie die Bibel schon sagt: „Jeder Tag hat seine eigene Plage“ (Mt 6,34; Luther). Auch wenn es klug ist, für die Zukunft vorzusorgen, können wir doch nicht in ihr leben, bis wir dort angekommen sind.

In jeder Kultur gehen Menschen durch Lebensetappen. Erst sind wir Babys, dann Kinder, dann Teenager und schließlich Erwachsene. Irgendwann hören wir auf zu wachsen und beginnen zu sterben. Wie sehr sich die Medizin auch bemüht hat, den Alterungsprozess umzukehren, unsere Organismen werden schwächer und verfallen. Obwohl wir diesen Prozess nicht völlig verstehen, können Mediziner doch ausführlich beschreiben, wie unsere Körper nachlassen und verschleißen. Aber eigentlich brauchen wir auch keine Doktortitel, um festzustellen, dass unsere Augen nicht mehr so gut sehen und unsere Ohren nicht mehr so gut hören wie früher.

Abgesehen von den biologischen Veränderungen bestimmen vor allem Familienbeziehungen die Etappen unserer Lebenszeit. Wir beginnen als Kinder, die mit ihren Eltern leben. Als Erwachsene stehen wir in einem anderen Verhältnis zu unseren Eltern: Wir sind nicht länger von ihnen finanziell abhängig, schätzen aber vielleicht immer noch ihren Rat oder ihre Hilfe. Dann kommt eine Zeit, in der wir beginnen, so für unsere Eltern zu sorgen, wie sie einmal für uns gesorgt haben. Für manche Menschen bedeutet das einen enormen Einsatz, weil die Eltern nicht mehr Auto fahren, alleine leben oder sich um ihre eigenen Bedürfnisse kümmern können.

Wenn wir einmal eigene Kinder haben, beginnt gleichzeitig ein neuer Zyklus. Nachdem wir sie zu Hause großgezogen haben, schicken wir sie hinaus in die Welt, erleben mit, wie sie heiraten, und gratulieren ihnen, wenn sie unsere Enkel zur Welt bringen.

Als Eltern verändert sich unser Lebensrhythmus, während die Kinder größer werden. Ihr neuer Rhythmus prägt den unseren:

Säuglingsalter: an wenig oder unterbrochenen Schlaf gewöhnen; die Bedürfnisse dieses kleinen hilflosen Neuankömmlings stillen

Kleinkinder: mit der Erziehung beginnen; kindersicheres Haus; ständige Aufsicht

Schulalter: Teilnahme an Elternabenden und Aufführungen; bei Hausaufgaben helfen; Morgen- und Zubettgehrituale; Sportverein und andere Aktivitäten

Teenagerzeit: Umgang mit der Pubertät und der wachsenden Unabhängigkeit der Teenager; Freundschaften; Führerschein; Gelegenheitsjobs

9./10. Klasse aufwärts [amerikanisch: „Post-high school"]: Jugendlichen/jungen Erwachsenen helfen, ihre nächsten Schritte zu planen – weiterführende Schule, Ausbildung oder Studium, später dann erste Arbeitsstelle und Heirat

Kinder ausgeflogen: einen neuen Rhythmus finden, bis sich Enkelkinder einstellen, dann die Freuden als Großeltern genießen

Versuchen Sie, sich die unterschiedlichen Abschnitte Ihres Lebens mit ihren verschiedenen Aufgaben und Möglichkeiten vorzustellen. Wenn Sie noch nicht so viele Wechsel mitgemacht haben, können Sie leicht glauben, dass jeder Abschnitt ungefähr sein muss wie der jetzige. Aber diejenigen von Ihnen, die schon die meisten Lebensabschnitte erlebt haben, sehen im Rückblick deutlich, wie einzigartig jeder Abschnitt war und wie schnell er vorbeigegangen ist.

Sie küssen den Kopf Ihres neugeborenen Kindes, dann seine Wange an seinem ersten Schultag. Dann hören Sie von *seinem* ersten Kuss und geben ihm dann den Abschiedskuss, wenn er zu Hause auszieht. Irgendwann hören Sie den Pastor zu ihm sagen: „Sie dürfen die Braut jetzt küssen." Bevor Sie wissen, wie Ihnen geschieht, sehen Sie schon zu, wie es nun selbst den

Kopf seines Neugeborenen küsst und der Ablauf von vorne losgeht. Und nun hoffen Sie, dass Sie Ihrem Enkelkind viele Küsse geben können und lange genug leben, um noch einmal zu hören: „Sie dürfen Ihre Braut jetzt küssen."

Es ist einfach weise, jede Etappe auszukosten, anstatt vergangenen Zeiten nachzutrauern oder die kommenden zu fürchten.

Lebensstadien

Unser Leben verläuft nach einem linearen Muster (kein Kreislauf, keine Wiederholung), bei dem über die Jahre gnadenlos eine Etappe die andere ablöst. Die Lebensstadien werden seit Langem in verschiedenen Kulturen durch die bekannte antike Rätselfrage veranschaulicht: Was geht am Morgen auf vier Füßen, am Nachmittag auf zwei Füßen und am Abend auf drei Füßen? (Denken Sie an Krabbeln, Gehen und den Gebrauch eines Gehstocks.)

In Shakespeares *Wie es euch gefällt* erklärt uns Jacques in seiner Rede „Die ganze Welt ist eine Bühne", dass die Menschen sieben „Akte" durchleben:

„Die ganze Welt ist [eine] Bühne,
Und alle Frau'n und Männer bloße Spieler.
Sie treten auf und gehen wieder ab,
Sein Leben lang spielt einer manche Rollen.
Durch sieben Akte hin."[18]

Die erste Psychologin, die das Leben in Stadien gesehen hat, war Else Frenkel-Brunswik. Sie kam zu dem Schluss, dass jeder Mensch durch fünf Stadien geht, und nahm damit den Lebenszyklus vorweg, wie ihn später Erik Erikson formuliert hat. Mit seinem Buch *Childhood and Society* im Jahr 1950[19] machte Erikson dann das Konzept der Lebensstadien bekannt. Für ihn verbindet sich mit jeder Stufe des Erwachsenenlebens ein bestimmtes psychologisches Problem, das uns prägt.[20]

Robert Clinton, Dozent am Fuller Theological Seminary, führte mit seinem Klassiker *Der Werdegang eines Leiters* das Konzept der Lebensstadien in die Leitungstheorie ein. Seine Studien an biblischen und heutigen Leitern sind inzwischen durch die Arbeit von Doktoranden auf eine immer größere Zahl von Leuten ausgedehnt worden. Die Studien bestätigen, dass Leiter bestimmte Stufen durchleben. Clinton schlägt vor, eine Zeitleiste anzulegen, um sich vor Augen zu führen, wie Gott gewirkt hat und vermutlich wirken wird, um das Leben einer Person zu formen.

Doch am meisten hat Gail Sheehy dafür getan, um die Erforschung von Lebensstadien voranzubringen und bekannt zu machen. In ihrem bahnbrechenden Buch *In der Mitte des Lebens* beschreibt Sheehy die großen Phasen, durch die die meisten Erwachsenen in ihren Zwanzigern, Dreißigern und Vierzigern gehen.

Sheehy führt aus, „dass das Leben nach der Jugend nicht in ständiger Hochkonjunktur verläuft“[21], sondern in „kontinuierlichen und vorhersehbaren Veränderungen.“[22] Fast zwanzig Jahre später lässt sie ihr Buch *Die neuen Lebensphasen* folgen, in dem sie über ein „zweites Erwachsenenalter“ schreibt, das in der Lebensmitte beginnt. In *Die neuen Lebensphasen* dehnt Sheehy ihre Arbeit auf die Jahrzehnte jenseits der fünfzig aus. In ihrer Einleitung fasst Sheehy den Hauptgedanken ihres ersten Buches zusammen:

> Mein 1976 erschienenes Buch *In der Mitte des Lebens* half, ein völlig neues Konzept populär zu machen: Dass nämlich das Erwachsensein ein psychologischer und sozialer Wachstumsprozess ist, der sich stufenweise durch das ganze menschliche Leben hinzieht. Heirat, Geburt eines Kindes, erster Job, Flüggewerden der Kinder – das sind die Markierungspunkte, die konkreten Ereignisse unseres Lebens. Aber eine Entwicklungsstufe wird nicht durch solche Markierungspunkte definiert, sondern durch innere oder äußere Impulse, die auf Veränderung drängen. Was für ein Gefühl haben wir, wenn wir an unseren Job denken, an unsere Rolle in der Familie, in der Gesellschaft? Inwiefern verstärken sich durch unsere gegenwärtige Lebensstruktur unsere Werte, Ziele und Bestrebungen, inwiefern leiden sie darunter? Welchen Teil unserer Persönlichkeit können wir ausleben, welchen vernachlässigen wir?[23]

Obwohl Sheehy den Schwerpunkt auf den Übergang von einem Lebensabschnitt zum anderen (die „Krise“) legt, geht sie doch auch sehr gut darauf ein, was in jedem Abschnitt passiert. Hier liegt der Gewinn für einen rhythmischen Ansatz. Bestimmen Sie Ihren augenblicklichen Lebensabschnitt und „reiten Sie auf der Welle" Ihres Stadiums, indem Sie sich fragen: Von welchen Erwartungen sollte ich mich verabschieden? Welche Möglichkeiten sollte ich nutzen? Was kommt noch – woran kann ich mich jetzt freuen und was kann ich mit Vorfreude erwarten? Sheehys Zusammenfassung der Lebensabschnitte eines Erwachsenenlebens ist interessant und hilfreich.

Sheehy ist davon überzeugt, dass sich momentan der menschliche Lebenszyklus stark verändert. Die Pubertät beginnt mehrere Jahre früher als zu Beginn des 20. Jahrhunderts. Die Entwicklungsjahre werden für Studienabgänger bis in die späten Zwanziger ausgedehnt, für Leute in Ausbildungsberufen bis auf Mitte zwanzig. Auch die mittleren Jahre dauern länger. Sheehy zitiert den Schauspieler und Regisseur David Steinberg, der einmal im Interview sagte: „Sechzig ist jetzt, was früher, als meine Eltern noch lebten, fünfzig war."[24]

In *Die neuen Lebensphasen* stellt Sheehy drei große Lebensstadien vor:

1. vorläufiges Erwachsenenalter (18–30 Jahre)
2. erstes Erwachsenenalter (30–45 Jahre)
3. zweites Erwachsenenalter (45–85 Jahre und mehr).[25]

Sheehy erklärt, dass jeder Lebensabschnitt seine eigenen Herausforderungen und Chancen mit sich bringt. Das zweite Erwachsenenalter unterteilt sie in zwei Hauptabschnitte: das Alter des Könnens [oder der Herrschaft, engl. *Mastery – Anm. d. Übers.*] (45–65) und das Alter der Integrität (65–85+).[26]

Offen gestanden hasse ich es, wenn man mich in eine Kategorie steckt. Ich halte mich für ein Individuum, das einzigartig ist. Erzählen Sie mir nicht, wie ich angeblich in jedem Jahrzehnt sein werde. Sheehy trägt diesem Gefühl Rechnung, wenn sie schreibt: „Wir haben alle etwas gegen Verallgemeinerungen, weil wir glauben, sie würden dem, was unsere Individualität ausmacht, nicht gerecht. Doch je älter wir werden, desto klarer werden wir uns [...] der Alltäglichkeit unseres Lebens [...] bewusst".[27]

Es ist an uns zu lernen, im Einklang mit den natürlichen Kairos-Rhythmen unseres Daseins zu leben. Wie können wir so gut auf den Wellen reiten, dass wir nicht auf dem Meeresboden statt am Strand landen? Jede

Etappe oder Welle ist einzigartig, aber einige Prinzipien zum Wellenreiten treffen auf jede von ihnen zu.

Körperliche Gesundheit

Altern ist häufig ein schwieriger Prozess. Wir neigen dazu, die Lebensstadien zunehmend als Krisen zu sehen, die uns um die Freude der vergangenen Etappe bringen, während wir uns innerlich von den anstehenden Herausforderungen der neuen Etappe erdrücken lassen. Unser Körper wird nicht mehr so mitspielen wie früher.

Unser ganzes Leben lang sollten wir auf die Gesundheit unseres Körpers achten, den Gott uns anvertraut hat. Dr. Kenneth Cooper und Dr. Tyler Cooper haben ein ausgezeichnetes Buch über Lebensqualität geschrieben: *Start strong, Finish Strong* [„Stark anfangen – stark aufhören" – *Anm. d. Übers.*]. Wir wissen, dass unser Körper mit dem Alter verfällt. Das geht schon mit ungefähr 25 Jahren los: Die Knochenmasse nimmt ab, Energie, Muskelmasse, Beweglichkeit, Organfunktionen und das Immunsystem werden schwächer. Auch die geistigen Fähigkeiten gehen zurück und die verbleibende Lebensspanne wird kürzer.

Die Coopers haben Zahlen für zehntausend Männer und Frauen vorgelegt, deren Lebensgeschichten im Archiv der Cooper-Klinik lagern. Über ihre Entdeckung waren sie erstaunt: „Obwohl die Zeit und das Schicksal uns irgendwann alle einholen, haben eine Reihe von Studien gezeigt, dass nur ein Drittel des natürlichen Altersprozesses außerhalb unseres Einflussbereiches steht. Mit anderen Worten: Ungefähr *zwei Drittel* dieses ständigen Verfalls der Denkfähigkeit, der körperlichen Kraft und der Widerstandsfähigkeit kann *gebremst, gestoppt oder sogar rückgängig* gemacht werden."[28]

Die Coopers empfehlen sieben einfache Schritte, von denen sie glauben, dass Sie mit ihnen Ihr Leben um zehn bis zwanzig lebenswerte Jahre verlängern können:

Schritt 1	Vorsorgeuntersuchungen
Schritt 2	Realistischer Fitnessplan
Schritt 3	Ausgewogene Ernährung

Schritt 4	ggfs. Nahrungsmittelergänzungen (Vitamine, Mineralstoffe)
Schritt 5	Begrenzter Nikotingenuss
Schritt 6	Kein Suchtmittelmissbrauch
Schritt 7	Geistige Aktivität

Unsere gesundheitlichen Bedürfnisse werden sich im Laufe der Zeit verändern. Was wir als Zwölfjähriger brauchen, um gesund zu bleiben, unterscheidet sich von dem, was wir mit 57 brauchen. Unsere Ess- und Sportgewohnheiten sollten sich von Lebensabschnitt zu Lebensabschnitt ändern.

Bestimmen Sie Ihr Lebensstadium

Wenn Sie Ihr aktuelles Lebensstadium kennen, können Sie die Kairos-Welle reiten, die gerade vor Ihnen liegt. So müssen Sie nicht auf eine Welle abfahren, die längst vorbei ist oder noch viel zu weit entfernt. Sind die Kinder im Haus? Dann lassen Sie uns nicht so leben, als wären sie schon flügge! Und wenn sie das Haus einmal verlassen haben, dann lassen Sie uns nicht so tun, als müssten wir sie noch erziehen.

Bestimmen Sie Ihren aktuellen Lebensabschnitt, damit Sie die Rhythmusstrategien auf die Gegenwart anwenden können. Und dann rechnen Sie sich aus, was wohl Ihr nächstes Stadium sein wird. Vielleicht stehen Sie sogar gerade zwischen zwei Stufen, so wie ich (ich stehe zwischen Jahren der Kindererziehung und der Zeit, wo die Kinder außer Haus sind).

Drei Hauptelemente helfen Ihnen, Ihren aktuellen Lebensabschnitt zu bestimmen:

1. Ihr biologisches Alter
2. Ihr familiärer Kontext
3. große Lebensphasen, die sich über einige Jahre erstrecken

1. Wie alt sind Sie?

Es macht einen Unterschied, ob Sie dieses Buch als 19-Jähriger, 49-Jähriger oder 69-Jähriger lesen – drei völlig verschiedene Lebensstadien. Biologisch gesehen: Sind Sie gerade in der Pubertät, im gebärfähigen Alter oder über die Wechseljahre hinaus? Befinden Sie sich am Höhepunkt Ihrer Kraft oder Fitness oder geht es gesundheitlich bergab?

2. Wie sieht Ihr Familienkontext aus?

- Sind Sie ledig und waren noch nie verheiratet? Verheiratet? Geschieden? Wiederverheiratet?
- Sind Sie schwanger? Haben Sie Kinder? Stiefkinder? Enkel?
- Leben Ihre Kinder zu Hause oder sind sie längst ausgeflogen? Sind Ihre Kinder ausgezogen oder zurückgekehrt?
- Sorgen Sie für alternde Eltern oder versorgen Ihre Eltern Sie noch mit?

Normalerweise werden wir durch Geburt, Hochzeit oder Scheidung von einem Lebensabschnitt in den nächsten versetzt.

3. Befinden Sie sich in einer neuen mehrjährigen Lebensphase?

- Ein Beispiel kann ein Umzug in einen anderen Landesteil sein, mit dem ein neuer Abschnitt für Sie beginnt.
- Veränderungen am Arbeitsplatz können einen neuen Abschnitt für Sie einleiten, gerade, wenn Sie sich beruflich verändern und in einen ganz neuen Arbeitsbereich einsteigen oder statt als Angestellter plötzlich als Selbstständiger arbeiten.
- Veränderungen im Dienstverhältnis oder im Ausbildungsstand können den Beginn einer neuen Etappe markieren. Sowohl der Militärdienst wie auch der Studienbeginn leitet eine neue Lebensetappe ein.
- Manchmal führt auch eine gesundheitliche Krise zu einem neuen Lebensstadium. Wenn Sie plötzlich deutlich an Gewicht verlieren, kann das einen neuen Menschen aus Ihnen machen. Wenn Sie plötzlich stark behindert sind, kann das bedeuten, dass eine Etappe beginnt, in der Sie in Ihrer Bewegung stark eingeschränkt sind. Wenn Sie herausfinden, dass Sie Krebs oder Aids haben, beginnt für Sie ein neuer Lebensabschnitt, genauso wie für Ihre nächste Bezugsperson.

Unser Jüngster ist 2009 mit der Schule fertig geworden. 2013 wird er, wenn alles glatt läuft, das College abschließen. Für meine Frau und mich bedeutet das, dass wir in den nächsten Jahren in ein völlig neues Lebensstadium eintreten. Unsere Etappe, Teenager zu erziehen, begann 1997 und endet 2010, wenn der Jüngste zwanzig wird.

Wenn Sie wissen, welche Stunde gerade in Ihrem Leben schlägt, dann haben Sie einen Ausgangspunkt, von dem aus Sie überlegen können, wie Sie diese einzigartige Zeit Ihres Lebens gut gestalten.

Wenn wir die beiden grundlegenden Arten von Kairos-Rhythmen verstehen (Phasen und Lebensstadien), dann hilft uns das, unser Leben mit Rhythmus zu leben. In den nächsten Kapiteln werden wir uns damit beschäftigen, wie wir uns

1. von falschen Erwartungen lösen können, die nicht zu unserem aktuellen Rhythmus passen,
2. einzigartige Gelegenheiten unserer aktuellen Kairos-Phase ergreifen,
3. uns auf das einstellen können, was uns in den nächsten Phasen und Abschnitten erwartet.

Wenn Sie einmal die Wellen erkennen, dann können Sie auch lernen, gut auf ihnen zu reiten. Wenn Sie diese drei Kairos-Rhythmusstrategien anwenden, werden Sie gelassen und frei von falschen Erwartungen über die Welle gleiten. Ein Gefühl der Erfüllung wird sich breitmachen, weil Sie die einzigartigen Möglichkeiten wahrnehmen, die Ihre Lebensphase Ihnen bietet, und dazu die Vorfreude auf die Wellen, die noch vor Ihnen liegen.

Alltagsübung: Bestimmen Sie Ihr aktuelles und voraussichtlich nächstes Lebensstadium.

- Mein aktuelles Lebensstadium ist ...
- Wann hat es begonnen? Wann wird es voraussichtlich enden? Was macht diese Lebensetappe schwierig, was schön und was für Möglichkeiten bietet sie?
- Mein nächstes Lebensstadium wird wahrscheinlich sein ...
- Wie wird sich diese Lebensetappe von der jetzigen unterscheiden?

Kairos-Strategie 1: Erwartungsdruck loswerden

6

Gott, gib mir die Gelassenheit, Dinge hinzunehmen, die ich nicht ändern kann.
Reinhold Niebuhr, aus dem „Gebet um Gelassenheit"

Uns alle verfolgen Schuldgefühle. Manchmal sind sie angebracht, weil wir etwas verbockt haben. Dann müssen wir unsere Fehler vor Gott zugeben, uns entschuldigen und wenn möglich wiedergutmachen. Viele unserer Schuldgefühle sind jedoch hausgemacht und überflüssig. Manchmal fühlen wir uns für Dinge schuldig, die außerhalb unseres Einflussbereiches liegen und nicht unsere Verantwortung sind. Wir erwarten von uns, dass wir bestimmte Dinge in bestimmten Lebensphasen tun müssten. Oder wir fühlen uns für Dinge schuldig, die wir bekannt und für die wir längst Vergebung erfahren haben. Wenn wir lernen, wie wir uns von diesen falschen Schuldgefühlen lösen können, können wir viel zufriedener und produktiver leben.

Der Friede kommt daher, dass wir uns ganz auf jede Lebensphase einlassen, anstatt uns über sie zu ärgern, einer vergangenen Zeit nachzutrauern oder uns vor einer kommenden zu fürchten. Bestimmen Sie Ihr aktuelles Lebensstadium und entscheiden Sie sich, genau darin zu leben und nicht in irgendeinem anderen vergangenen oder zukünftigen!

Ich kenne Verheiratete, die sich wünschten, sie wären ledig, Singles, die sich Hals über Kopf in eine Ehe stürzen, Eltern, die sich darüber ärgern, dass sie sich mit der Kindererziehung abplagen müssen, und Frauen, die entsetzlich darunter leiden, kein Kind bekommen zu können. Jugendliche wünschen sich, älter zu sein, ältere Menschen, sie wären jünger. Jeder versucht, in einer anderen Lebensphase zu leben als der, in der er oder sie sich nun einmal befindet. Natürlich ist es nicht falsch, sich einen Partner oder ein Kind zu wünschen, aber wir alle haben ein Leben hier und jetzt.

Wenn wir begreifen, wie weise es ist, im Rhythmus zu leben, dann werden wir lernen, uns ganz in die aktuelle Lebensphase und den aktuellen Lebensabschnitt hineinzugeben. Wir werden nicht jemand anders beneiden, der in einer anderen Phase ist, noch werden wir uns an eine Phase klammern, die wir eigentlich hinter uns gelassen haben, oder versuchen, in einer Zeit zu leben, die noch vor uns liegt. Innerer Friede ist lebensfördernd: „Ein ausgeglichener Sinn erhält den Körper gesund; aber Eifersucht ist wie eine Krebsgeschwulst“ (Spr 14,30).

Der Apostel Paulus schrieb aus einem römischen Gefängnis: „Ich habe gelernt, in jeder Lebenslage zufrieden zu sein“ (Phil 4,11; Neue Genfer Übersetzung). Je mehr wir uns von falschen Erwartungen lösen, desto zufriedener werden wir. Frieden und Zufriedenheit entstammen dem Wissen, dass wir genau da sind, wo Gott uns haben will. Die Sehnsucht nach innerem Frieden kommt auch in dem berühmten „Gebet um Gelassenheit“ zum Ausdruck, das mit einer Zwölf-Schritte-Methode überall auf der Welt in Seminaren verbreitet wird.

Viele Kairos-Ereignisse liegen außerhalb unserer Macht. Wie werden wir reagieren, wenn sie eintreffen? Wir sollten sie nicht widerwillig hinnehmen, sondern sie begreifen und annehmen.

Sich von Erwartungen zu lösen und sich auf den Rhythmus einzulassen bedeutet, die *Grenzen* zu akzeptieren, die uns eine bestimmte Phase auferlegt. Wenn wir z. B. in einer Trauerzeit sind, ist es nicht dran, ein großes Projekt zu beginnen. Wenn Sie sich gerade von einer Verletzung erholen, treten Sie keiner Aerobic-Gruppe bei. Und wenn Sie im Urlaub sind, sollten Sie sich keine Arbeit vornehmen, sondern sich entspannen. Oder wenn in der Firma gerade Stoßzeit ist, weil ein Produkt auf den Markt kommt, dann erwarten Sie nicht von sich, besonders viel Zeit für die Familie zu haben.

Indem Sie sich von Erwartungen lösen, die nicht zu Ihrem aktuellen Rhythmus passen, werden Sie Ihre Schuldgefühle zurückfahren. Indem Sie Gott vertrauen, dass er Sie genau in diese Phase und dieses Stadium hineingesetzt hat, werden Sie zunehmend Frieden erleben. Die folgenden Beispiele werden Ihnen helfen, zu entdecken, wie Sie sich in Ihrer Lebenssituation von Erwartungen lösen können.

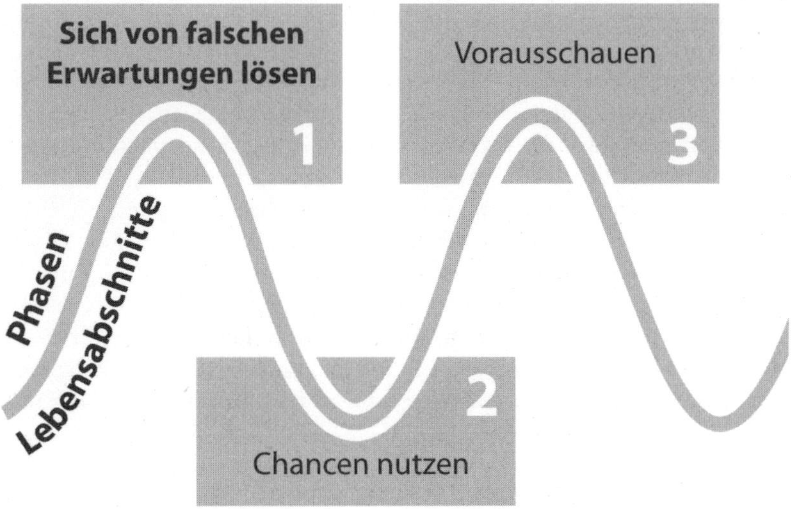

Sich von persönlichen Erwartungen lösen

Wenn Sie eine enge Beziehung zu jemandem haben, dann ist es unerlässlich, nicht nur die eigene Lebensphase zu sehen, sondern auch zu berücksichtigen, welche Phase der andere gerade durchlebt.

Marie im Schmerz um eine Fehlgeburt

Marie rief mich an, weil eine Freundin, die um ihren Schmerz wusste, ihr dazu geraten hatte. Sie und ihr Ehemann Hector hatten sich beide gefreut, als sie schwanger wurde, aber ihre Begeisterung war noch größer als die seine. Sie suchten gemeinsam nach Namen. Marie nahm in ihrem Lebensstil auf die Schwangerschaft Rücksicht und klärte mit ihrer Chefin, wie es beruflich weitergehen sollte.

Im fünften Monat verlor sie ihr Baby. Die Fehlgeburt trieb sie in die Verzweiflung. Noch Wochen später konnte es passieren, dass sie urplötzlich in Tränen ausbrach. Hector teilte ihren Schmerz und versprach ihr, dass sie das zusammen durchstehen würden. Marie fühlte sich schuldig, dass sie ihren Kummer nicht überwunden hatte. Sie versuchte, ihre Schuldgefühle zu ersticken, indem sie an ihren Arbeitsplatz zurückkehrte und sich über beide Ohren in die Arbeit stürzte.

Ich ermutigte sie, sich Zeit zum Trauern zu nehmen. Wenn Sie einen großen Verlust erfahren haben, dann ist es in Ordnung, wenn Sie verletzt und wütend sind und Gott anklagen. Das gehört alles zu einem normalen Prozess. Bleiben Sie nur nicht in diesem Prozess an einer Stelle stecken. Marie konnte sich von der falschen Erwartung lösen, dass direkt nach der Fehlgeburt oder noch innerhalb der ersten sieben Monate alles normal weitergehen müsste. Sie ließ den Druck los, nicht weinen zu dürfen und so hart und effektiv arbeiten zu müssen wie sonst, wenn sie nicht trauerte.

Um ihrer Ehe willen musste Hector Verständnis aufbringen für den Rhythmus von Maries Trauer. Gleichzeitig musste auch er seinen Schmerz verarbeiten. Auch wenn dieser vielleicht nicht so intensiv und anhaltend war wie der seiner Frau, war es doch wichtig für ihn, sich auch seiner eigenen Gefühle bewusst zu werden. Wenn Sie tiefen Schmerz bewältigen müssen, dann verabschieden Sie sich von der Vorstellung, dass Sie sich sofort wieder voll ins Berufsleben stürzen und ein riesiges Projekt durchziehen müssten. Es könnte sein, dass Sie eine reduzierte Arbeitszeit oder sogar eine Auszeit brauchen. Befreien Sie sich selbst von der Vorstellung, dass gleich wieder alles seinen gewohnten Gang gehen müsse.

Wut nach einer Scheidung

Eine Scheidung löst einen Prozess aus, den leider sehr viele Menschen erleben. In unserer Gemeinde bieten wir einen Kurs zur Begleitung Geschiedener (national DivorceCare ministry) an. Dutzende von Leuten haben mir erzählt, dass der halbjährige Kurs ihnen weitergeholfen hat, weil er ihnen das Muster erklärt, nach dem üblicherweise Paare und Individuen die Zeit nach einer Scheidung erleben. Lösen Sie sich von dem Gedanken an eine neue Beziehung direkt nach einer Scheidung! Das ist nicht der Zeitpunkt, um nach einem neuen Partner Ausschau zu halten. Und lösen Sie sich von der Erwartung, schnell darüber hinwegzukommen.

Normalerweise sagt man, dass man für jede vier Jahre, die man verheiratet war, ein Jahr nach einer Scheidung braucht, um sie zu verarbeiten. Lösen Sie sich von der Vorstellung, dass sie nicht wütend sein werden. Wut gehört ganz natürlich zur Trauer dazu. Natürlich wollen Sie an der Wut nicht festhalten. Aber es ist eine falsche Erwartung zu meinen, man könnte die Wut umgehen, wenn man „freundschaftlich" auseinandergeht. *Nachdem* (oder während) Sie Ihre natürlichen Gefühle der Wut durchlebt haben, können Sie Ihrem ehemaligen Ehepartner vergeben und ein friedliches Verhältnis anstreben.

Im Urlaub wirklich ausspannen

Nehmen Sie sich in der Urlaubszeit wirklich Freiraum, um sich zu erholen und neu aufzutanken; lösen Sie sich von dem Selbstanspruch, dass Sie einen Teil des Urlaubs arbeiten (das würde dem alten Balance-Modell entsprechen). Der Urlaub ist Ihre Zeit, um neue Kraft zu schöpfen.

John ist beruflich sehr erfolgreich, weil er härter gearbeitet hat als die meisten um ihn herum. Häufig war er der Erste am Arbeitsplatz und der Letzte, der ging. Seine E-Mails sind nicht selten um 23.30 Uhr oder 5.00 Uhr abgeschickt worden. Seine Gedanken drehen sich ständig um seine Arbeit. Pausenlos ist er im Einsatz, löst Probleme, entwickelt neue Ideen und treibt Initiativen voran. In den vergangenen fünf Jahren wurde er häufiger als jeder andere zum „Mitarbeiter des Monats" gekürt.

Im Urlaub drohte ihm seine Frau Jessica, sein Smartphone in den Pool zu werfen. Sie konnte den Klingelton einfach nicht mehr hören. Selbst wenn das Gerät auf lautlos gestellt war, war das Problem nicht gelöst: John nahm immer noch Gespräche an; selbst beim Abendessen schrieb er noch SMS unter dem Esstisch, als ob sie es nicht merken würde. Ihm war gar nicht bewusst, wie es seiner Frau damit ging und dass er drauf und dran war, seine Ehe zu ruinieren.

Urlaubszeiten sind Ruhezeiten, also lassen Sie die Arbeit ruhen. Nutzen Sie die Chance zur „Ent-Spannung". Jetzt ist die Zeit, um in Beziehungen zu investieren, einander näherzukommen und die Verbindung zu den Menschen zu vertiefen, die wir lieben. Jetzt ist die Zeit, offline zu gehen: keine E-Mails beantworten, nicht auf Nachrichten in der Handymailbox reagieren und dem Drang widerstehen, sich ins Firmennetz einzuloggen. Aalen Sie sich am Pool und genießen Sie gemütliche und entspannte Mahlzeiten!

Tamara und die letzten Tage ihrer Mutter

Manchmal wird Ihre Lebensphase durch etwas bestimmt, das jemandem passiert, der Ihnen nahesteht. Als meine Frau Tamara in den Zwanzigern war, hatte sie zusammen mit ihrem Bruder und ihrer Schwester das Vorrecht, für Ihre Mutter sorgen zu dürfen, die mit Lungenkrebs im Sterben lag. Tamara ist von Natur aus voller Energie und vielseitig begabt, dementsprechend engagierte sie sich neben der Erziehung unserer kleinen Kinder in vielen Bereichen in unserer Gemeinde. Obwohl sie sich überfordert fühlte, meinte sie dennoch, gleichzeitig für ihre Mutter sorgen und an allen anderen Verpflichtungen festhalten zu müssen.

Eines Tages sagte Linda Cole, eine weise ältere Dame, zu ihr: „Tamara, entspann dich. Jetzt ist es dran, dass du für deine Mutter sorgst. Der Rest kann warten." Genau diesen Rat brauchte Tamara. Für sie war es die Phase, um für ihre Mutter zu sorgen. Als sie sich dann von den falschen Erwartungen verabschiedete, weiterhin den Kinderchor und einen Hauskreis leiten zu müssen, kam sie innerlich zur Ruhe.

Wenn Sie für jemanden sorgen, der krank oder behindert ist oder im Sterben liegt, dann ist es für Sie nicht dran, einen Marathon zu laufen oder als Schulelternsprecher die Welt aus den Angeln zu heben. Und wenn Sie gerade geheiratet haben, ist der Moment nicht günstig, eine neue Firma zu gründen.

Cathys Chemo

In der Zeit, als Cathy wegen Brustkrebs behandelt wurde, begleiteten wir sie und ihren Mann Brandon. Dadurch vertiefte sich unsere Freundschaft. Bevor die Chemo begann, hatte Cathy als Mitarbeiterin im Besuchsdienst der Gemeinde regelmäßig das Krankenhaus aufgesucht. Sie hat ein ausgesprochen mitfühlendes Herz und es macht ihr Freude, wenn sie Menschen helfen kann, die gerade in Not sind. Aber nun war sie vollkommen ausgelaugt und hatte noch nicht einmal die Kraft, selbst Auto zu fahren.

Wir organisierten, dass Freunde aus der Gemeinde ihnen Essen vorbeibrachten. Obwohl sie das dankbar annahm, fühlte sie sich mies, weil sie keine Gegenleistung bringen konnte. Es war ihr peinlich und sie fühlte sich unwohl.

Für Tamara ergab sich die Gelegenheit, Linda Coles Rat an Cathy weiterzugeben: „Jetzt ist für dich die Zeit, um Hilfe anzunehmen. Es wird eine andere Zeit kommen, in der du wieder geben kannst." Sie ermutigte Cathy, sich von der Erwartung zu lösen, sich sofort für die erfahrene Hilfe revanchieren zu müssen. Sie musste sich von falschen Schuldgefühlen lösen und in dem Wissen Frieden finden, dass für sie jetzt die Zeit war, um zu genesen und die Nebenwirkungen der Chemotherapie auszuhalten, um den Krebs besiegen zu können.

Wir können so viele Schuldgefühle und Frust loswerden, wenn wir erkennen, wo wir gerade stehen, und im Rhythmus mit der aktuellen Zeit leben, anstatt uns in den einer anderen Zeit zu zwängen, die unserer aktuellen Lebenssituation nicht gerecht wird. An alten Lebensrhythmen festzuhalten, während schon ganz neue Einzug gehalten haben, setzt enorm unter Spannung und belastet unnötig.

Mike Jones' vollgepacktes Leben

Erinnern Sie sich noch an Mike Jones, der alles auf einmal haben wollte, nämlich das ideale bürgerliche Leben in einem Vorort (vgl. S. 20)? Für dieses Ziel versuchte er, alles ausgewogen zu jonglieren. Er muss erkennen, welche Stunde in seinem Leben geschlagen hat, und sich von einigen Erwartungen trennen. Nehmen wir an, für seine Tochter hat gerade die Saison im Fußball begonnen und Mike hilft mit, ihre Mannschaft zu trainieren. Für Mike wäre das Leben wesentlich entspannter, wenn er sich von der Vorstellung lösen würde, dass er noch gleichzeitig in der Basketballliga spielen sollte.

In Mikes Wohngebiet veranstalten die Anwohner jeden Monat einen Wettbewerb, bei dem es um den schönsten Vorgarten geht. Mike ist frustriert, weil seine Nachbarn auf der anderen Straßenseite immer so einen wunderschönen Vorgarten haben. Aber diese Nachbarn sind ein pensioniertes Ehepaar, das für seinen Garten lebt. Es ist ihr Hobby. Warum beteiligt sich Mike in dieser Lebensphase überhaupt an dem Wettbewerb? Er sollte sich von dem Anspruch verabschieden, beim Wettbewerb mitmischen zu müssen. Er sollte den Wettbewerb abhaken, die unnötigen Schuldgefühle ablegen und seine Tochter samstags anfeuern, ohne sich über den Vorgarten Gedanken zu machen. Wenn überhaupt, dann sollte er Fußballtore im

Vorgarten aufstellen und keine kunstvoll angelegten Blumenrabatten. Später im Leben wird es genug Zeit für Mike und seine Frau geben, sich um den Garten zu kümmern und um den Preis zu bewerben.

Davids Prüfungen

Stoßzeiten können ziemlich stressig sein, wenn wir in der Zeit versuchen, die Balance zu halten. Wenn an der Technischen Universität von Georgia die Prüfungswoche ansteht, schläft mein Sohn David nicht viel und ruft auch nicht zu Hause an. In dem Zeitraum ist in seinem Kalender kaum Platz für Erholung. Er geht weder auf Partys noch verbringt er Zeit mit Freunden. Er erwartet nicht, dass er in der Woche Zeit hat, um sich mit seinen Brüdern zu amüsieren. Er kann damit leben, weil er weiß, dass jetzt gerade nicht der Zeitpunkt ist, um sich zu entspannen. Es ist Stoßzeit. Durch seine Einstellung hat er weniger Frust und Stress.

Auch im Arbeitsleben müssen wir auf Zeiten und Phasen achten. Dazu gehört, dass wir im Zuge der Globalisierung ein Bewusstsein für die Rhythmen anderer Kulturen auf der Welt entwickeln. Während der chinesischen Neujahrsfeierlichkeiten nimmt sich ganz China für zwei Wochen frei. Für die Chinesen ist das nicht der Zeitpunkt zum Arbeiten. Wenn Sie in Europa versuchen, im August ein Geschäft abzuschließen, werden Sie sich nur Frust einhandeln. Zu der Zeit sind Schulferien und die Familien nutzen die Wochen für den Familienurlaub, nicht für Geschäftsabschlüsse. Wenn die See ruhig ist, trauern Sie nicht den fehlenden Wellen nach. Entspannen Sie sich. Die vom Wind aufgepeitschten Wellen mit ihrer abenteuerlichen Faszination kehren früh genug zurück.

Sich von Erwartungen anderer Lebensstadien lösen

Die gleiche Strategie lässt sich auch auf ganze Lebensstadien übertragen. Tatsächlich bergen Lebensabschnitte das größte Potenzial, sich von falschen Schuldgefühlen zu befreien. Wenn wir allein unser Lebensstadium bestimmen und uns von unangemessenen Erwartungen trennen würden, so hätten wir schon viel mehr inneren Frieden. Vielleicht erkennen Sie ja in den folgenden Beispielen Parallelen zu Ihrem eigenen Leben und möchten sich ebenfalls von ein paar Erwartungen trennen, die Ihrem Lebensabschnitt nicht gerecht werden.

Festes Einkommen

Wenn Sie im Ruhestand sind und eine begrenzte Rente haben, dann geben Sie nicht so viel Geld aus wie zu den Zeiten, als Sie auf dem Höhepunkt Ihrer Karriere waren und am besten verdient haben. Lösen Sie sich von der Erwartung, dass Sie noch immer so ein Einkommen haben sollten. Sie befinden sich in einem neuen Abschnitt und da gibt es am Jahresende keine Boni für die Erreichung von Firmenzielen. Entsprechend können Sie auch Ihre Spenden nicht auf dem gleichen Niveau halten wie früher.

Viktor und Susannes Zeit als frisch verheiratetes Paar

Mit Anfang zwanzig traten Viktor und Susanne gerade ins Berufsleben ein, er als Bankangestellter und sie als Kindergärtnerin. Als Berufsanfänger waren ihre Gehälter entsprechend niedrig. Während sie auf ihre Hochzeit zusteuerten, schauten sie sich nach einem gemeinsamen Zuhause um – einer schönen Wohnung in guter Wohngegend. So, wie sie es von ihrem Lebensstandard in ihren Herkunftsfamilien gewohnt waren. Dann kauften sie Möbel, einen Flachbildfernseher, Geschirr, Haushaltsgeräte und Deko für ihre Wohnung. Als Nächstes schafften sie zwei Autos an, schlossen Verträge für Kabelfernsehen, Telefon und Internet. Dazu kauften sie einen Hund. Ehe sie sich versahen, versanken sie in Schulden. Trotzdem konnte sich Viktor leicht Vorwürfe machen, dass er nicht in der Lage war, Susanne alles das zu bieten, was sie von zu Hause her gewohnt war.

Das sind unnötige Schuldgefühle. Viktor und Susanne müssen sich von den falschen Erwartungen verabschieden, dass in ihrer Wohnung alles da sein müsse, was es in ihren Elternhäusern gab. Sie stehen doch gerade erst am Anfang. Wenn das Einkommen nicht ausreicht, um einen gewissen Lebensstil ohne Schulden zu finanzieren, dann sollten Sie sich von der Vorstellung verabschieden, zwei Autos, einen Golden Retriever und einen Kabelanschluss zu brauchen. Kaufen Sie nicht auf Kredit, wenn Ihr Portemonnaie diese Anschaffungen nicht hergibt.

Junge Leute neigen dazu, schnell die nächste Stufe erreichen zu wollen. Kinder wollen älter sein. Wenn sie neun sind, wollen sie dreizehn sein, weil das in ihren Augen so viele Vorteile bietet: Man darf später ins Bett, darf andere Filme schauen und andere Computerspiele spielen. Ein Neuntklässler wartet sehnsüchtig auf die Oberstufe und in der Oberstufe wünschen sich die Schüler, dass sie endlich raus ins „wirkliche Leben" kommen. Paradoxerweise beginnen die Menschen, wenn sie älter werden, sich irgendwann zu wünschen, sie wären jünger.

Finden Sie ein Ja zu dem Lebensstadium, in das Gott Sie im Moment gestellt hat. Lösen Sie sich von den Erwartungen anderer Zeiten und hören Sie auf damit, andere zu beneiden, die älter oder jünger sind. Wenn wir mit wenig auskommen müssen, wünschen wir uns mehr und sehnen uns nach Reichtum. Wenn wir dann mehr verdienen, stören uns die ganzen Mühen und Sorgen, die damit verbunden sind, und wünschen uns ein einfacheres Leben. Stattdessen sollten wir uns auf den aktuellen Lebensabschnitt mit seinem Rhythmus einlassen und das Beste aus dem Leben machen, das wir haben, statt uns mit dem Leben abzuquälen, was wir nicht haben.

Überquellende Wäschekörbe

In der Anfangszeit unserer Ehe, als unsere Kinder noch klein waren, ging Tamara fast in den Wäschebergen unter, die sich auftürmten. Schließlich musste sie daneben auch noch den Rest des Hauses in Ordnung halten und für die Kinder sorgen, während ich arbeitete oder studierte. In der Zeit fragte sie ihre Freundin Linda, die selbst sechs Kinder hatte: „Wie machst du das mit der Wäsche?" Linda antwortete ihr: „Wenn es zu viel wird, schmeiße ich sie in einen Raum und schließe die Tür." Sie wollte Tamara deutlich machen, dass sie sich von dem Anspruch befreien müsse, jederzeit mit den Wäschebergen mithalten zu können. Dieser Rat hat Tamara innerlich freigemacht. Noch Jahre später muss sie lächeln, wenn sie daran denkt, was für eine Last von ihr abfiel, als sie sich von dem Anspruch befreite, dass es bei ihr keine Berge an Schmutzwäsche geben dürfe.

Barts Militärzeit

Auch wenn Sie jung und ledig sind, kann Ihnen die Strategie helfen, sich von falschen Erwartungen zu befreien. Manchmal setzen wir uns unter Druck, weil wir unseren Rhythmus mit dem von anderen vergleichen. Mein Sohn Bart war nach der Schule für vier Jahre beim Militär. Als er anschließend mit dem Studium begann, war er 23 Jahre alt. Zu der Zeit schlossen ehemalige Klassenkameraden gerade ihre Ausbildung ab und traten ins Berufsleben ein. Mein Sohn hätte sich nun ärgern oder Schuldgefühle haben können, dass er erst jetzt seine Ausbildung begann. Aber dann hätte er den Rhythmus einer anderen Person übernommen. Stattdessen war für ihn nun die Zeit gekommen, sich ganz in das Studium hineinzugeben, wie er sich vorher in den Militärdienst investiert hatte. Die Phase des Berufsanfangs würde noch schnell genug kommen. Indem sich Bart ganz auf die aktuelle Situation einlässt, macht er das Beste aus seiner Studienzeit und vermeidet falsche Schuldgefühle.

Janes Zeitschrift

Erinnern Sie sich an Jane, die versuchte, ihre Zeitschrift und alle Fragen ihres persönlichen Lebens unter einen Hut zu kriegen (vgl. S. 22)? Als Jane und ich über ihr Lebensstadium sprachen (Erziehung von Kleinkindern) und ihre Phase (für ihren sterbenden Stiefvater sorgen), entschloss sie sich, die Anzahl der Ausgaben ihrer Zeitschrift stark herunterzufahren. Statt wie bisher jeden Monat eine Ausgabe herauszubringen, entschied sie sich für zwei Ausgaben pro Jahr. Damit befreite sie sich von ihrem selbst gemachten Erwartungsdruck. Ihre Schuldgefühle lösten sich auf, neuer Friede überkam sie und sie konnte sich ihren Kindern und ihrem Stiefvater angemessen widmen.

Vater sein

Für mich war es ein Schlüsselerlebnis, als mir aufging, wie kurz die Zeit nur noch war, die ich für meine Kinder hatte, solange sie zu Hause wären. Ich war Mitte dreißig, als mir aufging, dass mir nur noch 14 Jahre blieben, um meine Kinder großzuziehen, aber danach noch viele Jahre verbleiben würden, in denen ich mich anderen Dingen widmen konnte. Diese Erkenntnis brachte mich dazu, meine Verpflichtungen und Erwartungen neu zu überdenken, sowohl die bewussten wie die unbewussten. Ich fragte mich: „Was kann ich *nur* in diesem Lebensabschnitt tun?"

Vor einigen Jahren lud mich ein Mann ein, den ich sehr schätze, im Vorstand seiner Organisation mitzuarbeiten. Ich nahm die Einladung an. Etwas später überdachte ich dann meine Prioritäten und Verpflichtungen und erkannte, dass es noch viele Jahre geben würde, in denen ich mich in Vorständen engagieren konnte, aber nur noch wenige Jahre für die Erziehung meiner Kinder. Andere konnten meinen Platz im Vorstand einnehmen, aber keiner konnte mich als Vater meiner Kinder ersetzen. Nach nur einem Jahr trat ich von meinem Vorstandsposten zurück und verabschiedete mich von der Erwartung, dass ich in diesem Stadium in meinem Leben in Gremien arbeiten müsste.

Abschiedstränen in Waco

Beim Übergang von einem Abschnitt zum anderen müssen wir uns von den Ansprüchen der vorangegangenen Etappe verabschieden und uns der Realität der neuen Etappe stellen. Wenn wir älter werden, neigen wir dazu, an den guten Dingen der vergangenen Etappe festzuhalten. Letzten August habe ich mit großer Freude meine einzige Tochter an ihren Studienplatz an der Baylor University in Waco (Texas) gebracht. Nachdem wir alles in ihrem Zimmer eingerichtet hatten, reiste ich ab, während mir die Tränen übers Gesicht liefen. Sie würde jetzt nicht mehr bei uns wohnen.

Diese Tränen waren angemessen, aber wenn ich zur Uni zurückgefahren wäre und darauf bestanden hätte, dass meine Tochter mit zurückkommt, um zu Hause zu leben, hätte ich mich an eine alte Etappe geklammert, die inzwischen abgelaufen war. In diesem neuen Lebensabschnitt und in dieser Lebensphase mussten sowohl meine Tochter als auch ich uns von der Erwartung lösen, dass sie weiterhin zu Hause leben würde wie in ihren Kinder- und Teenagerjahren. Wenn wir uns nicht von den Erwartungen voriger Etappen verabschieden, bringen wir uns um die Fähigkeit, die Segnungen der neuen Etappe zu empfangen. Der englische Dichter und Maler William Blake drückt seine Vorstellung vom Loslassen in seinem Gedicht „Ewigkeit" aus.

Wer eine Freude an sich bindet
Der zerstört beschwingtes Leben,
Doch wer im Flug sie küsst und findet,
Lebt vom ew'gen Licht umgeben.[29]

Lösen Sie sich von der Erwartung, dass etwas, das einmal gut war, immer gut sein wird.

Altwerden in Würde

Ältere Leute leiden darunter, dass sie nicht mehr die gleiche Kraft haben wie früher. Manche betreiben übermäßig viel Sport, halten strikte Diät oder lassen sich auf ausgefallene Heilmittel ein, um ihre frühere Kraft zu erhalten. Es ist nicht falsch, wenn man gesund lebt und etwas dafür tut, um in Form zu bleiben. Aber wenn Sie versuchen, die vergangene Jugend zurückzuholen, ist das ein aussichtsloser Kampf, der nur zu Frust und schlussendlich zu einer Niederlage führen wird. Die neue Herausforderung ist sogar noch schwerer: nämlich den oft schleichenden Verlust von Unabhängigkeit *anzunehmen*.

Mein Vater versucht, sich von dem Anspruch zu lösen, dass sein Körper heute das Gleiche leisten könne wie früher. Er läuft nicht mehr auf der Aschenbahn auf die Ziellinie zu, fegt nicht mehr in Höchstgeschwindigkeit die Skipiste hinab und taucht auch nicht mehr mit seiner Taucherausrüstung in die Tiefen hinab. Er könnte sich entscheiden, frustriert zu sein und sich Vorwürfe zu machen, dass er nicht mehr so rennen kann wie früher. Aber das wäre unnötiger Stress.

Junge Mütter

Als ich vor den Mitarbeitern des Kleinkinderprogramms (vgl. S. 18) darüber sprach, dass man sich von Erwartungen lösen müsse, erwähnte ich eine eigene Beobachtung: Viele junge Mütter mit kleinen Kindern versuchen, mit ihren Freundinnen mitzuhalten, die – egal ob verheiratet oder ledig – keine Kinder haben. „Junge Mütter", sagte ich, „fühlen sich verpflichtet, zur Gymnastik zu gehen, stundenlang in der Bibel zu lesen und sich überall in der Gemeinde einzubringen." Die Frauen lachten nervös.

Dann erklärte ich ihnen: „Jetzt ist für euch nicht der Zeitpunkt für intensives sportliches Training oder ausgedehntes Bibelstudium. Jetzt ist für euch die Zeit, euch um euer Baby zu kümmern. Verabschiedet euch von falschen Erwartungen, die nicht zu eurem neuen Lebensabschnitt passen. Jetzt ist die Zeit, um mit eurem Baby zu spielen oder mit dem Kinderwagen rauszugehen." Ich konnte die Erleichterung in den Gesichtern lesen. Da erlaubte ihnen doch tatsächlich ein Pastor, weniger in der Bibel zu lesen, sich weniger in der Gemeinde einzubringen und sich auf das zu konzentrieren, was im Moment in ihrem Leben am wichtigsten war: die Kindererziehung.

Wie ist das in Ihrem Leben? Müssen Sie sich von unnötigen Schuldgefühlen befreien, um mehr inneren Frieden zu erfahren? Wenn Sie an Ihre aktuellen Lebensphasen und Ihr Lebensstadium (also Ihre Kairos-Rhythmen) denken, welche Erwartungen könnten Sie begraben?

Alltagsübung: Machen Sie eine Liste, die mit dem folgenden Satz beginnt: „Ich will mich von den folgenden Erwartungen lösen ..."

Kairos-Strategie 2: Chancen nutzen

7

... genau um dieser Gelegenheit willen
Ester 4,14

Macht aus jeder Gelegenheit das Beste!
Kol 4,5 (Neues Leben)

Sie können voller Feuer leben ohne auszubrennen. Ein Schlüssel zur Erfüllung liegt darin, dass Sie die einmaligen Gelegenheiten in Ihren aktuellen Kairos-Rhythmen ergreifen. In der heißen Phase, wenn es um die Meisterschaft geht, dann hängen Sie sich voll rein und gewinnen Sie! Wenn dann Sommerpause ist, dann erholen Sie sich und schöpfen Sie neue Kraft. Wenn Sie jung sind und mehr Kraft haben, dann nutzen Sie sie. Wenn Sie älter und weiser sind, dann geben Sie Ihre Weisheit weiter. Wenn Sie den Sinn Ihres Lebens erfüllen wollen, dann müssen Sie die Gelegenheiten ergreifen, die sich Ihnen offenkundig oder beiläufig in Ihren Lebensstadien und -phasen bieten.

Wenn ich von Erfüllung spreche, dann meine ich nicht Selbstverwirklichung oder irgendein gefühltes Wohlbefinden. Erfüllung bedeutet, dass wir unsere Bestimmung erfüllen. Es geht darum, dass wir in jeder Lebensetappe als verantwortungsbewusste Verwalter handeln.

Ein Burnout rührt daher, dass wir nach Chancen greifen, die gar nicht zu unserer aktuellen Lebensetappe passen, an falschen Erwartungen festhalten und sie erfüllen wollen. Ich muss zugeben, dass ich mir häufig mehr auflade, als ich sollte. Ein Persönlichkeitsprofil charakterisierte mich so: „Neigt dazu, zu viele Eisen im Feuer zu halten." Das stimmt.

Bedeutet das, dass wir uns keine ehrgeizigen Ziele mehr setzen sollten? Bob Biehl hat ein Buch geschrieben mit dem Titel *Stop Setting Goals if You would rather solve Problems* [d. h.: „Hör auf, dir Ziele zu setzen, wenn du besser Probleme lösen solltest"]. Der Titel ist sicherlich provokativ, aber er trifft den Punkt. Es ist klug, sich Ziele zu setzen, aber wir können nicht vorhersehen, was morgen passieren wird. Vielleicht bietet sich uns eine große Chance, für die wir uns kein Ziel gesetzt haben. Wir müssen uns darauf einstellen, dass sich uns in jeder Lebensphase und in jedem Lebensstadium besondere Chancen bieten.

Das Leben ist nicht wie ein stiller See, eher wie ein aufgewühltes Meer. Wir begegnen unerwarteten Wellen. Auf einigen können wir surfen, andere wirbeln uns herum und schleudern uns in den Sand. Es geht nicht darum, dass wir darauf verzichten sollten, Ziele zu setzen, sondern dass wir beim Zielesetzen den rhythmischen Verlauf des Lebens im Hinterkopf behalten.

Esters Kairos-Augenblick

Die Estergeschichte erzählt von einer jungen hebräischen Frau, die zur Nebenfrau des Königs Xerxes von Persien bestimmt wurde. Ihre Lage war nicht ideal und sie hätte sich diesen Lebensweg sicherlich nicht selbst ausgesucht. Aber sie lebte dann im Palast und konnte mit König Xerxes zu einer Zeit reden, als das Überleben ihres Volkes auf dem Spiel stand. Haman, ein mächtiger Mann am Königshof, wollte aus Wut und verletztem Stolz das Land von den Juden säubern. Esters Onkel Mordechai forderte Ester heraus, an den König heranzutreten, weil Gott sie vielleicht „genau um dieser Gelegenheit willen" in den Palast von Xerxes gebracht habe.

Haben Sie ein offenes Auge für Augenblicke, in denen Sie sich „genau um dieser Gelegenheit willen" befinden! Wie können Sie Chancen ergreifen, die Ihre aktuelle Lebensphase oder Ihr aktuelles Lebensstadium Ihnen bietet? Nehmen wir an, Sie stehen gerade im Genesungsprozess nach einer Verletzung oder einem Unfall und sind mehrere Wochen krankgeschrieben. Obwohl Sie körperlich eingeschränkt sind, haben Sie nun die Gelegenheit, Bücher zu lesen, die Sie schon immer einmal lesen wollten, Zeit für lange Gespräche mit Freunden und können sich mehr Zeit für das Gebet und die Vertiefung Ihrer Gottesbeziehung nehmen.

Vielleicht haben Sie den typischen Rat erfahrener Eltern an junge Eltern gehört: „Genießt diese Babyzeit - sie werden so schnell groß!" Ja, junge Eltern sollten diese Zeit schätzen. Wenn Sie ein Baby haben, dann können Sie es im Arm halten, mit ihm kuscheln – diese Phase hält nicht ewig an. Aus Babys werden Kleinkinder, aus Kleinkindern werden Kindergartenkinder, wilde Sechstklässlern und schließlich Teenager. Wir müssen die einzigartigen Chancen wahrnehmen, die jede Lebensphase und jeder Abschnitt in unserem Leben uns bieten, und uns für den Segen öffnen, den diese Zeiten mit sich bringen. Greifen Sie beherzt nach dem, was Gott Ihnen genau vor die Nase gelegt hat. Das wird Ihnen persönliche Erfüllung und Freude geben, während Sie Ihre Berufung für diesen Zeitabschnitt leben, ganz unabhängig davon, wie sie gerade aussieht.

Sehen Sie auf das Positive, das sich Ihnen jetzt bietet. Mein Vater hätte der Vergangenheit nachtrauern können, dass er nicht länger körperlich in der Lage war, den ganzen Tag als Zahnarzt zu arbeiten oder bei einem 10.000-Meter-Lauf mitzumachen. Stattdessen entschloss er sich, den Blick darauf zu richten, dass er nun voller Freude Aquarelle malen konnte. Für diese neue Leidenschaft hätte er früher in seinem Leben keine Zeit gehabt.

Wir machen uns nur Stress, wenn wir uns nicht vor Augen führen, wie Gott uns gerade segnet. Wir schüren Unzufriedenheit, wenn wir der Vergangenheit nachtrauern oder uns über das ärgern, was wir nicht haben oder wünschten, wir hätten es nicht. Wenn wir uns darüber ärgern, dass Babys unser friedliches Leben durcheinanderbringen oder uns über Teenager mit ihrer unbändigen Art aufregen, dann bringen wir uns um einmalige Chancen dieser Lebensabschnitte.

Dankbarkeit baut auf

Ist das Glas halb voll oder halb leer? Selbst in schwierigen Zeiten können wir uns daran freuen, dass Gott uns segnet. Wenn Sie sich dafür entscheiden, werden Sie Freude finden, selbst mitten in Armut und Trauer. Beerdigungen bringen Familien zusammen wie kaum sonst etwas. Familienmitglieder, die zusammengekommen sind, um von ihren Lieben Abschied zu nehmen und ihnen die letzte Ehre zu erweisen, erzählen plötzlich aus ihrem Leben.

Jede Zeit bringt besondere Vorteile und Herausforderungen mit sich. Wir verschwenden unser Leben, wenn wir uns auf die Schwierigkeiten fixieren und dabei versäumen, die Chancen zu ergreifen und uns an Gottes Segen zu freuen. Verheiratete Paare stöhnen über die Verpflichtungen, die ihre Ehe mit sich bringt und wünschten, sie wären so unabhängig wie Singles. Singles stöhnen über ihre Einsamkeit und sehnen sich nach einem Partner fürs Leben. Eltern, deren Kinder ausgezogen sind, kommt das Haus so leer vor, während Eltern mit Vorschulkindern sich ausgelaugt fühlen. Und trotzdem bringt jede Zeit besondere Freuden mit sich, die wir schätzen sollten.

Ältere Leute wünschen sich ihre alte Kraft und Schönheit zurück. Jüngere Leute wünschen sich die Weisheit und den Reichtum der Älteren. Menschen, die auf dem Land leben, ärgern sich über die Einschränkungen, die das Leben in einem kleinen Dorf mit sich bringt, und sehnen sich nach dem, was das Stadtleben zu bieten hat. Gleichzeitig sehnen sich Stadtbewohner danach, einmal die Sterne am Nachthimmel zu sehen oder die Ruhe der Natur weitab vom Verkehrslärm genießen zu können. Freuen Sie sich an den Möglichkeiten und dem Guten, das Ihre augenblickliche Lebenssituation für Sie bereithält. Es kann sein, dass Sie das in der nächsten Etappe schon nicht mehr haben können. Leben Sie ganz im Hier und Jetzt, ohne sich über dessen Herausforderungen aufzuregen, alten Zeiten nachzutrauern oder die nächste Phase schnell herbeizuwünschen.

Die Chancen persönlicher Lebensphasen nutzen

Im Moment befinde ich mich in einem Haus am See und bin für zweieinhalb kostbare Tage allein, um zu schreiben. Diese Zeit muss ich nutzen. Ich habe vor, mich ganz aufs Schreiben zu konzentrieren, während die Alltagsgeschäfte einmal weit hinter mir liegen. Ich will das Beste aus diesen Stunden machen.

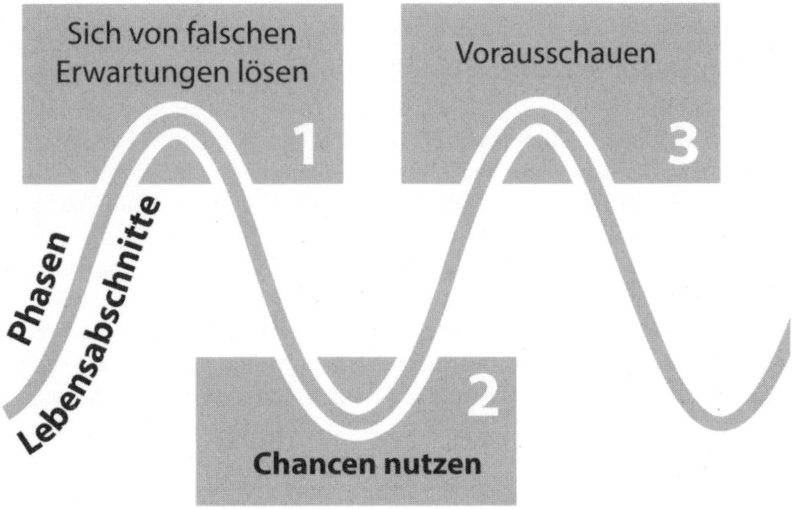

Wenn Ihre Stunde schlägt – egal wie diese Stunde genau aussieht – nutzen Sie sie. Wenn die Jagdzeit für Tauben anbricht, sind die Felder voller Taubenschützen, die ihre Grenzen austesten. Wenn es im Sport um die Meisterschaft geht, drehen die Teams, die eine Chance auf die Meisterschale haben, noch einmal extra auf. Keiner will in letzter Minute verlieren. In dem Moment ist für jeden die Zeit gekommen, um alles zu geben. Das ist die Zeit, um Opfer zu bringen und noch einmal eins oben draufzulegen. Das ist die Zeit, um die Chance zu ergreifen, bevor die Gelegenheit vorbei ist. (Wir Amerikaner lieben Vergleiche aus dem Sport!)

Dabei ist wichtig zu beachten, dass die verschiedenen Kairos-Rhythmusstrategien zusammenspielen müssen. Es gibt eine günstige Zeit, um sich von Erwartungen zu lösen, genauso wie es eine günstige Zeit gibt, um eine Gelegenheit zu ergreifen. Aber wenn wir alles in Balance halten wollen, werden wir die Kairos-Chancen verpassen, die sich uns bieten.

Chancen zu nutzen ist im Urlaub genauso wichtig wie im Berufsleben. Zum Beispiel werden John und Jessica (vgl. S. 72) einen besseren Urlaub haben, wenn sie sich von der Erwartung lösen, dass während des Urlaubs gearbeitet werden müsste. Der Urlaub ist ihre Chance, um ihre Beziehung zueinander zu vertiefen und neue Kraft zu schöpfen. Nur allzu häufig kehren Leute völlig erschöpft aus dem Urlaub zurück. Man zitiert ja schon fast ein Sprichwort, wenn man sagt: „Ich muss mich erst mal von meinem Urlaub erholen." Wenn Menschen ihre Erwartungen im Urlaub nicht zu Hause lassen, dann verschleudern sie noch mehr Energie, anstatt ihren Kräftehaushalt neu aufzubauen.

Tun Sie das in Ihrem Urlaub, was sie aufbaut und freuen Sie sich daran. Machen Sie Mittagsschlaf. Lesen Sie ein Buch. Unternehmen Sie Spaziergänge. Machen Sie abenteuerliche Unternehmungen. Treiben Sie Extremsport oder leihen Sie sich ein Mountainbike. Nehmen Sie sich Zeit für Ihre Familie. Spielen Sie auf einem 18-Loch-Golfplatz oder – wenn Sie es packen – sogar auf einem 36-Loch-Platz. Bauen Sie Sandburgen mit Ihren Kindern. Spazieren Sie in gemütlichem Tempo die Wanderpfade entlang und genießen Sie dabei die zarten Blumen und die mächtigen Berge. Besuchen Sie die Sehenswürdigkeiten und bummeln Sie durch die Straßen. Geben Sie sich so in den Urlaub hinein, wie Sie es sonst in die Arbeit tun.

Rogers Burnout

Sogar in anscheinend schlechten Zeiten gibt es Chancen zu nutzen und Gutes, an dem man sich freuen kann. Als ich mit Roger und seiner Frau Kathryn am Küchentisch saß und über Rogers Burnout und seine Panikattacken sprach (vgl. S. 22), waren sie entschlossen, möglichst schnell das Problem zu beheben und zum „normalen Leben in Balance" zurückzukehren. Sie hofften, dass Rogers Termin bei einem Psychologen zu einer sofortigen Lösung führen würde.

Stattdessen riet ich ihnen, die besonderen, kaum wahrnehmbaren Chancen dieser Zeit der psychischen Erholung zu ergreifen. Roger könnte mehr Zeit mit seinen Kindern verbringen, Romane lesen, für die er sich bisher nie die Zeit genommen hatte, oder im Garten arbeiten. Dies könnte eine Zeit zum Durchatmen werden, in der er die seltene Chance wahrnimmt, Tempo herauszunehmen und Zeit mit Gott zu verbringen.

Was für besondere Chancen bietet eine Genesungs- oder Rehabilitationszeit? Vielleicht wollen Sie auch endlich mal die Bücher lesen, die Sie schon lange auf Ihrer Liste haben. Oder Sie nehmen wieder Kontakt zu alten Freunden auf. Sie können sich wirklich erholen und Ihre Akkus körperlich, geistig und geistlich wieder auffüllen. Viel zu oft sehen wir eine

Genesungszeit als etwas Schlechtes an, das man so schnell wie möglich hinter sich bringen muss, um wieder an die Arbeit zurückkehren zu können. Wir ärgern uns über die Grenzen dieser Zeit, statt uns auf ihre Chancen einzulassen. In einer längeren Genesungszeit haben Sie Gelegenheit, um Ihr Leben einmal gründlich zu durchdenken. Wer bin ich und wo geht die Reise hin? Ohne diese Zeit werden Sie vielleicht nie die Gelegenheit haben, um innezuhalten und nachzudenken.

Bart beim Militär

Manchmal setzen uns Lebenszeiten enge Grenzen und lassen nur einen einzigen Lebensbereich zu. Als mein ältester Sohn beim Great Lakes Naval Training Center seinen Militärdienst begann, setzte ein besonderer Rhythmus für ihn ein, der seinen Alltag so ziemlich beschränkte auf ein „Zu Befehl!" Die Tage begannen schon vor Sonnenaufgang mit Intensivsport. Andere Lebensbereiche lagen für Bart zunächst mal auf Eis. Wenn man kein Verständnis für den besonderen Rhythmus der Grundausbildung hat, könnte man vielleicht meinen, dass das Leben eines Marinesoldaten total unausgewogen sei. Aber Bart kam mit diesem besonderen Rhythmus klar. Das Gleiche gilt für Soldaten im Kriegseinsatz. Ihr Rhythmus ist sehr fordernd und unterscheidet sich völlig von dem eines Collegestudenten.

Wenn Sie im aktiven Wehrdienst sind, dann ist das Ihre Zeit, um die besonderen Möglichkeiten wahrzunehmen, die diese ungewöhnliche Zeit bietet. Bauen Sie bleibende Freundschaften zu Mitsoldaten auf. Lernen Sie Teile der Welt kennen, in die Sie vielleicht nie wieder kommen. Lernen Sie Disziplin und bringen Sie sich körperlich richtig in Form.

Betriebsbedingte Kündigung

Der Ausdruck „Betriebsbedingte Kündigung" ist ein politisch korrekter Weg, um zu sagen: „Sie sind entlassen." Wenn jemand so nach Hause geschickt wird, kann ihn das ziemlich herunterziehen. Es ist hart, ohne Arbeit dazustehen, und die wenigsten von uns sind finanziell darauf vorbereitet.

Mit dem Tag der Entlassung beginnt eine neue Lebensphase, ein Kairos-Rhythmus. Normalerweise durchleben Menschen ein typisches Wechselbad der Gefühle: Erst Unglaube, dann Wut und Kampf dagegen, anfängliche Begeisterung über die freie Zeit, dann Depression und schließlich die Suche nach einer neuen Möglichkeit.

Um in dieser Phase rhythmisch zu leben, müssen Sie die Zeit zwischen zwei Arbeitsplätzen als eine Kairos-Welle sehen und sich überlegen, wie Sie auf ihr surfen können. Verabschieden Sie sich als Erstes von der Vorstellung, dass das Leben so weiter verläuft wie zu der Zeit, als Sie noch berufstätig waren. Es wird sich nicht alles verändern, aber vieles. Setzen Sie die Strategie der Chancennutzung ein, um das Beste aus Ihrer Zeit zu machen. Könnte dies eine Gelegenheit sein, um die Fahrtrichtung in Ihrem Leben zu überdenken oder sich beruflich zu verändern? Könnte dies ein heimlicher Weg Gottes sein, um Sie zu segnen, indem er Sie zu einem Neuanfang stubst, vielleicht sogar an einem neuen Ort? Es ist nicht gut, wenn wir unsere unangenehmen Gefühle verdrängen oder herunterspielen. Wir müssen sie durchleben. Trotzdem ist es nur klug, nach Gottes Segen Ausschau zu halten und uns darauf einzulassen. Wie werden Sie die zusätzliche Zeit einsetzen, die Ihnen anvertraut wurde?

Dan und sein Arbeitsteam

Im Geschäftsleben gibt es sehr stressige Zeiten, gerade wenn Sie unter Hochdruck an einem Projekt arbeiten, um es abzuschließen. In dem erfolgreichen Unternehmen, in dem Dan als Manager arbeitet (vgl. S. 23), bringt er seinem Team bei, vor einem Abgabetermin alles zu geben. Dan hat gelernt, sich auf Phasen mit harter Arbeit einzulassen und den Adrenalinstoß zu genießen, wenn das Projekt genau fristgerecht fertig wird.

Anstatt sich über die heiße Phase zu ärgern, genießen Sie das Erfolgsgefühl, dass Sie in der Lage waren, alles aus sich herauszuholen. Dabei spielt es keine Rolle, ob Sie ein Rechtsgutachten schreiben mussten oder ein Dach reparieren, das Haus vor einer Party putzen, ein dickes Geschäft machen oder eine Präsentation fertigstellen mussten. Nutzen Sie die Gelegenheit, um etwas zu erreichen.

Wenn Dans Team ein Projekt termingerecht abgeschlossen hat, dann feiern sie. Nachdem sie eine ganze Nacht durchgearbeitet haben, um es noch zu schaffen, gehen sie am Morgen zusammen frühstücken und freuen sich gemeinsam. Was immer Ihre Herausforderung sein mag: Nehmen Sie sich Zeit, um sich am Erfolg zu freuen. Belohnen Sie Ihr Team. Nehmen

Sie sich gemeinsam eine Auszeit. Wenn Sie die Verantwortung tragen, dann geben Sie allen extra freie Zeit.

Leroys Gemeindegründungsprojekt

Vor ein paar Monaten fragte mich mein Freund Leroy Armstrong um Rat wegen einer Gemeindegründung im Süden von Dallas. Etwas von Grund auf aufzubauen ist harte Arbeit. Er sammelt die Mitarbeiter, hat nebenher einen anderen Job und lebt von einem geringeren Einkommen, als er eigentlich braucht. Seine Frau arbeitet mehr, als sie eigentlich möchte, aber sie ist mit Leroy übereingekommen, dass es die Sache wert ist. Das Leben der Armstrongs rast in atemberaubendem Tempo, so gut wie jede Minute ist gefüllt. Die Gemeinde trifft sich in einem gemieteten Kino. Jeden Sonntagmorgen muss die Gemeinde alles auf- und abbauen. Das Gemeindegründungsprojekt muss sich entwickeln, um überleben zu können. Wenn es klein bleibt, wird es sterben. Der Stresspegel ist hoch.

Als ich an die Anfänge unserer Gemeindearbeit zurückdachte, erwischte ich mich bei dem Wunsch, dass ich diese Zeit mehr genossen hätte. Anfänge sind chaotisch und verrückt. Da ist noch nicht alles bis ins Letzte durchgestylt und durchgeplant.

Es war im Herbst 1995, als ich den Eindruck hatte, dass Gott mich dazu berief, in McKinney in Texas eine Gemeinde zu gründen. Das war eine einmalige geistliche Erfahrung für mich. Zu der Zeit hatte McKinney nur 30.000 Einwohner, aber es wuchs stark und wurde wenig später die am schnellsten wachsende Stadt ihrer Größe in Amerika.

Nach achtzehn Monaten Gebet und Vorbereitung feierten wir am 16. März 1997 unseren ersten Anbetungsgottesdienst. Wir trafen uns in gemieteten Räumen in der ältesten weiterführenden Schule der Stadt. Jeden Sonntag räumten wie die Soundtechnik und das Kindermaterial aus den Anhängern, die wir in der Woche bei Mitgliedern abstellten.

Ich arbeitete hart und lange, 70 bis 80 Stunden die Woche, und hatte kaum mal ein paar Tage frei. So ist das, wenn man etwas neu anfängt. Heute, mehr als ein Jahrzehnt später, schaue ich auf diese Zeit zurück und sehe, dass sie toll war, etwas ganz Besonderes. So verrückt sie auch war und so viel Kraft sie mich auch gekostet hat, sie war es wert. Eine Gemeinde ist entstanden und wächst bis heute. Es war richtig, die Gelegenheit zu ergreifen, die sich mir bot. Ich war froh, dabei zu sein.

Die Gefahr bestand darin, dass ich in dem Tempo weitermachte und ausbrennen würde. Auch nachdem das Projekt dann gestartet war und lief, behielt ich ein Tempo bei, das ich auf die Dauer nicht aufrechthalten konnte. Irgendwann riefen mich Freunde zur Besinnung. Ich musste lernen, dass es in einem rhythmischen Lebensansatz nicht nur Zeiten gibt, wie ein Verrückter zu arbeiten, sondern auch Zeiten, in denen man tief durchatmet.

Leroy ist ein guter Freund von mir. Ich erzählte ihm, dass eine Gemeindegründung so ist, als ob man ein Baby bekommt. Junge Eltern wissen diese ersten Jahre nicht genug zu schätzen. Erst im Rückblick erkennen wir, was das für eine kostbare Zeit war. Mein Rat an ihn war, diese Phase von Anfang an zu schätzen, innezuhalten und zu feiern und sich dabei vor Augen zu führen, wie Gott einen in so einer Startphase segnet. Wenn ich noch einmal von vorne anfangen könnte, dann würde ich mich mehr an dem vielen Guten erfreuen und innehalten, um die Freude zu spüren und das Wunder zu begreifen, an dem wir gerade arbeiten.

Viel zu oft, wenn wir eine Firma gründen, ein Geschäft eröffnen oder Kinder großziehen, stehen wir so unter Strom, dass wir uns gar nicht die Zeit nehmen, uns an Gottes Segnungen und den Chancen zu freuen. Wir sind einfach zu beschäftigt damit, das Leben mit seinen ganzen Aufgaben zu meistern. Aber dabei verpassen wir die Freude, die wir haben könnten, wenn wir ein wenig langsamer machen würden und uns auf das Gute dieser Phase einließen.

Schulanfang

Neuanfänge bieten einzigartige Chancen. Letzten Herbst hielt ich die Begrüßungsrede für das Lehrerkollegium und die Mitarbeiter der McKinney Christian Academy, als sie in das neue Schuljahr starteten. Hier ein Ausschnitt aus meiner Rede an diesem Morgen:

> Heute habe ich eine Botschaft für Sie: Nutzen sie den Schulanfang. Sie haben eine einmalige Gelegenheit. Fragen Sie sich: Was schlägt die Stunde? Welche Gelegenheiten bieten Ihnen diese Tage? Sie beginnen ein neues Schuljahr, das in neun Monaten vorbei sein wird. Da gibt es einen eigenen Rhythmus.

In dieser Phase gibt Gott Ihnen besondere Chancen, die Sie nutzen können. Ihre Chancen hängen größtenteils mit Menschen zusammen, Schülern und Mitarbeitern. Sie können etwas bewirken, das die Welt stark verändert.

Anfänge sind wichtig. Sie geben die Richtung und den Ton für das Jahr vor. Sie wirken an der Entstehung des neuen Schuljahres mit, an den Räumlichkeiten, an der Verwaltung. Nutzen Sie diese Startphase.

Was können Sie in den nächsten paar Wochen machen, was Ihnen später im Schuljahr nicht mehr möglich ist? Direkt am Anfang fragen sich Schüler und Eltern: Werde ich den Lehrer mögen? Wie wird hier der Unterricht sein?

Legen Sie den Grundstein für Beziehungen: Einen ersten Eindruck können Sie niemals nachholen.

Kommunizieren Sie Ihre Erwartungen: Legen Sie die Ansprüche und den Umgangston von Anfang an fest.

Setzen Sie Maßstäbe: Führen Sie für sich, Ihre Schüler und das Kollegium gute Gewohnheiten ein.

In jedem Anfang liegt eine riesige Chance. Ein Anfang legt die Richtung fest, in der das Ende liegen wird.

Eine Frau will ihren Exmann im Gefängnis besuchen

Manchmal müssen wir uns einer harten Wirklichkeit stellen. Obwohl Maria früher ihren Exmann Geraldo gehasst hatte, fühlte sie nun Mitleid für ihn, nachdem er zu fünfzehn Jahren Haft verurteilt worden war. Als ehemaliger Polizeibeamter, der für eine Sexualstraftat verurteilt war, musste er sich auf Einzelhaft für ein Jahrzehnt oder mehr einstellen. Durch dicke Glasscheiben unterhielten sich Maria und Geraldo über die Sprechanlage des Besucherraums. Er erzählte ihr, dass er am liebsten wie Rip van Winkle[30] einfach einschlafen und zehn Jahre später aufwachen würde, um es dann besser zu machen.

Selbst in den schwierigsten Situationen können Sie nach Chancen Ausschau halten, die Sie nutzen können. Maria fragte Geraldo, ob er sich irgendeine besondere Chance denken könnte, die er im Gefängnis wahrnehmen könne. Ihm fiel nichts ein. Natürlich will niemand im Gefängnis sein, vor allem nicht in Einzelhaft. Aber egal wie Ihre Lage aussieht, sie birgt immer eine Chance, wenn Sie nur genau genug hinsehen.

Ich gebe ja zu, dass es wenig Gutes im Gefängnis gibt. Aber immerhin schrieb der Apostel Paulus seinen fröhlichsten Brief – den Philipperbrief – aus dem Gefängnis. Und genau in dem Brief schreibt er, dass er gelernt hat, in jeder Lebenslage zufrieden zu sein. Selbst im Gefängnis können wir Segen von Gott empfangen.

Obwohl die wenigsten sich für zehn Jahre in Einsamkeit entscheiden würden – welche Chancen könnte so eine Zeit der Isolation und Einsamkeit mit sich bringen? Wie häufig könnte Geraldo in den zehn Jahren die Bibel durchlesen? Wie viele Verse könnte er auswendig lernen? Dies könnte eine Zeit sein, um Gott näherzukommen und sein Wort in einer Weise zu studieren, wie er es nie wieder tun könnte. Als Maria ihm diesen Vorschlag machte, hellte sich Geraldos Gesicht auf. Ihm gefiel die Idee und er war entschlossen, sich um eine Bibel zu bemühen und damit anzufangen. Selbst im Gefängnis gibt es Chancen, die wir wahrnehmen können.

Die Chancen in Lebensstadien nutzen

Während Lebensphasen ein Bündel an einzelnen Gelegenheiten bieten, finden wir in Lebensstadien ausgedehnte Gelegenheiten, die wir wahrnehmen können. In einer Zeitspanne von Jahren können wir Gutes entdecken, das sich uns nur in diesem Lebensabschnitt bietet.

Mike Jones kämpft sich so damit ab, alle Bälle in der Luft zu halten (vgl. S. 20), dass er überhaupt keine Chance mehr ergreifen kann. Es ist ziemlich schwer, nach einem zusätzlichen Ball zu greifen, wenn man sowieso schon mehr Bälle jongliert, als man bewältigen kann. Dabei bieten sich Mike großartige Gelegenheiten. Seine Kinder wollen Zeit mit ihm verbringen – das wird nicht immer so sein. Das ist Mikes Chance, um in das Leben seiner Tochter auf dem Fußballfeld zu investieren oder in das seines Sohnes auf dem gemeinsamen Pfadfindercamp. Der Preis für den besten Vorgarten kann warten, genauso wie der Vorsitz bei der lokalen Tafel.

Das heißt nicht, dass er nicht zwischendurch wegen einer Krise ins Büro gerufen wird (so wie bei dem Anruf, den er an dem einen Samstagmorgen erhielt). Aber er sollte sich von dem Anspruch lösen, dass er das Camp früher verlassen müsse, um seine Eltern zu besuchen. Wenn Mike lange genug innehalten würde, um die wenigen Jahre zu zählen, die ihm noch mit seinen Kindern bleiben, dann würde er sich konsequenter Zeit für sie nehmen.

Mein Vater und die Kunst

Mein Vater ist nun Mitte siebzig und nutzt jetzt seine Chance, um zu malen. Während ich aufwuchs, war er so von seiner Zahnarztpraxis in Anspruch genommen, dass ihm nicht viel Zeit zum Malen blieb. Aber er hatte immer Freude an Kunst. In dieser Zeit ärgerte er sich nicht darüber, dass ihm keine Zeit zum Malen blieb, sondern nutzte die Chancen seines damaligen Lebensabschnitts, um seine Praxis aufzubauen und die finanzielle Grundlage für spätere Jahre zu legen. Nun ist er pensioniert und könnte darüber klagen, dass er körperlich nicht mehr in der Lage ist, einen vollen Arbeitstag zu leisten. Stattdessen ist er dankbar für die Jahre, die er arbeiten konnte, und konzentriert sich nun auf sein Hobby Aquarellmalerei.

In diesem neuen Lebensstadium kann er viele Kurse belegen und unzählige Stunden mit Malen verbringen. Was für eine Gelegenheit! Gerade beschäftigt er sich damit, wie man menschliche Gesichter zeichnet und Hände gestaltet. Vor einigen Monaten konnte er sogar ein einwöchiges Seminar bei einem Kunstprofessor belegen, der gerade in der Stadt zu Besuch war.

Wie erfüllend ist das für ihn, dass er sich nun dem widmen kann, was ihm immer Spaß gemacht hat, wofür er aber nie die Zeit hatte! Tamara und ich haben in unserem Schlafzimmer ein wunderschönes Gemälde einer Dorfkirche, die mein Vater gemalt hat. Andere Leute bieten ihm an, seine Bilder zu kaufen. Er hat schon überlegt, einige seiner Bilder online zu verkaufen und andere in einer Galerie auszustellen. Das alles hätte in einem früheren Lebensabschnitt nie geschehen können und auch nicht sollen. Doch jetzt ist für ihn die Zeit zum Malen und er macht das Beste daraus.

Freiheit als Single

Solange Sie ungebunden sind, haben Sie die Freiheit, ganz spontan Pläne zu machen und sie wieder über den Haufen zu werfen, ohne sich mit einem Partner absprechen zu müssen. Lassen Sie sich auf diese Freiheit ein, die das Ledigsein bietet: die Möglichkeit, Ihr Geld und Ihre Zeit so einzusetzen, wie es Ihnen gefällt. Investieren Sie in die Dinge, die Ihnen wichtig sind, die Ihre Welt verändern. Genießen Sie es, sich für andere einzusetzen, für eine Sache, die Menschleben verändert.

Premieren

Geben Sie sich ganz in Ihren aktuellen Rhythmus hinein. Wenn Sie ein zweijähriges Kind haben, genießen Sie es, wie sich vor Ihren Augen seine Persönlichkeit entwickelt. Wenn Sie studieren, genießen Sie Ihre Freiheit, statt über Geldknappheit zu klagen. Genießen Sie Premieren: Freuen Sie sich an Ihrem ersten Auto, der ersten Wohnung. Normalerweise sind die ersten Anschaffungen nicht die teuersten und besten, aber häufig bedeuten sie einem am meisten. Irgendwann werden Sie sich wahrscheinlich nicht mehr an alle Orte erinnern, an denen Sie gelebt haben, noch an alle Autos, die Sie gefahren haben. Aber normalerweise werden Sie sich an die erste Wohnung oder das erste Auto erinnern. (Mein erstes Auto war ein völlig abgenutzter roter Ford Pinto.)

Früher in den Stoßzeiten in meinem Leben habe ich mir kaum die Zeit genommen, um mich an den Vorzügen jener Tage zu freuen. Neuanfänge kosten Kraft und sind doch wunderschön, ob es nun um ein neues Kind, ein neues Zuhause oder eine neue Gemeinde geht. Wenn Sie am Anfang stehen, denken Sie, dass Innehalten jetzt nicht dran und auch gar nicht möglich wäre. Aber auch am Anfang können Sie sich dafür entscheiden, sich zu freuen.

Wenn Sie Kinder haben, dann werden deren Lebensstadien die Ihren stark beeinflussen. Es sind die Lebensabschnitte Ihrer Kinder, die Ihnen Ihre Gelegenheiten liefern. Das Klischee stimmt: Die Kinder werden wirklich schnell groß. Die Jahre vor der Schule fühlen sich wie eine Ewigkeit an, aber im Ganzen gesehen machen sie nur eine kurze Spanne im Leben aus. Genauso ist das mit den Teenagerjahren: sieben Jahre pro Kind. Das war's dann. Nutzen Sie die unwiederbringlichen Gelegenheiten jedes Stadiums und genießen Sie dessen Vorzüge.

Im letzten Jahr habe ich jeden Moment ausgekauft, der mir noch mit meiner Tochter blieb, die gerade die Oberstufe besuchte. Außerdem wurde mein Jüngster, Ben, sechzehn und bekam sein erstes Auto, einen Chevrolet Blazer mit Allradantrieb. Meine Kinder sind schon fast aus dem Haus. Ich spüre, wie diese Etappe ihrem Ende zugeht, und so bin ich entschlossen, jede Chance zu nutzen, um die Zeit als Familie zu nutzen.

Gutenachtküsse

Eltern von kleinen Kindern fühlen sich durch die Schlafengehzeit total eingeengt. Die Kleinen wollen von Mama oder Papa ins Bett gebracht werden. Heute würde ich mir ein Bein ausreißen, um diese Zeit zurückzuholen. Damals hatte ich zwei Jobs und studierte noch nebenher. Wenn ich überhaupt mal zur Schlafenszeit der Kinder zu Hause war, war ich so erschöpft, dass ich froh war, wenn das alles vorbei war. Was für eine Chance habe ich verpasst!

Genießen Sie die Freude, wenn Ihre Kinder Sie küssen und umarmen. Wärmen Sie Ihr Herz an den sehnsüchtigen Blicken Ihrer Kinder, wenn sie mit großen Augen aus ihrem Kissen hochschauen. Und wenn sie Sie noch mal und noch mal um einen Gutenachtkuss bitten, dann küssen Sie sie noch mal und noch mal - um Ihrer Kinder willen wie auch um Ihretwillen.

Die Jahre zwischen dem Säuglingsalter und der Teeniezeit sind so kurz. In diesen Jahren wollen die Kinder, dass Papa oder Mama ihnen eine Geschichte vorliest, mit ihnen betet, sie zu Bett bringt und bei ihnen sitzt, bis sie einschlafen. Das sind kostbare Momente. Was für eine Gelegenheit, um in ihr junges Leben zu investieren!

Taxiservice

Eltern von Schulkindern beschweren sich häufig darüber, dass sie ein Taxiunternehmen wären. Sie geben jede Menge Zeit und Geld aus, um ihre Kinder zur Schule zu fahren und abzuholen, dann schließen sich Nachhilfeunterricht, Musikschule oder Sportverein an oder noch eine Verabredung bei einem Freund. Sie kommen sich so vor, als würden sie ihre Zeit nur noch im Auto verbringen. Doch anstatt sich über die Taxi-Service-Jahre zu ärgern ... können Sie die verborgene Chance entdecken?

Die Fahrtzeit über sind Ihre Kinder gezwungen, mit Ihnen zusammen zu sein! Reden Sie miteinander. Ziehen Sie die Kopfhörer aus dem DVD-Player, dem Videospiel oder dem iPod und nutzen Sie die Gelegenheit, um an Ihrer Beziehung zu arbeiten und das Leben Ihrer Kinder zu prägen. Wenn sie dann achtzehn werden und den Führerschein machen, wird der Fahrservice vorbei sein und Sie werden nicht mehr so viel Zeit mit ihnen alleine verbringen.

Meine Kinder erzählen Geschichten (und inzwischen werden die Geschichten immer länger), wie ich ihnen auf der Fahrt zur Schule Bibelwissen eingetrichtert habe. Ich habe versucht, das auf spielerische Weise zu machen. Wir haben viel gelacht und sie haben viel gelernt. Wenn sie das heute erzählen, klingt es so, als wäre ich damals völlig durchgedreht gewesen und hätte sie gezwungen, obskure Fakten auswendig zu lernen. Aber wir müssen heute noch alle lächeln, wenn wir an die Fahrten zur Schule damals denken.

Waffel mit Eisbällchen

Feiern Sie das Glück der Jugend, die Begeisterung und Energie der Teenagerjahre. In amerikanischen Schulen gibt es über das ganze Jahr verteilt Preisverleihungen und besondere Veranstaltungen. Nutzen Sie solche Momente. Filmen Sie die Auftritte Ihrer Kinder und feiern Sie im Anschluss ihren Beitrag zur Theateraufführung, beim Musical, in der Band, beim Volleyballteam, bei „Jugend forscht“ oder was auch immer. Freuen Sie sich mit ihnen. In unserer Familie haben wir irgendwann eine Eistradition begonnen. Fast jeder beliebige Anlass wird in der Eisdiele um die Ecke gefeiert.

Sportverein

In den Teenagerjahren haben Sie die Chance, sich noch einmal am Sport zu freuen. In Texas dreht sich alles um American Football. Wenn die Stadionlichter angehen, kommt die halbe Stadt zusammen, um die Jugendmannschaften anzufeuern. Zur Halbzeit hat eine Band ihren großen

Auftritt und die Cheerleader tanzen. Mütter und Väter helfen im Stadion mit, verkaufen die Tickets oder reichen Erfrischungen. Vielleicht hassen Sie Sport, aber hier ist ein begrenztes Zeitfenster, ein kurzer Lebensabschnitt, in dem Sie die Gelegenheit haben, mit Ihren Kindern zusammen zu sein und ihre Welt zu betreten.

Studentenleben

Ich bin durch die Studienzeit nur so gehetzt, weil ich unbedingt fertig werden wollte. Ich habe meinen Abschluss nach drei Jahren gemacht. Warum? Ich wollte die nächste Stufe erreichen und auch Geld sparen. Doch im Nachhinein wünschte ich mir, ich hätte mir damals mehr Zeit gelassen und das Studentenleben ausgekostet. Ich wünschte mir, ich hätte mir wie die meisten anderen vier bis fünf Jahre Zeit genommen und alles das erlebt, was diese Stufe zu bieten hat und was nun für immer vorbei ist. Wenn ich die Chance noch einmal bekäme, würde ich mich stärker auf die fantastischen Vorzüge einlassen, die die Studentenzeit bietet. Ich würde mehr Sportveranstaltungen besuchen, mehr Museen besichtigen und auf mehr Konzerte gehen. Ich würde bei Wettkämpfen zwischen den Universitäten mitmachen und einen Bowlingkurs belegen. Doch die meisten Lebensstadien können wir nicht wiederholen. Wir haben nur einmal die Gelegenheit. Wenn wir unser Leben im Rhythmus leben, dann werden wir das Beste aus jedem Stadium und jeder Phase machen.

Kinder außer Haus

Meine Frau und ich werden bald vor einem leeren Nest stehen, weil die Kinder alle ausgezogen sind. Wir erinnern uns gegenseitig, dass wir uns auf das Gute der nächsten Phase freuen. Die Versuchung ist groß, den Kindern hinterherzutrauern, die schon das Haus verlassen haben. Und natürlich vermissen wir sie. Wir merken, wie das Haus ruhiger ist. Das ist ungewohnt, aber wir sehen auch das Gute. Wir beginnen zu entdecken, wie schön es ist, zu zweit alleine zu sein. Wir haben ein ruhiges Abendessen. Endlich können wir mal in Ruhe miteinander reden, ohne fünfzig Mal unterbrochen zu werden. Wir haben angefangen, abends gemeinsam ins Fitnessstudio zu gehen, und genießen die neue Möglichkeit, etwas gemeinsam zu tun. Das ist nun viel häufiger möglich als zu der Zeit, als die Kinder noch im Haus waren. Während wir uns dafür entscheiden, uns an den Vorteilen zu freuen, die damit verbunden sind, dass die Kinder außer Haus sind, wächst unsere Freude.

Wenn Ihre Kinder erwachsen sind, dann haben Sie neue Freiheit, die Ihnen neue Möglichkeiten gibt, um der Welt zu dienen. Sie haben mehr Zeit (und häufig auch mehr Geld) als an irgendeinem anderen Punkt in Ihrem Leben. Aber trotzdem beobachte ich, wie viele Paare mit erwachsenen Kindern ihre Zeit zum Fenster hinauswerfen und ihr Geld für sich ausgeben. Jesus sagt, dass er nicht gekommen sei, um sich bedienen zu lassen, sondern um zu dienen. Denken Sie an die riesigen Möglichkeiten, die Gott Ihnen in dieser Etappe in Ihrem Leben bietet. An dieser Stelle in Ihrem Leben haben Sie enorm viel zu geben, indem Sie anderen dienen und sie anleiten.

Den Ruhestand genießen

Meine Mutter ist in den Siebzigern. Als sie einen Entwurf dieses Buches las, schrieb sie mir: „Ich weiß nicht, wie viele Jahre wir noch zusammen haben werden, deshalb will ich mehr Zeit mit deinem Vater verbringen. Wir sind unser ganzes Leben lang stark gefordert gewesen. Offen gesagt fällt es mir schwer, wenn ich merke, dass ich nicht mehr so kann wie früher. Das Lesen dieses Buches hat mir geholfen, diesen Lebensabschnitt anzunehmen, mich zu entspannen und die Alltagsfreuden zu genießen, wie wenn ich mit deinem Vater auf der Terrasse sitze und Vögel, Eichhörnchen und Hasen beobachte."

Ray und Anne Ortlund, Bestsellerautoren, Radiosprecher, Seminarreferenten und Mentoren, haben das Leben unzähliger Menschen geprägt. In einem Zeitschriftenartikel fragt ein Journalist Anne: „Wenn Sie zurückschauen, was haben Sie über die letzte Lebensetappe gelernt?"

Anne antwortete: „Wir fragten uns: ‚Was können wir jetzt tun, was wir früher nicht konnten?' Wir stellten fest, dass Pastoren, die halb so alt sind wie wir, wenn sie Nöte haben – und die meisten von ihnen haben sie –, sie es nicht ihren Kollegen oder Dekanen erzählen. Sie gehen zu jemandem, der alt ist. Sie schütten ihre Herzen aus. ... Sie besuchen uns zu Hause und übernachten in einem Hotel. Von neun bis siebzehn Uhr sprechen wir darüber, wohin ihre Reise geht, wo sie herkommen, ihre Ehe, ihre Zeitplanung, - worüber auch immer sie reden wollen."[31]

Inzwischen ist Ray verstorben. Aber obwohl er die letzten Jahre nicht mehr reisen konnte, hat er doch mit Anne jede Möglichkeit genutzt, um jungen Gemeindeleitern ein Mentor zu sein.

Der Ruhestand gewährt Ihnen ein ganz neues Ausmaß an Freiheit. Wenn Sie Gesundheit und Zeit haben, dann nutzen Sie sie, um Ihren Lebensauftrag auf eine Weise auszuführen, wie Sie es in vorhergehenden Lebensabschnitten gar nicht konnten, weil Sie ganztägig arbeiten mussten.

Wenn Sie an einen neuen Wohnort umziehen, haben Sie die Möglichkeit zu einem Neustart. Wenn Sie schon lange an einem Ort leben, haben Sie die Möglichkeit zu tiefen Beziehungen, die über die Jahre wachsen. In beiden Lebenssituationen schlummern Chancen, mit denen Sie Ihren Lebensauftrag erfüllen können, wenn Sie aufmerksam nach ihnen Ausschau halten.

Tauschen Sie Burnout gegen Erfüllung, indem Sie sich von falschen Erwartungen lösen und die einzigartigen Möglichkeiten einer Lebensphase nutzen. Auf diese Weise werden Sie ein besseres Leben finden. Ein weiser Mensch nimmt Geschwindigkeit heraus, um sich an dem Atemzug eines Babys zu freuen, um einen Freund zu umarmen oder einen Sieg zu feiern.

Nehmen Sie sich nun einen Moment, während die Anregungen noch frisch in Ihrem Kopf sind, und überlegen Sie, welche Chancen sich Ihnen im Moment bieten in Ihren Lebensphasen und -abschnitten.

Alltagsübung: Erstellen Sie eine Liste, die mit dem folgenden Satz beginnt: „Ich will die folgenden besonderen Chancen nutzen, die sich mir in der augenblicklichen Kairos-Zeit bieten …"

8

Kairos-Strategie 3: Vorfreude auf das, was kommt

Ich bitte Gott, auf den sich unsere Hoffnung gründet, dass er euch in eurem Glauben mit aller Freude und allem Frieden erfüllt, damit eure Hoffnung durch die Kraft des Heiligen Geistes immer stärker und unerschütterlicher wird.
Römer 15,13

Vorfreude steigert die Hoffnung. Wenn Sie sich in Ihrem aktuellen Lebensabschnitt gefangen fühlen, dann denken Sie daran, dass er nicht für immer andauern wird; der nächste Abschnitt erscheint schon am Horizont. Nichts bleibt so, wie es ist.

Wenn Sie denken, Sie halten es nicht mehr aus, noch eine weitere Windel wechseln zu müssen, dann denken Sie daran, dass das in wenigen Jahren geschafft sein wird. Wenn Ihre Teenager Sie zur Verzweiflung treiben, ist es nicht mehr lang, bis sie erwachsen sein werden. Wenn Sie die Nase voll haben vom Studium, schauen Sie in die Zukunft: Sie werden auf der Bühne stehen, man wird Ihnen die Hand schütteln und Sie werden Ihr Examenszeugnis überreicht bekommen. Oder wenn Sie es nicht mehr aushalten, auch nur noch einen weiteren Kunden an der Kasse zu bedienen, führen Sie sich vor Augen, dass Sie dort höchstwahrscheinlich nicht für immer arbeiten werden. Alle Ihre Lebensabschnitte sind vergleichsweise kurz, wenn man sie im Rahmen unseres gesamten Lebens betrachtet. Die meisten Abschnitte sind gerade lang genug, dass wir uns auf sie einlassen können, bevor wir sie schon wieder im Rückspiegel betrachten. Auch wenn Sie sich gerade in einer Phase befinden, die nie zu enden scheint, fassen Sie Mut: Der nächste Abschnitt liegt direkt hinter dem Horizont. Obwohl wir natürlich ganz in der aktuellen Phase leben sollen, so können wir doch auch Mut schöpfen, indem wir nach vorne blicken auf das, was noch kommt.

Verzweiflung kommt daher, dass wir uns gefangen fühlen. Wenn es Ihnen so vorkommt, als würden Sie für immer der Chauffeur Ihrer Kinder sein, dann können sich leicht miese Gefühle breitmachen. Wenn Sie nicht aufpassen, führen Ihre Gefühle Sie in eine Abwärtsspirale; tiefer und tiefer, bis hin zur Depression. Je mehr wir uns auf die augenblicklichen Schwierigkeiten an der Arbeit, im finanziellen Bereich oder in Beziehungen konzentrieren, desto mehr können wir verzweifeln. Wenn wir uns mitten im Tunnel der Probleme befinden, können wir das Licht am Ende des Tunnels nicht sehen – aber es ist da.

Hoffnung und Vorfreude schalten das Licht ein. Wenn Sie den Ausgang am Ende des Tunnels erkennen können, dann gibt Ihnen das die Kraft, sich weiter vorwärtszuschleppen. Schließlich wissen Sie, dass Sie schon fast draußen sind. Auch wenn Sie noch im Tunnel sind, gibt Ihnen die Hoffnung auf das Licht neue Kraft, um weiterzugehen. Vor Ihnen liegt ein Neuanfang, ein neuer Abschnitt, eine neue Phase, egal ob an einem neuen Arbeitsplatz, an einem neuen Wohnort oder in neuen Beziehungen.

Das Wort „Hoffnung" kann eine sehr schwache Bedeutung haben. Wir gebrauchen es häufig, um etwas zu bezeichnen, das passieren könnte, aber wahrscheinlich nicht passieren wird. Wir reden von „hoffen, wo es nichts mehr zu hoffen gibt". Wenn Sie z. B. von einem Lottounternehmen eine Werbesendung bekommen mit dem Aufdruck „Sie haben gewonnen*", werden Sie denken: „Ich *hoffe,* ich habe tatsächlich gewonnen", aber Sie wissen, dass Sie höchstwahrscheinlich leer ausgehen. Täglich kaufen Millionen von Leuten einen Lottoschein in der Hoffnung, den Millionen-Jackpot zu knacken. Aber alle Wahrscheinlichkeiten sprechen dagegen.

Im Gegensatz zum englischen [und deutschen] Wort „Hoffnung" steht hinter dem griechischen Wort *elpis* ein anderes Konzept: Es drückt die völlige Erwartung aus, dass etwas passieren wird. So ist z. B. Hoffnung *(elpis)* die zuversichtliche, freudige Erwartung, dass Gott seine Gnade durch Jesus Christus vollenden wird. Dieses biblische Konzept von Hoffnung bezeichnet etwas, womit wir rechnen und worauf wir uns vollständig verlassen können. Sie werden vielleicht nicht in Ihrem augenblicklichen Zuhause wohnen bleiben oder Ihren Arbeitsplatz behalten, aber eines ist völlig sicher: Der Himmel ist real. Darauf können Sie Ihr Leben setzen. Die biblische Hoffnung ist ein Anker für unser Leben.

Die Kairos-Rhythmusstrategie der Vorfreude auf das Kommende baut auf einem Verständnis von Hoffnung auf, das eher dem biblischen *elpis* gleicht als dem englischen „hope" [oder der deutschen „Hoffnung"]. Wenn Sie mit Vorfreude auf das Kommende schauen, dann entfacht diese Erwartung eine Hoffnung, die Ihnen zu mehr Lebensqualität verhilft.

Die Hochzeit steht an

Ich dachte immer, die Verlobungszeit wäre eine fantastische, märchenhafte Zeit. Sie war es nicht. Tamara und ich fühlten uns irgendwie verheiratet, schließlich waren wir einander versprochen und ich hatte ihr einen Ring gegeben. Aber wir waren nicht verheiratet und wohnten noch nicht zusammen.

Weil wir noch jung waren, gab es Spannungen mit den jeweiligen Schwiegereltern. Ihre Eltern klammerten sich an sie als Tochter und meine Eltern an mich als Sohn, während sie gleichzeitig versuchten, sich irgendwie zu lösen, und wir, eine Hochzeit zu planen, in der selbst die Liedauswahl zu einer Frage von Leben und Tod zu geraten drohte.

Mitten in den Auseinandersetzungen über die Frage, wie viele Gäste wir *nicht* einladen wollten, sprachen Tamara und ich einander Mut zu: „In drei Monaten sind wir verheiratet. Dann spielt das alles keine Rolle mehr – wir halten durch." „Das stehen wir schon durch – in *zwei* Monaten sind wir verheiratet." „In siebenundzwanzig Tagen und zwölf Stunden sind wir verheiratet. Dann werden wir das hier auch noch überleben." Wir konnten den ganzen Vorbereitungsstress durchstehen, weil die Hochzeit anstand. Das war die Vorfreude, die Hoffnung.

Er kommt nach Hause!

Vor Kurzem schrieb mir eine junge Frau und bat mich, für sie zu beten, weil ihr Mann für neun Monate in den Irak geschickt wurde. Wie sollte sie diese Phase durchstehen? Wie sollte sie der Verzweiflung in kalten Nächten und an Regentagen entgehen, wenn die Heizung ausfällt und sie sich wegen der Kinder die Haare rauft? Sie wird dem Tag der Rückkehr ihres Mannes mit unglaublicher Vorfreude entgegensehen. Sie wird die Tage zählen und sich sagen: Bald ist er wieder zu Hause!

Wenn sie den Brief bekommt mit den Worten „Ich bin auf dem Rückweg“, dann wird sie ihn an den Kühlschrank heften und ihn täglich mehrmals lesen. Die Zeit ohne ihren Mann wird hart sein, sie wird auf sich allein angewiesen sein, sie wird hart arbeiten, einsam sein und sich um ihren Mann sorgen. Aber mit Hoffnung und Vorfreude wird sie sich sagen: „Noch dreißig Tage und er ist wieder zu Hause – er wird zurückkommen! Dann werden wir zusammen sein und alles ist wieder gut!“ Hoffnung ist lebenserhaltend.

Natürlich gehen nicht alle unsere Hoffnungen in Erfüllung. Manchmal wird eine Hochzeit abgeblasen oder ein Soldat kehrt nicht wieder nach Hause zurück. Mit einer Krise setzt ein neuer Rhythmus ein, dann kommt eine unerwartet große Welle auf Sie zu. Die drei Kairos-Rhythmusstrategien werden Ihnen helfen, auf dieser Welle gut zu surfen.

In Krisenzeiten gelten die gleichen Strategien. Nachdem Sie sich die Zeit zum Trauern genommen haben, überlegen Sie sich, von welchen Erwartungen Sie sich lösen sollten, so schwer das auch sein mag. Lösen Sie sich von der Erwartung, dass Sie wieder gemeinsam leben werden, von der Erwartung, dass er jede Minute durch die Tür kommen wird. Entdecken und nutzen Sie besondere Chancen, die sich Ihnen in dieser herausfordernden und schwierigen Zeit bieten. Lassen Sie sich auf sie ein. Schöpfen Sie neue Hoffnung, indem Sie auf das schauen, was in nächster Zukunft auf Sie zukommt. Diese riesige Welle wird nicht anhalten. Sie wird genauso vorbeigehen und ein neuer Tag wird anbrechen.

Vorfreude kann auf die nächste Zukunft oder auf die Ferne gerichtet sein. Freuen Sie sich auf die nächsten Phasen und Lebensabschnitte.

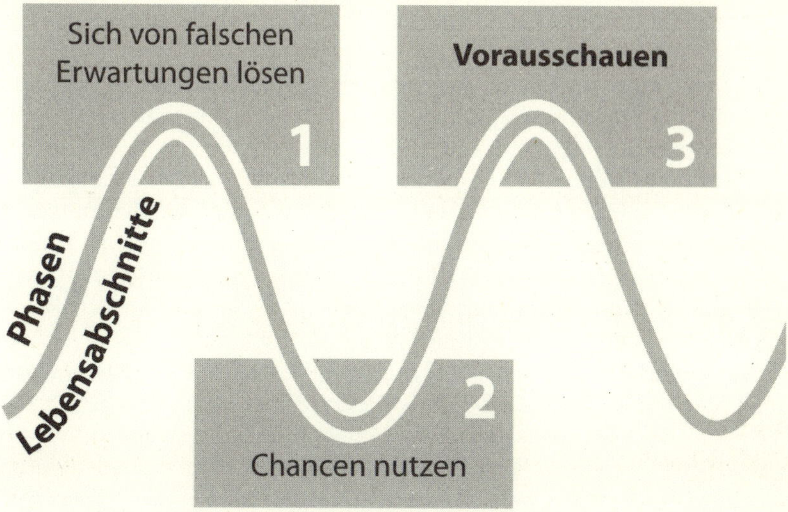

Vorfreude auf die nächste Lebensphase

Was geht in Ihrem Leben gerade aufs Ende zu? Was beginnt gerade neu? Kairos-Zeiten sind nicht so vorhersehbar wie Chronos-Zyklen. Der Winter kommt jedes Jahr, aber ein neuer Arbeitsplatz nicht. Trotzdem können einige Zeiten geplant werden - und das sollten sie auch.

Teilen Sie Ihre Zeit rhythmisch ein. Nach einer Phase, in der Sie mit Hochdruck gearbeitet haben, brauchen Sie Zeit, um sich zu erholen und Ihre Kraftreserven wieder aufzufüllen, sodass Sie bei Kräften sind, wenn die nächste intensive Phase kommt. Manchmal können Sie stressige Zeiten auf sich zukommen sehen und sich darauf einstellen.

Auf Spendentour

Bei meinen Versuchen, rhythmisch zu leben, entdeckte ich, dass es Sinn macht, in Zeiten harter Arbeit anschließende Ruhezeiten einzubauen. Als wir ein größeres Gemeindegebäude bauen mussten, weil unsere Gemeinde wuchs, hieß das für uns, Spenden zu sammeln. Wenn man Millionen von Dollar zusammenkriegen muss, kostet das sehr viel Kraft, geistlich, emotional und auch körperlich. Während ich das Projekt vor Augen hatte, stellte ich mich darauf ein, dass ich drei Monate wie verrückt arbeiten würde, auf Dutzenden von Veranstaltungen sprechen, vor Gruppen reden, mich mit Einzelspendern treffen, Presseerklärungen verfassen, mich mit dem Architekten abstimmen und vieles mehr.

Um meiner Familie und mir durch diese intensive Zeit hindurchzuhelfen, plante ich eine Woche Urlaub für die Zeit danach ein. Meine ganze Familie freute sich auf diese Woche. Sie wussten, dass ihr Vater drei Monate wie verrückt arbeiten würde, aber dann würden wir eine Woche für uns sein und ausspannen. Der Urlaub war fest geplant. Sie konnten sich darauf freuen.

Vorfreude gibt einem die Kraft zum Durchhalten, wenn es hart auf hart geht. Wenn Sie wissen, dass schon hinter der nächsten Ecke eine Pause oder ein Urlaub auf Sie wartet, dann können Sie bei der aktuellen Aufgabe mit voller Kraft fahren. Planen Sie sich Ruhe- und Erholungszeiten im Anschluss an Stoßzeiten ein, sodass Sie die langen, harten Tage über etwas haben, worauf Sie sich freuen können.

Abschlussprüfungen und Ferien

Auch die Schule funktioniert auf rhythmische Weise: Auf eine intensive Zeit mit vielen Klassenarbeiten folgen die Weihnachts- oder Sommerferien. Wenn du Schüler bist, dann kannst du nach vorne schauen und weißt, dass eine kurze Phase mit vielen Klassenarbeiten auf dich zukommt. Denke rhythmisch: In so einer Zeit wirst du bis spät abends lernen müssen. Du wirst dich zwingen müssen, Tag für Tag weiterzulernen. Doch gleichzeitig weißt du, dass die Ferien kurz vor der Tür stehen. Das Schulhalbjahr ist so gut wie vorbei. Wenn du dich auf die Ferien freust, dann spornt dich das an, um bis dahin am Schreibtisch durchzuhalten.

Auf Reisen

Wenn Sie wissen, dass Sie für einige Zeit häufig dienstlich unterwegs sein oder viele Überstunden machen werden, sodass Ihre Familie Sie nicht viel sieht, dann nehmen Sie sich kurz vorher und nachher Urlaub. Hier geht es nicht um Balance, wo man alles im Lot hält, sondern um Rhythmus. So nutzen Sie die natürliche Dynamik von Ebbe und Flut, sodass Sie für jeden Lebensbereich voll da sein können. Wenn Sie dienstlich unterwegs sind, dann geben Sie sich ganz in Ihr Geschäft. Wenn Sie von einer Dienstreise zurückkehren, dann seien Sie ganz in Ihrer Familie präsent.

Schicksalsschläge

Auf eine heiße Phase mit vielen Klassenarbeiten kann man sich einstellen. Andere Zeiten brechen ohne jede Vorwarnung über einen herein. Manchmal stirbt eine geliebte Person ganz plötzlich. Dann spielt es keine Rolle, ob Sie erholt sind oder nicht, es wird Ihnen enorm viel emotionale Kraft abverlangt. Wenn Sie der nächste Verwandte sind, dann fällt es Ihnen zu, die Beerdigung zu organisieren und sich um hundert Kleinigkeiten zu kümmern.

Für einige Zeit werden Sie vollauf damit beschäftigt sein, ein Leben abzuschließen und den Verlust einer geliebten Person zu verarbeiten. Weil Sie damit rechnen können, dass diese Trauerzeit an Ihren Kräften zehren wird, können Sie sich für danach gleich eine Erholungszeit einplanen. Bitten Sie um eine Auszeit nach der Beerdigung von ein paar Monaten. Sie werden erschöpft sein und müssen neue Kraft schöpfen. Während Sie innerlich dabei sind, den Tod Ihres Angehörigen zu verarbeiten, kann Ihnen die Aussicht auf eine Erholungszeit neue Hoffnung einflößen.

Während der Arbeit die Ruhe planen

Steigern Sie Ihre Vorfreude, indem Sie in heißen Phasen ruhigere Zeiten einplanen. Wenn Sie sich ausmalen, was Sie vorhaben, können Sie sich in Gedanken schon dorthin versetzen. Sie riechen schon den Wald oder können schon fühlen, wie die Meereswellen über Ihre Zehenspitzen spülen. Sie spüren schon den Wind in Ihrem Gesicht, während Sie die Serpentinen hinunterfahren.

Zurzeit planen meine Frau und ich eine besondere Reise anlässlich unserer Silberhochzeit. Wir reisen auf die Isla Mujeres in Mexiko, eine Insel an der Karibikküste in der Nähe des Ferienorts Cancún. Voller Vorfreude haben wir stundenlang die Reise geplant, nach dem besten Hotel gesucht und nach Ausflügen geschaut wie Schwimmen mit Delfinen oder die Besichtigung von Maya-Ruinen. Inzwischen sind die Flüge und das Hotel gebucht. In sechs Monaten werden wir auf unserem Balkon im Hotel sitzen und auf die wunderschöne karibische See blicken.

Finanzielle Wellen

Manche finanziellen Höhen und Tiefen lassen sich voraussehen. Finanzberater haben erforscht, wie sich bei Menschen typischerweise die Einkommensverhältnisse und das Ausgabeverhalten im Lauf des Lebens verändern. Ein kluger Ratgeber oder Berater kann Ihnen helfen, die finanziellen Wellen vorauszusehen, die in den nächsten Jahren auf Sie zurollen werden. In einer Phase mit kleinen Kindern brauchen Sie mehr Versicherungen. Wenn Sie sich dem Rentenalter nähern, müssen Sie mehr in Ihre Rente investieren. In einem Lebensabschnitt kaufen Sie sich vielleicht ein Haus, in einem anderen ist es idealerweise bezahlt. Studium, Hochzeiten, Kinder und Ruhestand kommen in Wellen. Wenn Sie sich darauf einstellen, kann Sie das mit Hoffnung erfüllen, weil Sie die Welle haben kommen sehen und dafür vorgesorgt haben.

Sabbatzeiten

Nach einer langen, stressigen Zeit brauchen Sie eine ausgiebige Pause. Vier Jahre nach der Gründung unserer Gemeinde war ich ziemlich erschöpft. Der Leitungskreis unserer Gemeinde gewährte mir im Sommer 2001 eine sechswöchige Sabbatzeit. Ich brauchte das. Diese ausgiebige Ruhe half mir, mit meiner tief sitzenden Erschöpfung fertigzuwerden. Die Erschöpfung selbst war nicht schlimm; es ist gesund, so hart zu arbeiten, dass man am Ende erschöpft sind. Dumm ist es, niemals innezuhalten, um wieder neue Kraft zu tanken. Ein rhythmischer Lebensansatz bejaht Stoßzeiten, die große persönliche Opfer erfordern. Doch auf diese Zeiten sollten Ruhe- und Erholungsphasen folgen.

Die meisten von uns brauchen irgendwann im Leben eine längere Ruhephase, ganz egal, ob unsere Arbeitgeber das einsehen. Um unserer Gesundheit willen müssen wir innehalten. Wenn wir das nicht tun, riskieren wird, dass unser Körper uns irgendwann unfreiwillig ausbremst, sei es durch eine Krankheit oder durch einen emotionalen Zusammenbruch. Sie können so einem unfreiwilligen Stopp vorbeugen, indem Sie von Zeit zu Zeit Sabbatzeiten einbauen.

Vorfreude auf den nächsten Lebensabschnitt

Obwohl nicht alle Kairos-Rhythmen vorhersehbar sind (wer weiß schon, wann er einen Zufallstreffer landen wird oder wann eine Krise über einen hereinbricht?), können Lebensstadien vorausgesehen werden. Wir wissen, dass wir älter werden und dass das bestimmte Veränderungen mit sich bringen wird. Genauso ist das bei Kindern. Ihre Entwicklungsschritte sind vorhersehbar: trotzige Zweijährige, wilde Neunjährige, Pubertierende und die Zeit der Oberstufe oder des Ausbildungsbeginns. Jedes Kind ist anders, aber Sie können sich auf das einstellen, was aller Voraussicht nach passieren wird.

Wir wissen natürlich nicht genau, was morgen sein wird, und können die Zukunft nicht vorhersehen. Nur selten läuft alles wie geplant. Kinder kommen vom Weg ab, Paare trennen sich und lassen sich scheiden, Arbeitsplätze gehen verloren. Aber auch wenn wir nicht mit Sicherheit sagen können, was die Zukunft bringen wird, können wir uns darauf einstellen: Wahrscheinlich (wenn wir lange genug leben) werden wir unsere Eltern zu Grabe tragen, mit körperlichen Einschränkungen leben müssen und (wenn wir Kinder haben) unsere Enkelkinder erleben.

Wenn Sie den Lebensabschnitt nicht mögen, in dem Sie sich gerade befinden, dann nutzen Sie die Kraft der Vorfreude, um sich selbst Mut zu machen. Ihr aktueller Lebensabschnitt wird nicht für immer andauern. Ein neuer wird kommen.

Was macht man mit einem Baby?

Manche Leute lieben die Anfangsphasen im Leben eines Kindes. Fast alle denken, dass Babys süß sind. Aber ich wusste nicht, was ich mit meinem ältesten Sohn anfangen sollte, als er geboren wurde. Meiner Frau ging alles wie von selbst von der Hand, nur mir war nie klar, warum das Kind gerade weinte, und ich flehte es nur an, doch ruhig zu sein.

Als er sich dann unterhalten und mit einem Ball spielen konnte, kam ich besser klar. Nach meinem ersten Kind wusste ich natürlich, was mich bei den anderen erwartet, und konnte mir selbst in Erinnerung rufen: „Schon bald kann dieses Baby laufen und reden und wir werden eine tolle Zeit zusammen haben." Die Vorfreude auf die kommende Zeit gab mir in den Tagen Kraft, als ich mir hilflos vorkam und frustriert war.

Die „Abgänger-Krankheit"

Oft werden wir am Ende eines Abschnittes ruhelos, weil wir uns nach etwas Neuem sehnen. Wir haben die Etappe satt, mit der wir uns abkämpfen. In Amerika greift im letzten Highschooljahr im Frühling gewöhnlich so etwas wie die „Abgänger-Krankheit" um sich. Die Schüler sind innerlich mit der Schule fertig, bevor diese wirklich vorbei ist. Sie haben eine Zusage für einen Studienplatz an einem College oder einen Job in Aussicht, warum also noch zum Unterricht erscheinen? Bis auf die Abschlussfeiern steht nicht mehr viel an. Gedanklich fühlen sie sich schon zu alt für die Highschool. Innerlich haben sie mit der Schule abgeschlossen und wollen nur noch weg.

So eine „Abgänger-Krankheit" erleben wir zu einem gewissen Grad am Ende jedes Lebensabschnitts. Viele Eltern sind z. B. längst schon bereit, ihr letztes Kind aus dem Haus ziehen zu lassen. Trotzdem müssen wir der Versuchung widerstehen, uns zu früh unserer elterlichen Verantwortung zu entziehen.

Übergangszeiten

Wenn Sie wissen, dass Sie Ihren Arbeitsplatz in Kürze für immer verlassen, dann ist es schwer, bis zum Ende gut zu arbeiten. Wenn Sie zu einer anderen Firma wechseln, entlassen werden oder in den Ruhestand gehen, dann haben Sie gefühlsmäßig schon längst mit der Arbeit abgeschlossen, bevor Sie das letzte Mal mit Ihrem Wagen vom Firmengelände fahren. Wenn Sie einmal das Ende auf sich zukommen sehen, dann beginnen Sie, innerlich mit dem Kapitel abzuschließen. Wenn Sie das zu früh tun, dann werden Ihre letzten Monate sehr schwer werden und sich wie eine Ewigkeit anfühlen.

Gebrauchen Sie die Kraft der Vorfreude, um sich anzuspornen und einen guten Abschluss hinzulegen. Sie wissen schließlich, dass eine neue Etappe in Kürze anbricht. Lassen Sie sich von der Erwartung auf das Neue motivieren, im aktuellen Lebensabschnitt Ihren Pflichten bis zum Ende nachzukommen. Stress rührt daher, dass wir versuchen, auf einer Welle zu surfen, die gar nicht da ist. Das ist nur frustrierend und unproduktiv. Sie können auf keiner Welle surfen, bis sie an Ihrem Surfboard angekommen ist.

Was ist die nächste Etappe, die vor Ihnen liegt? Für mich ist es die Etappe, in der die Kinder aus dem Haus sein werden. Wie kann ich mich darauf vorbereiten, sodass sie mich nicht auf dem falschen Fuß erwischt? Worauf kann ich mich freuen, sodass die Vorfreude mich heute motiviert? Ich freue mich auf mehr Zeit mit Tamara und ein ruhigeres, saubereres und ordentlicheres Zuhause.

Was für Zeiten sehen Sie in nächster Zukunft auf sich zukommen? Schöpfen Sie neue Hoffnung, indem Sie der Vorfreude Raum geben.

Schritt halten mit Ihrem Kairos-Rhythmus

Lösen Sie sich von falschen Erwartungen, die Ihrem Kairos-Rhythmus nicht gerecht werden.

Nutzen Sie besondere Chancen, die Ihr Kairos-Rhythmus Ihnen bietet.

Freuen Sie sich auf das, was in Ihrem Kairos-Rhythmus in nächster Zukunft auf Sie zukommt.

Erleben Sie die Kraft, die in Vertrauen, klarer Ausrichtung und Erwartung liegt.

Ernten Sie die Früchte von Frieden, Erfüllung und Hoffnung.

Gegen Lebensrhythmen soll man sich nicht wehren und sie auch nicht nur verwalten oder geflissentlich übersehen. Sie sind dafür da, dass man sich auf sie einlässt. Wie beim Wellenreiten machen wir das Beste aus den Veränderungen in unserem Leben, wenn wir die Umbrüche vorhersehen und unser Leben in Einklang bringen mit den natürlichen Rhythmen und der Richtung der Wellen. Beherzigen wir den Dreiklang der Kairos-Strategien: sich von Erwartungen lösen, Chancen nutzen und mit Vorfreude auf die nächste Etappe sehen.

Nehmen wir das Beispiel Urlaub. Wenn Sie alleinstehend sind, können Sie jeden x-beliebigen verrückten Urlaub buchen, alle möglichen interessanten Leute treffen und sich bis spät in die Nacht mit ihnen unterhalten.

Aber Sie können sich auch um Ihre Freude bringen, indem Sie sich darüber ärgern, dass Sie keinen Partner haben, mit dem Sie Ihre Erfahrungen teilen können.

Wenn Sie sich von den falschen Erwartungen lösen, die nicht zu Ihrem aktuellen Kairos-Rhythmus passen, dann werden Sie Frieden finden. Vielleicht ist im Moment für Sie nicht der Zeitpunkt für ein romantisches Wochenende zu zweit, sondern die Zeit, um etwas mit den Kindern zusammen zu unternehmen. Wenn Sie die Chance nutzen, Ihrer Aufgabe als Eltern gerecht werden, indem Sie unvergessliche Familienmomente schaffen, dann werden Sie Erfüllung darin finden. Wenn Sie sich auf das Glück einlassen, das Elternschaft mit sich bringt, dann werden Sie Freude finden. Sie können es genießen, Ihr Kind an der Hand zu fassen, während es am Strand über die kleinen Wellen hüpft, durch den Vergnügungspark streift oder eine leichte Bergtour wandert. Wenn Sie Ihren Blick voller Vorfreude nach vorne richten auf die Zukunft, in der Sie allein mit Ihrem Ehepartner beim Sonnenuntergang am Strand spazieren gehen werden, dann wird Ihnen das Kraft geben.

Wie leben Sie Ihre Kairos-Rhythmen am besten? Indem Sie dafür sensibel werden, in welcher Lebenssituation Sie sich gerade befinden und wie Sie damit am besten im Einklang leben. Im nächsten Teil des Buches werden wir uns anschauen, wie Sie auch in Ihren Chronos-Rhythmen mehr Frieden, Erfüllung und Hoffnung finden können. Auch hierfür gibt es drei Rhythmusstrategien:

1. die eigene Kraft einteilen
2. Gewohnheiten einführen
3. wechseln zwischen Arbeit und Ruhe

Alltagsübung: Machen Sie sich eine Liste, die mit dem folgenden Satz beginnt: „Ich kann mich auf die folgenden Lebensphasen und -abschnitte freuen …"
Wie wollen Sie sich darauf vorbereiten, sich in den neuen Zeiten von falschen Erwartungen zu lösen und besondere Chancen zu nutzen?

Teil III

Chronos-Rhythmusstrategien

Die fünf Chronos-Zyklen

9

Die Sonne geht auf, sie geht unter und dann wieder von vorn, immer dasselbe.
Prediger 1,5

Licht und Dunkelheit. Tag und Nacht. Der Mond nimmt zu und nimmt ab. Die Jahreszeiten wechseln vom Winter zum Frühling, vom Sommer zum Herbst. Wir leben in einem großen Ökosystem, das sich rhythmisch in Phasen, Gezeiten, Abläufen und Kreisläufen bewegt. Wir können dagegen ankämpfen oder uns darauf einlassen.

Wenn wir so leben, als gäbe es keine natürlichen Kreisläufe und alles würde immer gleichförmig weitergehen, dann frustrieren wir uns nur selbst und machen uns Stress. Manches Ausgebranntsein kommt daher, dass wir die Rhythmen der Natur nicht ernst nehmen und im Einklang mit ihnen leben. Wenn dann die Bälle einer nach dem anderen auf dem Boden landen, reißt uns die Verzweiflung zu Boden.

Im Laufe der letzten zwanzig Jahre haben andere Autoren mit wachsendem Scharfsinn über effektives Zeitmanagement geschrieben. Stephen Covey nennt seinen Ansatz in *Der Weg zum Wesentlichen* die „vierte Generation des Zeitmanagements".[32] Dieses Buch *Leben im Rhythmus* bietet nun also quasi die fünfte Generation, die über das Prinzip des Zeitmanagements an sich hinausgeht.

Wie können Sie über das Zeitmanagement hinausgehen? – Indem Sie aus dem Gedanken des „Managements" aussteigen und auf den des *Fließens oder Schwimmens* umstellen. Die Zeit kann man nicht „managen"; sie läuft ab und ist für jeden die gleiche. Indem Sie verstehen, wie Zeit fließt, können Sie harmonischer und effektiver mit ihr *mit*fließen oder *mit*schwimmen.

Konzentrieren Sie sich dabei nicht auf die Zeit an sich, sondern auf *sich* und Ihr Leben. Sie können den Fluss der Zeit nicht verändern, also richten Sie Ihren Blick darauf, wie Sie Ihr Leben besser an die Zeit und ihre Kreisläufe anpassen können.

Wie die Zeit verfließt

In Kapitel 4 haben wir die Unterschiede zwischen den beiden Grundarten von Rhythmen besprochen: Kairos und Chronos. Kairos-Rhythmen sind Zeiten, die wir erleben und durchleben und die oft unvorhersehbar eintreffen. Um mit diesen Wellen mitgehen zu können, setzen wir die genannten Strategien ein: sich von falschen Erwartungen lösen, Chancen nutzen und mit Vorfreude auf die nächste Etappe sehen. Chronos-Rhythmen richten sich nach der gemessenen Zeit, die nach vorhersehbaren Mustern abläuft. Uhren und Kalender messen die Chronos-Zeit.

Das Leben ist mehr als eine bloße Abfolge gleichförmiger Zeitabschnitte, die man Sekunden, Minuten und Stunden nennt. Ein rhythmischer Ansatz widersteht der Versuchung, die Zeit rein mechanisch oder wie eine Art Kapital zu betrachten. Zeit läuft nach einem Muster ab, das ich Chronos-Zyklen nenne. Chronos-Zyklen sind keine neue Erfindung, kein brandneues künstliches Zeitmanagementsystem, das wir unserem Leben überstülpen müssen, sondern der Rhythmus, nach dem sich alles Leben auf der Erde richtet.

Die meisten Sprachen haben Worte, um diese Kreisläufe zu beschreiben. Sie sind weder geheimnisvoll noch neu; sie haben seit jeher das Zeitverständnis des Menschen geprägt. Kulturen haben verschiedene Kalendersysteme geschaffen, aber die Chronos-Zyklen an sich sind keine gesellschaftliche Errungenschaft der einen oder anderen Kultur. Sie sind nicht von Menschen erfunden worden, sondern gründen sich auf die Schöpfungsordnung.

Wir haben die Zeit zu einem Besitz herabgewürdigt, indem wir so tun, als könnten wir sie haben, sparen, über sie verfügen oder sie verwenden. Im Gegensatz zu Benjamin Franklins Spruch ist Zeit eben kein Geld. In seiner einflussreichen *Autobiographie* und in *Poor Richard's Almanack* stellte Franklin Geld und Zeit gleich.[33] Er würdigte Zeit auf ein Tauschmittel herab. Doch wir können die Zeit nicht beherrschen noch tauschen. Niemand besitzt mehr oder weniger Zeit. Wir haben Zeit zu einer Handelsware gemacht und bilden uns ein, dass wir sie verwalten und kontrollieren könnten, nur weil wir sie genauer messen, erfassen, berechnen und verfolgen können. Das ist eine Illusion.

Zeit ist weder eine Handelsware noch eine mechanische Einheit. Zeit beschreibt den Fluss unseres Lebens durch dieses Universum innerhalb einer bestimmten Konstellation von Sonne, Mond und den Planeten in ihren jeweiligen Umlaufbahnen. Wir haben nicht die Zeit erfunden, sondern nur Wege, um ihren Verlauf zu beobachten. Die Vorstellung, wir hätten die Zeit unter Kontrolle, verführt uns zu einem falschen Balance-Ansatz, in dem wir versuchen, sie aufzuteilen (in gleiche Einheiten für die verschiedenen Lebensbereiche).

Aber es gibt einen besseren Weg. Für Stadtbewohner mag es schwieriger sein als für Menschen auf dem Land, die Zyklen zu erfassen. Die Kreisläufe sind einfach, natürlich und grundlegend. Wir brauchen keine Diagramme, noch nicht einmal Worte, um die fünf grundlegenden Chronos-Zyklen zu verstehen. Wenn Sie am Leben sind, erleben Sie sie.

Menschen haben mit diesen Rhythmen seit Tausenden von Jahren gelebt, quer durch verschiedene Kulturen, Klimazonen und Zivilisationen. Buschmänner in Afrika, Indianer in den Steppen Nordamerikas, Jäger im Dschungel oder die Bauern in China – sie alle haben seit Jahrtausenden nach diesen Zyklen gelebt.

Wenn wir Musik studieren, lernen wir zunächst die grundlegenden Taktarten. Später werden wir viele Varianten kennenlernen, aber zuerst geht es um die Grundbegriffe. Genauso ist das mit dem Leben: Es gibt viele Rhythmen und Varianten, doch zunächst müssen wir lernen, mit den fünf grundlegenden Chronos-Zyklen unserer Umgebung zu leben:

Rhythmus	Bezeichnung	Grundlage	Dauer
Jahr	orbitaler Rhythmus	wird bestimmt durch den Umlauf der Erde um die Sonne	365 Tage
Jahreszeiten	saisonaler Rhythmus	werden bestimmt durch die Neigung der Erdachse	pro Phase ca. 90 Tage

Rhythmus	Bezeichnung	Grundlage	Dauer
Monat	lunarer Rhythmus	wird vom Mondzyklus bestimmt	dauert etwa 29,5 Tage
Woche	Sabbat-Rhythmus	auf dem 7-Tage-Schema der Schöpfung aufbauend	
Tag	Erdrotationsrhythmus	wird bestimmt von der Erdumdrehung	dauert etwa 24 Stunden

In diesem Teil des Buches werden wir lernen, wie wir gezielt in Einklang leben können mit diesen Rhythmen, die in unser Universum eingebaut sind, und uns drei verschiedene Chronos-Rhythmusstrategien anschauen:

- die eigene Kraft einteilen
- Gewohnheiten einführen
- wechseln zwischen Arbeit und Ruhe

Wenn Sie diese Strategien einsetzen, werden Sie zufriedener, erfüllter und hoffnungsfroher werden. Der Stress steigt, wenn wir versuchen, tagein, tagaus auf dieselbe Weise zu leben, ohne auf die Kreisläufe zu achten, die unser Dasein strukturieren. Der verrückte Versuch, eine konstante, gleichmäßige Geschwindigkeit beizubehalten, beschert uns bloß unnötige Schuldgefühle. Wenn wir die Rhythmusstrategien dieser fünf Chronos-Zyklen einsetzen, wird uns das aus der albernen Betriebsamkeitsfalle befreien, die uns schier in den Wahnsinn treibt. Diese alten, grundlegenden Zyklen finden sich schon in der Bibel.

Gott schafft eine rhythmische Welt

Gott schuf die Welt so, dass sie rhythmisch funktioniert. Der Schöpfungsbericht in 1. Mose 1 verwendet sogar eine rhythmische Erzählform: Jeder Tag folgt einem gewissen Muster und endet mit dem Satz: „Und Gott sah das alles an: Es war gut."

Gott schuf Jahreszeiten, Tage und Jahre. „Dann sprach Gott: ‚Am Himmel sollen Lichter entstehen, die Tag und Nacht voneinander scheiden, leuchtende Zeichen, um die Zeiten zu bestimmen: Tage und Feste und Jahre'" (1Mose 1,14).

Nach der Flut versprach Gott, dass diese Strukturen fortbestehen sollten. „Von jetzt an gilt, solange die Erde besteht: Nie werden aufhören Saat und Ernte, Frost und Hitze, Sommer und Winter, Tag und Nacht“ (1Mose 8,22).

Der Psalmist verkündet: „Du hast den Mond gemacht, um die Zeit zu teilen; die Sonne weiß, wann sie untergehen muss“ (Ps 104,19), und der Prophet Jeremia unterstreicht die Vorstellung: „Alle Zugvögel kennen ihre Ordnung und gehen und kommen zu der Zeit, die ich ihnen bestimmt habe: der Storch, die Taube, die Schwalbe, die Drossel“ (Jer 8,7a).

Israels Festkalender

Gott schuf die Welt mit rhythmischen Verlaufsmustern, und diese Muster spiegeln sich in Israels Festkalender wider. Gott befahl Israel, diese Rhythmen von sakralen und säkularen Festtagen einzuhalten, die so die schöpfungsmäßigen Rhythmen betonten. Die Juden haben sich lange an die *Sabbate* gehalten, doch Gott gab ihnen noch andere Rhythmen.

Jedes *Jahr* feierte Israel eine Reihe an Feiertagen und Opferfesten, einschließlich des großen Versöhnungstages (2Mose 30,10) und den drei großen Jahresfesten: das Fest der ungesäuerten Brote (Passah), das Pfingstfest (Erstlinge) und das Laubhüttenfest (z. B. 2Chr 8,13).

Der längste Rhythmus war das *Jubeljahr*. Alle fünfzig Jahre sollte Israel ein Erlassjahr ausrufen, in dem jeder Mensch (einschließlich der Schuldsklaven) und aller Besitz in seinen ursprünglichen Status zurückkehren sollte (3Mose 25,10-13).

Außerdem hatte Gott Israel befohlen, Opfer darzubringen, die zeitlich an den *Mond*kalender gebunden waren: „Am 1. Tag des Monats [= Neumond] werden dem Herrn als Brandopfer … dargebracht, Speiseopfer … Trankopfer … “ (4Mose 28,11-14).

Jährliche und monatlich-lunare Kreisläufe wurden durch die wöchentlichen Sabbate ergänzt, die sich auf die Schöpfungsordnung gründeten: „Denn in sechs Tagen hat der HERR Himmel, Erde und Meer mit allem, was lebt, geschaffen. Am siebten Tag aber ruhte er. Deshalb hat er den siebten Tag der Woche gesegnet und zu einem heiligen Tag erklärt, der ihm gehört“ (2Mose 20,11). In 2. Mose 34,21 ordnet Gott für Israel eine Pause im wöchentlichen Rhythmus an: „Sechs Tage in der Woche sollt ihr arbeiten; aber am siebten Tag dürft ihr keine Arbeit tun. Das gilt auch für die Zeit des Pflügens und Erntens."

Selbst das Erlassjahr war ein Teil des Kreislaufs, der mit dem Sabbat zusammenhing: „Wenn ihr das Sabbatjahr siebenmal gefeiert habt und also insgesamt 49 Jahre vergangen sind, lasst ihr am 10. Tag des 7. Monats, dem Versöhnungstag, im ganzen Land das Widderhorn blasen. Dies ist das Zeichen dafür, dass alle seine Bewohner wieder in ihre ursprünglichen Rechte eingesetzt werden. Das 50. Jahr muss für euch als ein Jahr gelten, das mir gehört. Es ist das Erlassjahr, in dem eine allgemeine Wiederherstellung erfolgt. Jeder Israelit, der seinen erblichen Landbesitz verpfändet hat, bekommt ihn wieder zurück, und wer sich einem anderen Israeliten als Sklaven verkauft hat, darf zu seiner Sippe zurückkehren" (3Mose 25,8-10).

Zusätzlich zum Erlassjahr, den jährlichen, monatlichen und wöchentlichen Rhythmen gab es in Israel auch noch tägliche Opfer- und Gebetszeiten: „Alle diese Opfer werden zusätzlich zum regelmäßigen täglichen Brandopfer und dem Brandopfer für den Monatsanfang und den zugehörigen Speiseopfern dargebracht, um den Herrn gnädig zu stimmen" (4Mose 29,6).

Die Israeliten führten ein rhythmisches Leben, das sich an den von Gott angelegten Strukturen orientierte. Diese geistlichen Rhythmen entsprechen den natürlichen Rhythmen in der Schöpfungsordnung. Erst kürzlich hat die Wissenschaft angefangen zu entdecken, wie weitgehend sich diese rhythmische Ordnung in der Schöpfung widerspiegelt.

Die Chronobiologie – eine Grenze wird deutlich

Die Chronobiologie ist ein recht neues Wissenschaftsgebiet, das uns eine neue Grenze der natürlichen Rhythmen aufzeigt. Sie ist die Wissenschaft *(logos)* von den Strukturen des Lebens *(bios)* in der Zeit *(chronos)*. Franz Halberg, der Gründer der modernen Chronobiologie, begann in den 40er-Jahren des 20. Jahrhunderts mit seinen Experimenten und leitete das Forschungslabor für Chronobiologie an der Universität von Minnesota.[34] Russell Foster und Leon Kreitzman haben mit ihrem Buch *Rhythms of Life: The Biological Clocks that Control the Daily Lives of Every Living Thing* [d. h.: „Lebensrhythmen: Die biologischen Uhren, die das Leben jedes Lebewesens bestimmen"] die Erkenntnisse der Chronobiologie an die breite Öffentlichkeit getragen. Ihr Ergebnis: „Biologische Uhren haben einen Mechanismus, der Organismen dazu befähigt, die Prioritäten in ihrem Verhalten zu ändern mit Rücksicht auf die Tages-, Monats- oder Jahreszeit.“[35]

Foster und Kreitzman berichten weiter: „Heute arbeiten vermutlich über tausend Wissenschaftler an den Grundlagen der biologischen Zeit. Etwa zehnmal so viele beschäftigen sich damit, diese Erkenntnisse auf die Medizin, die Landwirtschaft, den Gartenbau, die bemannte Raumfahrt und das Militär anzuwenden.“[36] Die Chronotherapie (eine neue Teildisziplin) hat festgestellt, dass der Zeitpunkt einer Medikamenteneinnahme sehr wichtig sein kann.

Wenn wir versuchen, uns ein unnatürliches System aufzuerlegen, das den geschaffenen Rhythmen zuwiderläuft, produzieren wir eine „Störung“: „Jeder Einzelne in den Industrieländern lebt in einer 24/7-Gesellschaft“, schreiben Foster und Kreitzman. „Dieses aufgezwungene System steht im Konflikt mit unserer grundlegenden biologischen Veranlagung. Die Auswirkungen sind ablesbar an unserem Bemühen, unseren Alltag mit seinen Stressfaktoren, die unser körperliches und geistiges Wohlbefinden belasten, in Balance zu bringen. Nun sind wir uns der grundlegenden Spannung bewusst zwischen der Weise, wie wir leben wollen und der Weise, für die wir geschaffen sind. Es ist zu hoffen, dass unser wachsendes Verständnis für die Grundlagen der Biologie uns in die Lage versetzt, dieses Grundsatzproblem der modernen Lebensweise zu lösen.“[37]

Ich teile voll und ganz die Analyse von Foster und Kreitzman, die den aussichtslosen Kampf unserer ureigensten biologischen Uhr gegen die Rhythmen unserer Zivilisation herausstellt. Kein Wunder, dass wir so unter Stress leiden. Wenn wir unser Denken von Balance auf Rhythmus umstellen, wird uns das helfen, diese tiefe Spannung zu überwinden. Statt Balance anzustreben, sollten wir versuchen, mit den natürlichen Rhythmen in Einklang zu leben. Wissenschaftler sind gerade dabei, zu entdecken, dass uns das tatsächlich zu einem gesünderen Leben führen wird.

Wie können wir die Erkenntnisse der Chronobiologie auf unser tägliches Leben anwenden? Wie können wir unsere biologische Uhr beachten, die mit unseren natürlichen Zyklen übereinstimmt, um so besser zu leben?

Die fünf Chronos-Zyklen

Die fünf Chronos-Zyklen werden durch den Aufbau und die Bewegung unseres Sonnensystems bestimmt. Viele Leute erfassen die Chronos-Zyklen des Lebens intuitiv; vor allem Frauen sind darin besonders gut. Vielleicht haben Sie diese Gabe, vielleicht auch nicht. Ich hoffe jedenfalls, Ihre Intuition an dieser Stelle zu stärken.

Der Jahresrhythmus

Die Umlaufbahn der Erde um die Sonne führt zu einer Periode von 365 Tagen, 6 Stunden, 9 Minuten und 10 Sekunden. Selbst die kleinste Änderung an diesem Umlaufschema würde allem Leben auf der Erde ein Ende bereiten. Wenn wir näher an der Sonne wären, würden wir verbrennen; wären wir ein wenig weiter weg, würden wir erfrieren; wäre unsere Achse stärker geneigt, hätte sich die Erde aus dem astronomischen Gravitationsgefüge gelöst.[38] Dieses Umlaufschema der Erde gilt über alle Kulturen hinweg und quer durch die Menschheitsgeschichte hindurch.

Obwohl wir verstehen, was ein Jahr ist, planen die wenigsten von uns jährlich. Trotzdem bringt jedes Jahr den gleichen Zyklus mit sich. Wenn Sie Mutter sind, dann haben Sie das Schuljahr verinnerlicht. Sie wissen instinktiv, wann die Zeit ist für Elternsprechtage, Zeugnisse oder Osterferien. Oder nehmen wir den Neujahrstag: Er ist der einzige Feiertag, der in den meisten Ländern der Welt gefeiert wird.

Wo immer Sie auch leben, folgt Ihr Klima einem Jahresablauf, der sich auf alle anderen jährlichen Zyklen auswirkt. Die meisten von uns gehen im Sommer schwimmen statt im Winter, und dann trinken wir lieber Eiskaffee statt heißen Kaffee. Auch in unserem Körper bewirken die Jahreszeiten Veränderungen, sei es die Energie, die wir aus der Wärme der Sonne schöpfen, oder die Winterdepression, die nach denjenigen greift, die es fern vom Äquator mit wenig Tageslicht aushalten müssen. Wer unter Allergien oder Arthritis leidet, ist sich des Wechsels der Jahreszeiten deutlich bewusst.

Mindestens seit der Zeit von Hippokrates waren Wissenschaftler fasziniert von den Auswirkungen der Jahreszeiten auf den Menschen. Wissenschaftler im Bereich der Biometeorologie haben z. B. festgestellt, dass die Sterberate in nördlichen Ländern im Winter ihren Höhepunkt erreicht.

Die Hochzeiten sind im Juni auf dem höchsten Stand und die Geburten im Spätsommer. Der Winter führt zu einer relativ hohen Depressionsrate. Die meisten Beziehungen zwischen [amerikanischen] Collegestudenten zerbrechen in den Monaten Mai, Juni, September, Dezember und Januar.

Der Quartalsrhythmus

Jedes Jahr umfasst vier Jahreszeiten. Wenn die Jahreszeiten auch in Neuengland ausgeprägter und eindrucksvoller sein mögen als in Texas, so gibt es doch überall auf der Welt Veränderungen, die auf der elliptischen Umlaufbahn der Erde um die Sonne beruhen. Die natürliche Grundlage für den jahreszeitlichen Rhythmus stellt nicht das Wetter dar, sondern die Bewegung der Erde im Verhältnis zur Sonne. Temperaturveränderungen sind vom Breitengrad abhängig und die Jahreszeiten verlaufen in der südlichen und nördlichen Halbkugel entgegengesetzt. Egal wo Sie auf der Welt leben, Sie durchleben die vier Jahreszeiten, weil sie eine astronomische Grundlage haben.

Die Erdachse ist in einem Winkel von 23,44 Grad im Verhältnis zum Himmelsäquator geneigt. Diese Neigung führt zu den Jahreszeiten, da Nord- und Südpol sich jeweils von der Sonne ab- oder ihr zuwenden. So neigt sich die Nordhalbkugel für ein halbes Jahr der Sonne zu (etwa vom 20. März, der Tagundnachtgleiche im Frühling, bis zum 23. September, der Tagundnachtgleiche im Herbst). Ihre stärkste Neigung erreicht die Erde am 21. Juni, dem Tag der Sommersonnenwende und längsten Tag im Jahr. Die andere Hälfte des Jahres neigt sich die Südhalbkugel der Sonne zu, mit der stärksten Neigung um den 21. Dezember herum, der Wintersonnenwende. Die Jahreszeiten haben große Folgen für die Organismen, z. B. bestimmen sie, wann Tiere sich fortpflanzen und wann einige den Winterschlaf antreten.

Landbewohner haben größeres Verständnis für die Jahreszeiten als Stadtbewohner. Nach der Saatzeit werden die Felder gedüngt oder gespritzt und schließlich geerntet. Dann folgt eine Ruhezeit, in der die Felder brach liegen, nicht aus der Laune der Bauern heraus, sondern weil die Natur sie in ihrem jahreszeitlichen Kreislauf vorgesehen hat.

Die meisten von uns überschätzen, was sie an einem Tag oder in einer Woche schaffen können, aber wir *unter*schätzen, was wir in einem Quartal hinbekommen können. Viele von uns können ein Ziel für eine Woche im Blick behalten; aber die meisten von uns lassen sich im Laufe von drei Monaten ablenken. Wenn wir eine vierteljährliche Denkweise entwickeln, kann uns das zu einem gesünderen und produktiveren Leben verhelfen. Obwohl im Geschäftsleben häufig quartalsweise geplant wird (vier Dreimonatszyklen im Jahr), denken wir selten so im persönlichen Leben. Aber wenn wir uns vorstellen, was wir in einem Vierteljahr erreichen wollen, können wir einige große Schritte in der Umsetzung unseres persönlichen Lebensauftrags gehen.

Der Wochenrhythmus

Obwohl die Woche der einzige Chronos-Zyklus ohne astronomische Grundlage ist, sind wir uns heute in unserer weltweiten Kultur des wöchentlichen Rhythmus mit Arbeitstagen und Wochenende sehr bewusst. Niemand würde ein Restaurant „Endlich Montag!" nennen.

Unser Leben entwickelt sich größtenteils entlang der Wochenstruktur. Tatsächlich ist die Woche, wie Pitirim Sorokin feststellt, „einer der wichtigsten Fixpunkte in unserer Orientierung in der Zeit und der gesellschaftlichen Wirklichkeit".[39] Als Kinder lernen wir die Bedeutung von „Wochenende" kennen, bevor wir begreifen, was ein Monat ist.

Die meisten Kulturen kennen das Konzept einer Woche, manchmal mit unterschiedlichen Längen.[40] Doch woher kommt die Woche? In *The Seven Day Circle: The History and the Meaning of the Week* [d. h. „Der Sieben-Tage-Zyklus: Geschichte und Bedeutung der Woche] führt Eviatar Zerubavel aus, wie sich das Konzept der Woche aus der Religion, aus heiligen Zahlen, Planeten und der Astrologie entwickelt hat – daher unsere abgekürzten Bezeichnungen für „Sonntag" (= Sonnen Tag), „Montag" (= Mond Tag) und [im Englischen] „Saturday" (= Saturn Day).[41] Einige Zahlen werden in vielen Kulturen als wünschenswert, glücklich oder heilig angesehen; die Zahl Sieben ist eine von ihnen. Dies ist ein Grund, warum es sieben Tage in der Woche gibt (das Wort für „Woche" ist in vielen Sprachen gleichbedeutend mit dem Wort für „sieben").

Der Wochenrhythmus zählt zu den etwas verwirrenden und gleichzeitig faszinierenden wissenschaftlichen Entdeckungen in der Chronobiologie, weil es keine direkte astronomische Entsprechung für diese Sieben-Tage-

Periode gibt wie für den Tag, den Monat, das Jahr und die Jahreszeiten. Trotzdem haben Wissenschaftler eine erstaunliche biologische Grundlage für den Sieben-Tage-Zyklus entdeckt.

Susan Perry und Jim Dawson in *Chronobiologie: Die innere Uhr Ihres Körpers* sagen dazu: „Auf den ersten Blick könnte man meinen, die wöchentlichen Rhythmen hätten sich als Reaktion auf die siebentägige Woche entwickelt, die vor Jahrtausenden von der menschlichen Kultur festgelegt wurde. Doch diese Theorie ist nicht zu halten, wenn man sich bewusst macht, dass auch Pflanzen, Insekten und Säugetiere wöchentliche Zyklen haben.“[42]

Jeremy Campbell fasst in seinem faszinierenden Buch *Winston Churchill's Afternoon Nap* [„Winston Churchills Nachmittagsschlaf“] die Erkenntnisse des schon erwähnten großen Chronobiologen und Rhythmusforschers Franz Halberg zusammen: „Franz Halberg vertritt die Ansicht, dass der Körperrhythmus von etwa sieben Tagen kein von außen dem Menschen durch den Kalender auferlegter Zyklus sei, sondern angeboren, eigenständig existierend, und dass das vielleicht der eigentliche Grund sei, warum die Kalenderwoche eingeführt wurde.“[43]

Der Sabbat-Rhythmus ist ein uraltes Konzept. Wir haben es aus der hebräischen Kultur übernommen. Gott schuf die Welt in sechs Tagen und ruhte am siebten Tag. Juden, Christen und Muslime mit ihren drei verschiedenen heiligen Tagen – Samstag, Sonntag und Freitag – haben jeweils auf ihre Weise dazu beigetragen, dass sich die Sieben-Tage-Woche auf der Welt verbreitet hat. Die wenigsten halten im klassischen Sinne Sabbatruhe, aber vielleicht sollten wir in unser Leben wieder einen gesunden Wochenrhythmus einführen.

Die täglichen (zirkadianen) Rhythmen

In den 80er-Jahren des 20. Jahrhunderts gab es große Fortschritte im Verständnis der täglichen oder zirkadianen *(circa* = „ungefähr“; *dies* = „der Tag“) Rhythmen, die sich auf den Zyklus von Licht und Dunkelheit gründen. Weil die Erde sich um ihre eigene Achse dreht, haben wir den Sonnentag (ungefähr 24 Stunden). Darauf basieren die 24-Stunden-Tagesrhythmen, vor allem der Tag-Nacht-Zyklus. Zirkadiane Rhythmen fanden in den Medien Beachtung, weil der Rhythmus von Tag und Nacht eine so große Auswirkung auf uns hat. Vom Schlaf bis hin zur täglichen Hygiene bestimmt der Tageslauf unsere Lebensgewohnheiten.

Studien über zirkadiane Rhythmen widmen sich gängigerweise Schlafstörungen, dem Jetlag und der Schichtarbeit (z. B. bei Krankenschwestern, Polizeibeamten, Computerprogrammierern, Arbeitern am Band, Bäckern und Musikern). Normalerweise sind Organismen jeden Tag für eine bestimmte Zeit wach und für eine bestimmte Zeit am Schlafen. Dieses Schlaf-Wachmuster wiederholt sich Tag für Tag und bildet einen Rhythmus. Bei vielen Organismen finden wir außerdem einen Rhythmus bei der Körpertemperatur: Ihre innere Körpertemperatur schwankt regelmäßig im Laufe einer 24-Stunden-Spanne. Wenn wir diese täglichen Rhythmen durchbrechen wie in unserer Zeit, in der sieben Tage die Woche 24 Stunden durchgearbeitet wird, dann müssen wir die entsprechenden Konsequenzen tragen. Wenn wir z. B. nicht genug Schlaf bekommen, dann sind wir erschöpft und es fällt uns schwer, uns zu beherrschen. Dann werden wir mürrisch und andere leiden mit darunter, dass wir unseren täglichen Zyklus missachtet haben.

Die Tageszeiten sind allgemein bekannt: Sonnenaufgang, Morgen, Vormittag, Mittag (gewöhnlich die Mittagessenszeit), Nachmittag (für einige die Zeit für den Mittagsschlaf oder fürs Kaffeetrinken), Abend (schließt gewöhnlich die Zeit für das Abendessen ein), Sonnenuntergang und Nacht. Wenn wir einen Tag nur für sich sehen und uns keine anderen Rhythmen eine Struktur vorgeben, wollen wir meist zu viel hineinpacken. Im Rahmen von größeren Rhythmen können wir innerlich über das zur Ruhe kommen, was wir an einem bestimmten Tag *nicht* schaffen. Wenn wir uns bemühen, einen bestimmten Tag völlig ausgewogen zu verbringen, bringen wir uns nur in Bedrängnis und Stress. Um rhythmisch zu leben, müssen wir alle fünf geschaffenen Rhythmen gemeinsam beachten, die jährlichen, die vierteljährlichen, die monatlichen, wöchentlichen und die täglichen.

Jede Gesellschaft, Subkultur, Familie und Person hat ihre eigenen täglichen Gewohnheiten. Wir alle haben sie. Manche Gewohnheiten kennt jeder von uns. Die wenigsten gehen in den Tag, ohne ihre Zähne geputzt zu haben. Einige können es sich nicht vorstellen, ohne eine Tasse Kaffee zu leben oder ohne die Abendnachrichten, ohne Kommunikation über Facebook oder ohne die persönliche Stille Zeit.

Natürliche Rhythmen waren nie dazu gedacht, dass man sie überwindet. Vielmehr sind wir dazu gemacht, unser Leben nach ihnen auszurichten. Wir können uns von sehr vielen Schuldgefühlen, Stress, übertriebener Geschäftigkeit und Burnout befreien, wenn wir lernen, uns am Himmelszelt zu orientieren - an den natürlichen Zyklen, die durch Sonne, Mond und Erde hervorgerufen werden.

In den nächsten drei Kapiteln werden wir uns drei Chronos-Rhythmusstrategien anschauen, die Sie in die Lage versetzen werden, Ihr Leben im Einklang mit den fünf Chronos-Zyklen zu gestalten und dadurch ein besseres Leben zu führen!

Chronos-Strategie 1: Kraft einteilen

10

Ich kann jetzt nicht darüber nachdenken. Ich werde wahnsinnig, wenn ich's tue. Verschieben wir es doch auf morgen. ... Tara! Die Heimat. Ich komme. Ich werde einen Weg zu ihm finden. Aber nicht heute – verschieben wir's auf morgen.
Scarlett O'Hara, Vom Winde verweht

Ich bin sicherlich kein Langstreckenläufer, aber so viel weiß ich, dass man einen Marathon nicht in derselben Geschwindigkeit läuft wie einen 100-Meter-Lauf. Sie werden für eine 800-Meter-Strecke ein anderes Tempo anschlagen als für eine Meile oder für 10 Kilometer. Jede Strecke braucht das passende Tempo. Wenn Sie versuchen, eine Entfernung von einer Meile in Höchstgeschwindigkeit zu laufen, dann werden Sie ziemlich schnell erschöpft sein und zusammenbrechen. Ich wäre wahrscheinlich schon nach 200 Metern am Ende.

Bestimmen Sie, wie häufig Sie etwas tun

In unserem täglichen Leben versuchen die meisten von uns, jedes Rennen in der gleichen Geschwindigkeit zu laufen. Dann fühlen wir uns schuldig und sind gestresst, weil wir es nicht schaffen. Zu jedem der fünf Chronos-Zyklen gehört eine eigene Geschwindigkeit. Um hier gut mit den Wellen zu gehen, müssen Sie diese Geschwindigkeit übernehmen bzw. die Häufigkeit Ihrer Tätigkeiten an diesem Takt ausrichten. Wenn Ihnen das schwierig vorkommt, erinnern Sie sich einfach daran, dass wir schon in diesen Zyklen leben. Die Frage ist nur: Wie gut verstehen wir sie und wie gehen wir mit diesen Wellen? Wenn wir mit den Chronos-Zyklen mitschwingen, werden wir mehr Frieden in unser Leben bringen.

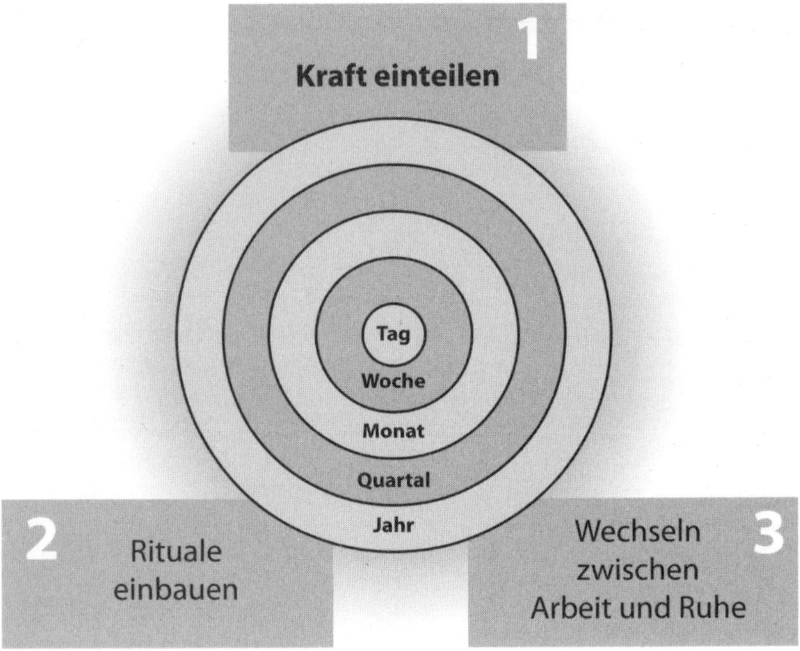

Der Semesteranfangsschock

Ich erinnere mich an meine erste Woche als Studienanfänger an der University of Texas in Austin. Mich überkam damals der Semesteranfangsschock, als wir Studenten am Semesteranfang die Stundenpläne für alle Fächer im gesamten Semester erfuhren (mit jeweiligem Arbeitspensum!). Obwohl ich es vom Kopf her besser wusste, hatte ich das Gefühl, als müsste ich 20 Bücher lesen, 15 Tests schreiben, 7 schriftliche Arbeiten einreichen – *und zwar alles sofort!* Ich musste mich selbst dazu zwingen, die ganze Arbeit verteilt auf die nächsten fünfzehn Wochen zu sehen.

Die meisten von uns leben in so einem Semesteranfangsschock: Sie sehen ständig alle Pflichten für alle Fächer ihres Lebens vor sich. Dieser Druck führt zu Schuldgefühlen, Stress und Selbstverurteilung. Wir müssen es lernen, in größeren Zeitspannen zu denken, wie z. B. ein Semester.

Wir werden mehr Freude, Frieden und Erfüllung erfahren, wenn wir einen angemessenen Takt für die regelmäßigen Aufgaben in unserem Leben anschlagen. „Heute“ ist vielleicht nicht der Tag für Scarlett, um sich einen Weg auszudenken, um Rhett Butler zurückzugewinnen. Wenn wir versuchen, jede Woche alle unsere Aufgaben in Balance zu halten, dann übersehen wir die Vorteile längerer Rhythmen. Wenn wir unser Leben in einem guten Takt führen, können wir gelassen über den Vorwurf der „Unausgewogenheit“ hinwegsehen. Schließlich wissen wir, dass wir aufs Ganze gesehen über den Lauf eines Jahres ein gesundes Tempo einhalten, auch wenn das in einer bestimmten Woche nicht so scheint.

Es geht also darum, das angemessene Tempo für jede Tätigkeit zu finden und den Lauf unserer Zyklen zu akzeptieren. Letzte Woche rief mich meine Tochter von der Baylor-Universität an. Sie sagte mir, dass sie mit sich selbst unzufrieden sei, weil sie dienstags keine Arbeit fürs Studium geschafft bekomme. Sie erwartete von sich, jeden Tag die gleiche Menge abzuarbeiten (ein typisches Balance-Denken). Aber dienstags klappte das einfach nicht, weil sie den ganzen Tag über bis in den Abend hinein Vorlesungen hatte. Als wir über verschiedene Rhythmusstrategien sprachen (um sie von der Last des Balance-Anspruches zu befreien), sah sie ein, dass der Dienstag kein Studientag für sie war. Mittwochs dagegen, wenn sie mittags schon mit ihren Vorlesungen fertig war, konnte sie sich Zeit zum Lernen nehmen. Indem sie sich von falschen Erwartungen löste und ihren Zeitplan mit dem Rhythmus ihres Stundenplanes in Einklang brachte, konnte Melanie ihren Stress und Frust mindern und ihre Arbeit rechtzeitig erledigen.

Rechnungen bezahlen

Angemessene Zeitabstände können den Stress reduzieren. Sie können sich z. B. einen bestimmten Abend im Monat reservieren, an dem Sie alle Rechnungen bezahlen. Aber weil Sie diesen Abend bisher noch nicht eingerichtet haben, stehen Sie täglich unter Druck, dass Sie eigentlich Überweisungen tätigen müssten. Wenn Sie „Rechnungen bezahlen“ auf Ihre tägliche To-do-Liste setzen, sind Sie abends nur gestresst und frustriert. Warum also nicht einen Tag im Monat reservieren, um alle fälligen Rechnungen zu bezahlen [vielleicht angesichts der deutschen Zahlungsfristen lieber halbmonatlich einen Tag, *Anm. d. Übers.*]? Dann können Sie die restlichen Tage des Monats frei durchatmen in dem Wissen, dass der Überweisungstag noch kommt und Sie sich erst dann mit den Rechnungen beschäftigen müssen.

Eine Frau namens Jane hörte vor einigen Jahren in einem Seminar diesen Tipp von mir. Später kam sie zurück und erzählte mir, dass sie ihre Rechnungen nun online bezahlen würde. Eines Tages verwandte sie ein paar Stunden darauf, sich für das Onlinebanking ihrer Bank anzumelden, und nun kann sie ihre Rechnungen sehr einfach einmal im Monat von zu Hause aus bezahlen. Sie erklärte, dass das ihr Leben sehr vereinfacht habe.

Einige Monate später erhielt ich folgende E-Mail von Jane: „Etwas Komisches ist heute passiert. Ich geriet plötzlich in Panik, weil ich dachte, ich hätte meine Rechnungen nicht pünktlich bezahlt. So ging ich via Onlinebanking auf mein Konto und sah, dass ich die nötigen Dauerüberweisungen eingerichtet hatte und mir also für den Rest des Jahres keine Gedanken machen musste. Vielen Dank! Das war ein großartiger (und einfacher) Stress und Zeit sparender Vorschlag."

Wir bescheren uns zu viel Verwirrung und Stress, wenn wir größere Rhythmen in kürzere Zyklen pressen wollen. Dann plagen wir uns täglich mit Schuldgefühlen herum, weil wir unsere Mutter nicht angerufen haben, obwohl das eigentlich eine wöchentliche Aufgabe ist, die wir sonntags erledigen könnten. Oder wir fühlen uns schuldig, weil wir die Garage nicht aufgeräumt haben, obwohl das eine vierteljährliche Aufgabe ist, die wir für in zwei Monaten einplanen können (und über die wir uns bis dahin keine Gedanken zu machen brauchen).

Genauso ist das mit der Steuererklärung. Viele von uns quält täglich der Gedanke an die Steuererklärung. Dabei ist das eine jährliche Aufgabe, die wir in den USA an ein oder zwei Abenden intensiver Arbeit irgendwann zwischen Ende Januar (wenn das Steuerformular im Briefkasten liegt) und dem 15. April erledigen können (bis Mitternacht, sodass unsere Steuererklärung den Poststempel des Tages trägt).

Um im Einklang mit den jährlichen, vierteljährlichen, monatlichen, wöchentlichen und täglichen Rhythmen zu leben, sollten wir fragen: Was ist der beste Takt für jede Aufgabe und Verpflichtung in meinem Leben? Ist das etwas, was wir täglich, wöchentlich, monatlich, vierteljährlich oder jährlich tun müssen? Wie häufig bohnern Sie das Parkett, stauben die Regale ab, waschen Sie die Wäsche, reinigen die Dachrinnen, gehen mit Ihrem Ehepartner aus, verbringen Zeit mit Gott, lesen ein Buch, verbringen ein paar Stunden mit den Kindern, gehen in den Gottesdienst, besuchen eine christliche Konferenz, nehmen Urlaub, essen Nachtisch oder gehen zum Abendessen aus?

Nur wenige Leute, mit denen ich bisher gesprochen habe, haben sich Gedanken gemacht über eine angemessene Häufigkeit für jede ihrer verschiedenen Tätigkeiten und übernommenen Pflichten. Stattdessen powern sie sich aus, weil sie alle ihre Pflichten in Balance zu suchen halten. Die meisten Leute konzentrieren sich zu sehr auf den einen Tag oder die eine Woche und vernachlässigen es, in längeren Rhythmen zu denken.

Wenn wir uns auf die einfache Rhythmusstrategie einlassen, unsere Kraft einzuteilen, dann werden wir mehr Frieden im Leben finden. Dann können wir uns von dem unbewussten Erwartungsdruck lösen, dass wir allen Verpflichtungen, die auf uns zukommen, auf einmal nachkommen müssten.

Mit jedem einzelnen Chronos-Zyklus mitgehen

Jeder Zyklus hat seinen eigenen Fluss. Obwohl der Kreislauf selbst allgemeingültig ist, ändert sich die „Strömung" innerhalb des Zyklus abhängig von Faktoren wie Kultur, Geografie, Lebensphasen und -stadien. Es macht Sinn, den Fluss in Ihrem Leben in diesen Zyklen anzuschauen. (Siehe die Übung in Anhang A, die Ihnen helfen wird, den Fluss Ihrer Chronos-Zyklen zu bestimmen.)

Jahreszyklen

Wir leben zwar in Jahreszyklen, haben ihnen aber wenig Aufmerksamkeit geschenkt, da sich die meisten Zeitmanagementsysteme vor allem auf Tage und Wochen konzentrieren. Welche Ereignisse, Tätigkeiten oder Feste wiederholen sich jährlich, aber nicht täglich, wöchentlich, monatlich oder quartalsweise? Schauen Sie mal durch die verschiedenen „Brillen" Ihrer jeweiligen Lebensbereiche auf die Zyklen.

Ferien wiederholen sich jährlich, genauso Steuererklärungen und Jahrestage. Bei Jahrestagen denke ich nicht nur an Hochzeitstage, sondern auch an andere einschneidende Ereignisse wie den Tod eines Familienmitgliedes, die Gründung einer Organisation oder auch weltgeschichtliche Ereignisse wie den 11. September. Es klingt verrückt, aber jedes Jahr zeigen sich Menschen von einem jährlichen Ereignis überrascht: „Du meine Güte! Weihnachten ist schon da. Und ich habe noch keine Geschenke gekauft!" „Ist dein Geburtstag schon *nächste* Woche?" Wenn wir uns auf die jährliche Wiederkehr bestimmter Abläufe einstellen, können wir unser Leben besser organisieren.

Quartalszyklen

Im Unterschied zu den anderen Chronos-Zyklen finden wir bei den vierteljährlichen Zyklen weniger Wiederholungen und mehr Einzigartiges. Jede Jahreszeit verleiht dem Leben eine einzigartige Würze. Winter, Frühling, Sommer und Herbst bringen ihr besonderes Wetter und ihre Farben mit sich. Weil Jahreszeiten sich nicht vierteljährlich wiederholen, betrachtet man sie am besten mit den jährlichen Zyklen zusammen.

Welche Ereignisse wiederholen sich bei Ihnen quartalsweise oder hängen von einer bestimmten Jahreszeit ab? Hier wären die Quartalszahlen in der Wirtschaft zu nennen, und in den Vereinigten Staaten manche weiteren Wirtschaftsberichte und Veröffentlichungen von Steuereinnahmen. Wer in den Staaten wohnt und die Quartalszahlen über die Entwicklung seiner Rentenanlagen liest, lächelt zufrieden oder schlägt voller Ärger auf den Tisch. In der Schule machen die Lehrer ungefähr für jedes Quartal Zensuren. Im Geschäftsleben ist es üblich, in Quartalen zu planen: Ziele, Börsenberichte und Bonuszahlungen gibt es quartalsweise.

Nur im persönlichen Leben denken die wenigsten von uns in vierteljährlichen Zeitspannen. Doch auch hier ist es sehr hilfreich, manches in Quartalen zu planen.

Monatszyklen

Wenn Sie monatsweise planen, ist es hilfreich, sich auf die Wochenenden zu konzentrieren. Wie wollen Sie Ihre vier oder fünf Samstage und Sonntage im Monat einsetzen? Welche Tätigkeiten wiederholen sich monatlich, aber nicht jährlich, quartalsweise, wöchentlich oder täglich? Denken Sie an das Zahlen von Rechnungen, Arztbesuche oder auch Freizeitaktivitäten.

Wochen- und Tageszyklen

Die meisten Zeitmanagementsysteme konzentrieren sich auf die täglichen und wöchentlichen Rhythmen, sodass diese besser erforscht sind als andere Zyklen. Es ist hilfreich, sich eine Woche in 21 Zeitabschnitte eingeteilt vorzustellen: Morgen, Nachmittag und Abend an 7 Tagen. Wie verteilen Sie diese Zeiten auf Ihre Werte und Aufgaben?

(Für eine Aufstellung der verschiedenen Tätigkeiten geordnet nach den fünf Chronos-Zyklen siehe Anhang auf Seite 205 ff. Dieser Anhang erklärt den 21-Zeitabschnitte-Ansatz und einige andere Anregungen zur Zeitplanung.)

Wenn Zyklen nicht zusammenpassen

Zu den großen Konfliktquellen in Beziehungen zählen unterschiedliche Erwartungen, was die Häufigkeit bestimmter Tätigkeiten und Unternehmungen angeht. Wenn Sie mit Ihrem Ehepartner z. B. joggen gehen, dann müssen Sie sich auf eine Geschwindigkeit einigen. Wenn Sie verheiratet sind: Wie häufig wollen Sie abends zu zweit ausgehen? Wöchentlich, monatlich, jährlich? Wie häufig wollen Sie einander kleine Geschenke machen? Wie häufig wollen Sie jeder für sich Zeit mit Ihren Freunden verbringen, ohne den Partner? Häufig spreche ich mit Paaren, die seit Jahren keinen Urlaub mehr nur zu zweit gemacht haben. Seit Monaten hatten sie keinen Abend mehr für sich zu zweit.

In der Anfangszeit unserer Ehe war Urlaub ein großes Problem zwischen Tamara und mir. Wir hatten einfach unterschiedliche Werte und Erwartungen, die sich an unseren eigenen Erfahrungen in unserer Kindheit und Jugendzeit orientierten. In meiner Familie bedeutete Urlaub, dass wir verreisten. In Tamaras Familie wurde der Urlaub dazu benutzt, Aufgaben um das Haus herum zu erledigen, wie z. B. das Abschleifen und Wachsen des Bodens in jedem Frühling.

Für mich ist Verreisen im Urlaub etwas Notwendiges, für Tamara ist es ein Luxus. Das führte dazu, dass wir Urlaubsreisen in unterschiedlicher Häufigkeit andachten. Ich rechnete mit ein paar Urlauben in jedem Jahr (inklusive Wochenendtripps). Tamara dachte an eine Urlaubsreise alle paar Jahre und dazwischen an einige größere Arbeitseinsätze in Haus und Garten. Jahrelang liefen wir mit unterschiedlichen „Taktarten", bis wir uns endlich hingesetzt haben und über unsere unterschiedlichen Sichtweisen gesprochen haben. Für uns war es eine Hilfe zu verstehen, wie der andere dachte, und uns zuzugestehen, dass wir unterschiedlich waren. Dann haben wir an einem Kompromiss gearbeitet - einem Takt, mit dem wir beide leben konnten.

Idealerweise entwickeln Paare einen Eherhythmus für jeden der fünf Chronos-Zyklen. Vielleicht haben Sie eine gemeinsame Mahlzeit zu zweit in der Woche, gehen einmal im Monat aus und fahren einmal im Jahr ohne die Kinder weg. Tauschen Sie sich miteinander über Ihre Erwartungen aus. Viel zu oft leben wir mit unnötigen Schuldgefühlen und haben das unterschwellige Gefühl, dass wir nicht genug Zeit in unsere Beziehungen stecken. Warum? – Weil wir nicht über unsere Erwartungen sprechen und nicht gelernt haben, unsere Taktarten aufeinander abzustimmen.

Eine Fallstudie: Jaime und Yesinia Gonzalez

Beim Mittagessen in einem örtlichen Restaurant schüttete mir Jaime Gonzalez sein Herz aus (vgl. S. 5). Zusammen mit seiner Frau Yesinia und zwei kleinen Kindern war er vor Kurzem aus dem Gebiet der San Francisco Bay nach Dallas gezogen. Sie sehen ihre Lebensaufgabe darin, Gott vollzeitlich zu dienen. Als Ehepaar sind sie entschlossen, die nötigen Opfer zu bringen, damit Jaime die erforderliche Ausbildung bekommt, um als Pastor arbeiten zu können.

Nun war Jaime in großer Sorge. Er erzählte mir, dass Yesinia signalisiert habe, dass es so nicht weitergehen könne. Yesinia hat eine ganze Stelle im Gesundheitswesen und Jaime versucht neben seiner Ausbildung mit einer

Teilzeitstelle für eine Gemeinde einen Gottesdienst auf Spanisch einzuführen. Deshalb sehen sie einander kaum und haben noch weniger Gelegenheit, um in Ruhe miteinander zu reden oder etwas zu unternehmen. Yesinia geht morgens aus dem Haus, bevor Jaime aufsteht, und wenn er abends von der Abendschule zurückkommt, ist sie schon eingeschlafen. Die ganze Woche über haben sie entweder irgendwelche Verpflichtungen oder Jaime muss für sein Studium lernen. Was können sie machen?

Statt bei ihnen jetzt fehlende Balance zu diagnostizieren, sehe ich das Problem darin, dass sie in keinem guten Rhythmus leben. Sind die beiden in der Lage, Gewohnheiten in jedem der fünf Zyklen zu entwickeln und dabei die Häufigkeit der Zyklen zu berücksichtigen?

Ich begann mit dem Tagesablauf und fragte Jaime, ob er und Yesinia ihre Morgengewohnheiten so anpassen könnten, dass sie wenigstens 15 Minuten täglich hätten, um miteinander in Kontakt zu bleiben. Sie könnten gemeinsam eine Tasse Kaffee trinken, sich gemeinsam anziehen oder miteinander beten, um die Beziehung nicht abreißen zu lassen.

Dann suchten wir nach einer Zeitspanne, die sie wöchentlich füreinander reservieren könnten. Jaime lernte noch sonntagabends, um seine Hausaufgaben für den Montagmorgen fertig zu haben. Doch jetzt ging ihm auf, dass er damit warten konnte, bis Yesinia ins Bett ging. Sie planten sich zwei Stunden sonntagabends als Ehepaar ein und konnten einrichten, dass für diese Phase Ihres Lebens Jaimes Eltern in der Zeit auf die Kinder aufpassten. Selbst wenn der Rest der Woche ziemlich voll war, wussten Jaime und Yesinia doch, dass sie auf diese gemeinsame Zeit am Sonntag rechnen konnten.

Dann sprach ich die monatlichen Chronos-Zyklen an. Ich ermutigte Jaime, jeden Monat einen Tag einzuplanen, den sie als ganze Familie verbringen konnten, selbst wenn das bedeutete, dass er Unterricht verpasste oder Yesinia einen Tag im Monat Urlaub nehmen musste. In vielen Monaten gibt es sowieso schon freie Tage wie [in Amerika] den Presidents Day, Memorial Day und Independence Day [3. Montag im Februar, letzter Montag im Mai und 4.7.; vgl. in Deutschland den Himmelfahrtstag, den 1. Mai, den 3. Oktober oder Pfingstmontag]. Jaime und Yesinia suchten sich diese Tage im Voraus aus und reservierten sie im Kalender füreinander und ihre Familie. Auch hier wussten nun beide, dass sie auf diesen einen

Familientag im Monat zählen konnten, selbst wenn sie sonst ein volles Programm mit vielen Verpflichtungen hatten.

Außerdem fragte ich Jaime, ob er in jeder Jahreszeit (einmal alle drei Monate) ein Wochenende (zwei oder drei Tage) mit Yesinia und den Kindern verbringen könnte. Als er und ich in den Kalender schauten, sahen wir, dass es solche Zeiten mit den Herbst-, Weihnachts- und Osterferien sowieso schon gab. In einigen Jahreszeiten musste er sich vielleicht mehr Mühe geben, so ein Wochenende zu finden, aber er merkte, dass es möglich war. Er und Yesinia konnten sich zusätzlich sogar oft ein ganzes Wochenende im Quartal nur für sich reservieren.

Schließlich schauten wir uns das ganze Jahr an. Konnten sie sich einmal im Jahr einen einwöchigen Familienurlaub einplanen? Jaime war sich sicher, dass das ginge. Je nach Kassenlage würde der Urlaub unterschiedlich ausfallen, aber die Zeit konnten sie auf jeden Fall miteinander verbringen. Indem der Urlaub fest in den Kalender eingetragen wurde, wusste Jaime, dass Yesinia und die Kinder eine Woche hatten, auf die sie sich lange im Voraus freuen konnten.

Als Jaime nach Hause ging und den Rhythmusplan mit Yesinia besprach, war sie sehr erleichtert und ging voll darauf ein. Obwohl sich an ihren Verpflichtungen in Arbeit und Ausbildung nichts geändert hatte, so hatten sie nun doch einen Rhythmus für ihre Beziehung gefunden, mit dem sie leben konnten. Ihr Erfolgsrezept bestand nicht in einem künstlichen Ideal der Balance, sondern dass sie versuchten, im Rhythmus mit ihren natürlichen Chronos-Zyklen zu leben. Statt ihre Zeit zu managen, lernten Jaime und Yesinia, mit den Zyklen mitzugehen, die die Welt vorgibt.

Der Rhythmusplan von Jaime und Yesinia Gonzalez für eine gesunde Ehe

Häufigkeit oder Tempo	
Täglich	fünfzehn Minuten am Morgen, um miteinander im Gespräch zu bleiben
Wöchentlich	zwei Stunden sonntagabends für sie als Ehepaar ohne Kinder
Monatlich	ein gemeinsamer Tag als Familie
Vierteljährlich	ein ganzes Wochenende als Familie

Der Rhythmusplan von Jaime und Yesinia Gonzalez für eine gesunde Ehe

Häufigkeit oder Tempo	
Jährlich	eine Woche Familienurlaub

Yesinia und Jaime entdeckten einen Lebensrhythmus, der ihnen weniger Schuldgefühle, Stress und drohenden Burnout bescherte und dafür mehr Hoffnung, Harmonie und Glück. Nun leben sie im Einklang mit ihren natürlichen Zyklen, die den Takt für ihr Leben angeben. Sie können den gleichen Durchbruch in Ihrem eigenen Leben erfahren.

Anwendung der Strategie auf die Beziehung zu Gott: Stille Zeiten mit Gott

Als Kind nahmen meine Eltern meine Geschwister und mich sonntags mit in den Gottesdienst. Dort lernten wir, dass wir täglich eine „Stille Zeit" mit Gott verbringen sollten.

Wie macht man das? Man sagte mir, ich solle meine Bibel lesen und beten. Später gaben mir die Leute alle möglichen Vorschläge, wie ich diese Zeiten lebendig halten könne: Anbetungsmusik hören, ein Andachtsbuch lesen, nachdenken, Bibelverse auswendig lernen, einen Spaziergang machen, in unterschiedlichen Bibelteilen lesen oder ein Stille-Zeit-Tagebuch führen.

Ich war mir nie sicher, wie lang meine Stille Zeit sein müsse. Ein Heft sprach über sieben Minuten mit Gott, ein anderes beschrieb eine Stunde des Gebets. Eine Biografie über Martin Luther sagte: Je mehr Arbeit er hatte, desto länger verbrachte er Zeit mit Gott allein. Ich schloss daraus, dass ich, je geistlicher ich sein wollte, desto mehr Zeit für meine „Stille Zeit" aufwenden müsste. Es kam mir fast wie ein Wettkampf vor. Vielleicht ist es nicht so gedacht, aber in einigen Kreisen hat sich das so entwickelt: „Wie viel Zeit hast *du* heute mit Gott verbracht?"

Nach meiner Neuseelandreise, auf der ich den Geistesblitz mit dem Rhythmusansatz hatte, fragte ich mich: „Warum sollte ich nicht auch die Zeit mit Gott rhythmisch planen?" Wenn Gott uns in eine Welt gestellt hat, die von Rhythmen bestimmt ist, dann ist es doch nur natürlich, ihm auch rhythmisch zu begegnen.

In meinen Zeiten mit Gott überlegte ich betend beim Bibellesen, wie ich in den wechselnden Zeiten leben sollte, und entwickelte fünf unterschiedliche Stille-Zeit-Rhythmen, die sich an den fünf natürlichen Chronos-Rhythmen des Lebens orientieren. Neben der Zeit, die ich mir für Predigtvorbereitung, Hauskreis und Gebetstreffen in der McKinney Gemeinde nahm, entschloss ich mich, die folgenden Rhythmen für meine persönliche Stille Zeit mit Gott einzuführen:

Täglich	fünfzehn Minuten für Gebet und Bibellesen
Wöchentlich	eine halbe Stunde Gebet und Nachdenken über Gottes Wort
Monatlich	eine Stunde Gebet und Nachdenken über Gottes Wort
Vierteljährlich	drei Stunden zur geistlichen Reflexion und Planung
Jährlich	ein voller Tag Klausur, in dem auch das vergangene Jahr überdacht und Pläne für das nächste gemacht werden

Wenn Sie versuchen, Ihr Leben mit den fünf Chronos-Zyklen in Einklang zu bringen, werden Sie feststellen, dass selbst ein kleiner Anfang etwas ausmacht. Vielleicht haben Sie das Gefühl, dass in diesen Kapiteln so viel Neues auf Sie einstürmt, was Sie noch nie zuvor gemacht haben. Aber es ist nicht wirklich neu. Das ist die Art und Weise, wie die Menschheit von ihren Anfängen an gelebt hat. Erst in den letzten hundert Jahren haben wir uns in unserer künstlichen, modernen, hochtechnologisierten Welt von einem einfacheren, angenehmeren und nachhaltigeren Lebensstil entfernt, der mit den Chronos-Zyklen im Einklang steht.

Das ist der Weg, wie das Leben am besten funktioniert. Wenn unser Leben nicht mit den geschaffenen Chronos-Zyklen mitgeht, bereiten wir uns Stress, weil wir gegen die grundlegenden Strukturen unserer Welt ankämpfen. Es macht wesentlich mehr Sinn, wenn wir versuchen, diese Gesetzmäßigkeiten zu verstehen und mit den Zyklen in Einklang zu leben.

Gehen Sie wenigstens einen einfachen Schritt. Führen Sie sich vor Augen, dass Sie nicht alles gleichzeitig oder gleich häufig tun können. Jede Tätigkeit hat ihren eigenen Takt, mit dem sie sich wiederholt. Arbeiten Sie gegen den Stress an. Die Rhythmusstrategie wird Ihnen zu einem neuen Bezug zu den natürlichen Zyklen unserer Welt verhelfen.

Indem Sie Ihr Tempo dem der Natur anpassen, können Sie Überforderung und Überlastung vermindern. Sie können sich von Schuldgefühlen befreien, indem Sie sich von der falschen Erwartung lösen, Sie müssten die gesamte Last der Verantwortung für das Leben an jedem einzelnen Tag tragen. Das ist eine schwere Last, die niemals so für uns gedacht war. Finden Sie den geeigneten Takt für die Tätigkeiten und Unternehmungen in Ihrem Leben. Entspannen Sie sich und gestehen Sie jedem Zyklus in Ihrem Leben seinen eigenen natürlichen Lauf zu.

In den nächsten beiden Kapiteln werden wir uns näher damit beschäftigen, wie Sie lebensverbessernde Rituale in jeden Zyklus einbauen können (die Ihnen mehr Erfüllung bringen) und zwischen Arbeit und Ruhe wechseln können (dem Schlüssel für einen nachhaltigen rhythmischen Lebensstil).

Alltagsübung: Probieren Sie die folgenden Schritte aus, um Ihre Kraft einzuteilen:

- Ändern Sie die Häufigkeit, mit der Sie eine bestimmte Tätigkeit oder Aktivität in Ihrem Leben wiederholen. Wählen Sie einen angemessenen Rhythmus.
- Suchen Sie sich einen Aspekt Ihres Lebens aus und überlegen Sie sich Rhythmen, die den natürlichen Chronos-Zyklen folgen. (Für Anregungen siehe die Geschichte von Jaime und Yesinia.)
- Sprechen Sie mit denjenigen, mit denen Sie zusammenleben, über Ihr Lebenstempo.

Chronos-Strategie 2: Rituale einführen

11

Koordinierte Wiederholung schafft Zusammenhalt.

Burnout kommt nicht von harter Arbeit. Wenn wir das erreichen, was uns wichtig ist, gibt uns das Erfüllung. Sie werden Ihr Leben nicht verbessern, wenn Sie einfach nur Tempo herausnehmen und sich mehr Freizeit nehmen. Es kann sogar sein, dass so Ihr Leben nur langweilig oder bedeutungslos wird. Wenn Sie sich ausgebrannt fühlen oder unerfüllt, dann gibt es andere Faktoren, an denen Sie arbeiten sollten.

Wenn Sie Ihr Leben auf einen rhythmischen Ansatz umstellen, dann können Sie wirksame Strategien für ein besseres Leben einsetzen. Neben der Wahl eines geeigneten Taktes gibt es da die lebensverbessernden Rituale, die Ihnen mehr Erfüllung geben werden.

Das Einführen lebensverbessernder Rituale ist eine wirksame Strategie, sich in den Lauf der natürlichen Zyklen einzuklinken. Als Jaime und Yesinia Gonzalez anfingen, sich Zeit füreinander und ihre Familie zu nehmen, begannen sie, Ehe- und Familienrituale einzuführen. Diese Rituale veränderten tatsächlich ihr Leben, sodass sie mit weniger Stress und mehr Frieden und weniger Frust und mehr Freude leben konnten - und dabei auch noch effektiver waren.

Was ist ein Ritual? Je nach Ihrer Lebenswelt wird der Begriff „Ritual" eine Vielfalt an Assoziationen bei Ihnen hervorrufen. Mein Sohn David und seine Freundin denken sofort an die studentischen Begrüßungsrituale und die Lieder der studentischen Vereinigungen. Mein Sohn Jimmy dagegen, der für einen Sportradiosender arbeitet, erzählt Geschichten von schrägen Aufwärmübungen vor einem Spiel. Als Pastor denke ich an Taufe und Abendmahl. Soziologen erklären Rituale als *wiederholte Handlungen, die Sinnzusammenhänge ausdrücken*. Ehe- und Familienwebseiten listen Dutzende von Familienritualen auf, die Beziehungen vertiefen sollen.

In *Die Disziplin des Erfolgs* schreiben Jim Loehr und Tony Schwartz ein Kapitel mit dem Titel „Die Macht des positiven Rituals".[44] Ihre Forschung zeigt, wie Gewohnheiten Athleten helfen, beständig Hochleistung zu bringen. Für Loehr und Schwartz kann ein Ritual eine gesunde Angewohnheit sein, obwohl Soziologen dazu neigen, zwischen Gewohnheiten und

Ritualen zu unterscheiden, weil sie davon ausgehen, dass Rituale auf einen tieferen Sinn oder eine tiefere Bedeutung verweisen.

Rituale haben die Kraft, uns in jedem Lebensbereich zu helfen, gesteckte Ziele zu erreichen. Das können sowohl gemeinsame Ziele sein, sei es in einer Mannschaft, einer Gesellschaft oder einer Familie, wie auch persönliche Ziele. Um Rituale umfassend zu verstehen, denken Sie an ihren Einsatz in unterschiedlichsten Lebensbereichen.

In einigen Zusammenhängen bezeichnet ein Ritual einen vorgegebenen Ablauf in einer religiösen Zeremonie. Doch *Ritual* kann auch „wiederholtes, immer gleich bleibendes, regelmäßiges Vorgehen nach einer festgelegten Ordnung" bedeuten.[45]

Für manche sind die Begriffe *Ritual* und *Tradition* gleichbedeutend. Traditionen sind typische Verhaltensmuster, Vorgehensweisen oder Überzeugungen, die häufig über einen großen Zeitraum hinweg überliefert werden. Obwohl man durchaus Unterschiede zwischen Traditionen und Ritualen ausmachen kann, überschneiden sich beide Begriffe. Rituale wirken nicht immer so, als ob sie besonders viel mit Überzeugungen zu tun hätten, aber dahinter stehen doch oft tiefe Bedeutungen.

Der Soziologe William Doherty nennt drei Kennzeichen eines Rituals:

> „Rituale sind soziale Interaktionen, die sich wiederholen, abgesprochen sein müssen und eine Bedeutung haben. Dies ist die klassische anthropologische Definition, die auf [Arnold] van Genneps Arbeit aus dem Jahr 1908 zurückgeht. Rituale können in alltäglichen Interaktionen bestehen oder nur einmal im Jahr stattfinden, auf jeden Fall werden sie jedoch wiederholt. Genauso müssen sie abgesprochen sein: Sie müssen wissen, was in einem Ritual von Ihnen erwartet wird. Sie können kein gemeinsames Essensritual haben, wenn Sie nicht wissen, wann Sie zu erscheinen haben. Sie können auch nicht zusammen tanzen, wenn Sie nicht wissen, welchen Tanz Sie gemeinsam tanzen wollen. Sie werden in Ihrem Sexualleben nicht weit kommen, wenn Sie es nicht schaffen, gemeinsam zur selben Zeit am selben Ort zu sein. Und: Rituale wiederholen sich nicht nur und müssen abgesprochen sein, sie haben auch eine Bedeutung. Ein Ritual ist eine Handlung, die

für beide Seiten mit positiver Bedeutung gefüllt ist, die sie fühlen können."[46]

Die Zeitspanne ist nebensächlich, aber ein Ritual wird wiederholt, muss abgesprochen sein und hat eine Bedeutung. In diesem Fall denkt Doherty an Rituale, die mehr als eine Person einschließen. Persönliche Rituale müssen natürlich nicht abgesprochen werden.

Die persönliche Kraft von Ritualen

Im Gegensatz dazu definieren Loehr und Schwartz ein Ritual ganz einfach als eine Routine, eine wiederholte Handlung. Für sie sind positive Rituale „präzise und bewusst angeeignete Verhaltensweisen, die von einem tiefem Sinn motiviert werden und sich schließlich automatisieren."[47] Gewohnheiten können unsere Werte in Handlungen umsetzen und sie verkörpern. Für einen Sportler gilt: Übung macht den Meister.

Loehr und Schwartz weisen richtig darauf hin, dass Rituale umso konsequenter durchgezogen werden müssen, je höher die Anforderung ist, z. B. wenn Soldaten sich für einen Kriegseinsatz vorbereiten. Die Einheiten der US-Marines [Eliteeinheit des amerikanischen Militärs – *Anm. d. Übers.*] führen ihre Rituale bei ihren Rekruten ein, wenn sie noch im Teenageralter sind, damit sie später Extremsituationen aushalten. In diesem Sinne entsprechen Rituale dem, was Stephen Covey „Gewohnheiten" nennt.

Die soziale Kraft von Ritualen

Als soziale Wesen machen wir gerne Dinge gemeinsam wie feiern, trauern oder uns erinnern. Gemeinsame Unternehmungen stärken das Zusammengehörigkeitsgefühl in einer Gruppe. Rituale haben die Macht, eine gemeinsame Identität zu schaffen und Werte zu verstärken. In den Staaten geschieht das, wenn am Memorial Day mit Paraden an die Kriegsgefallenen gedacht wird oder sich Frauen einmal im Jahr zum Patchworkkränzchen zusammenfinden, aber genauso auch in einer römisch-katholischen Messe.

Weil Rituale so etwas Altes und Universelles sind, glauben manche Leute, dass sie ein besonderes Mittel seien, durch das wir unserem Unterbewusstsein begegnen können. Vielleicht berühren sie ein tiefes menschliches Bedürfnis. Nach Dr. John D. Friesen (Professor für Familienforschung im Fachbereich für Psychologische Beratung an der University of British Columbia) legen Studien nahe, dass Rituale das Nervensystem stimulieren.[48]

Rituale und Traditionen ermöglichen es Familien, Erinnerungen zu schaffen und eine kulturelle Identität mit ihren Werten an eine nachfolgende Generation weiterzugeben. Das Gleiche geschieht [in Amerika] auch mit dem Nationalgefühl, wenn die Menschen die Flagge grüßen, ihr Treuegelöbnis zum Land aufsagen oder zum Singen der Nationalhymne aufstehen. Rituale stärken die menschliche Gemeinschaft.

Die Kraft von Ritualen für Familien

Neben seiner Aufgabe als Professor hat William Doherty viele Bücher über den Wert von Ritualen für Familien und Ehen geschrieben. Als Autor von *The Intentional Family* (vgl. S. 18) unterstützte er die Gründung von *Family Life First*, „ein von der Basis her organisierter Verband, der das Anliegen hat, dass Zeit für die Familie wieder Vorrang erhält". *Parent News* interviewte ihn über seine Arbeit, in der er sich mit der Bedeutung von Ritualen für die Stärkung des Familienlebens beschäftigt.

> **Parent News:** In Ihren Arbeiten über die amerikanische Familie in der modernen Gesellschaft stellen Sie der Familie, die ihr Familienleben bewusst gestaltet, die verfallende Familie gegenüber. Sie erklären, dass die erste Art von Familie ein Zusammengehörigkeitsgefühl, Bedeutung und Miteinander schafft und erhält. Die verfallende Familie dagegen verliert ihr Zusammengehörigkeitsgefühl über die Jahre, weil sie nicht bewusst ihrem Miteinander und ihren Beziehungen untereinander Aufmerksamkeit schenkt. Welche Rolle spielen Rituale für eine Familie, die ihr Familienleben bewusst gestaltet?

William Doherty: Rituale sind entscheidend, um die beschäftigten modernen Familienmitglieder miteinander in Kontakt zu bringen. Ohne regelmäßige gemeinsame Zeiten als Familie, in denen man miteinander spricht, spielt oder etwas unternimmt, leben Familien sich auseinander. Familien werden von der Strömung auf dem Fluss abwärts getrieben, solange sie nicht nach dem Paddel greifen.[49]

Doherty betont, dass Rituale besonders für Jugendliche wichtig sind, die – wie Umfragen zeigen – besonderen Wert auf gemeinsame Zeit als Familie legen. Ohne diese Zeiten besteht die Gefahr, dass Teenager sich völlig vom Rest der Familie abkoppeln.

Auch bei anderen zerstörerischen Problemen, die auf Familien zukommen, können Rituale eine Schutzfunktion haben. Wenn z. B. ein Familienmitglied Alkoholiker ist, so können bewusst geplante und eingehaltene Familienrituale, besonders das gemeinsame Essen, die Kinder davor schützen, das Verhaltensmuster des Alkoholikers zu übernehmen. Patienten mit chronischen Schmerzen erzählen, dass sie mit ihrem Familienleben zufriedener waren, wenn der Tagesablauf vorhersehbare und organisierte Tätigkeiten enthielt. Bei Kindern mit Asthma sinkt die Wahrscheinlichkeit von Angstsymptomen, wenn ihre Familie sinnvolle Rituale praktiziert.[50]

Ein überzeugender Artikel im *Journal of Family Psychology* der American Psychological Association verdeutlicht die entscheidende Bedeutung von Ritualen für Gesundheit und Wohlergehen von Familien, die Arbeits- und Privatleben in der heutigen hektischen, stressigen Welt unter einen Hut bekommen müssen. Rituale sorgen für Stabilität in Zeiten von Stress und Veränderung. Sie stehen in Zusammenhang mit Zufriedenheit, persönlicher Identität bei Jugendlichen, Gesundheit bei Kindern, Erfolg im Studium und stärkeren Beziehungen innerhalb der Familie. Kinder sind in den ersten Jahren gesünder und haben ihr Verhalten besser im Griff, wenn es in ihrer Familie feste Abläufe gibt. So gehen z. B. Kinder mit einer festen Schlafenszeit früher ins Bett und wachen die Nacht über seltener auf als Kinder ohne feste Schlafenszeit.

Gemeinsame Mahlzeiten sind nicht immer leicht einzuhalten, aber sie helfen doch ungemein, einander besser kennenzulernen. Das wiederum führt zu einer besseren Erziehung, gesünderen Kindern und besseren schulischen Leistungen. Doch in einer nicht rhythmischen Welt verschwinden diese einfachen Rituale zunehmend.

Was macht ein Familienritual aus? Trotz Unterschieden in sozialer Herkunft, Volkszugehörigkeit und Religion gibt es Rituale in allen Familien. William Doherty betont, dass ein Familienritual aus drei Bestandteilen besteht:

1. *Besonderer Sinn oder Bedeutung*. Das können ganz kleine Dinge sein: den ersten Schnee feiern, indem man zusammen einen Schneemann baut, gemeinsam den Comic in der Tageszeitung lesen oder als Vater samstagmorgens mit der Familie beim Bäcker frühstücken, sodass die Mutter ausschlafen kann. Dabei geht es weniger um den Aufwand an Zeit und Geld als das Gefühl, etwas Besonderes zu sein oder zusammen Spaß zu haben.
2. *Wiederholung*. Natürlich ist es toll, auch einmalig etwas gemeinsam zu tun, aber ein Ritual wird es erst, wenn es immer wieder wiederholt wird und die Familie die Möglichkeit hat, sich auf das Ereignis zu freuen. Vorfreude und schöne Erinnerungen im Nachhinein tragen beide zum Wert von Familientraditionen bei.
3. *Organisation*. Damit eine Aktivität ein echtes Ritual ist, müssen Menschen bewusst daran teilnehmen. Irgendjemand muss dafür sorgen, dass es geschieht. Idealerweise übernehmen unterschiedliche Familienmitglieder die Federführung für unterschiedliche Rituale, jedenfalls muss sich jemand verantwortlich fühlen und das Ereignis zustande kommen lassen.[51]

Wir können drei unterschiedliche Arten von Familienritualen unterscheiden:

- Ferien und Übergangsriten (die einen religiösen, kulturellen oder ethnischen Hintergrund haben),
- Traditionen, die den Wert der eigenen Familie ausdrücken (die evtl. auf vorangehende Generationen zurückgehen),
- Gewohnheiten, die das besondere Zusammenspiel in der Familie widerspiegeln und oft nur kurz dauern.

Nun wollen wir auf unser Wissen über Chronos-Zyklen zurückgreifen, um die Strategie der Rituale konkret und praktisch anzuwenden. Nutzen Sie Ihr Verständnis von den Abläufen der einzelnen Zyklen und führen Sie Ihre eigenen Rituale ein, sei es in Ihrer Familie oder am Arbeitsplatz.

Eherituale

In seinem Referat auf der Smart Marriage Conference in Denver erklärte William Doherty Eherituale folgendermaßen:

> Ich unterscheide bei Eheritualen zwischen Beziehungs-, Intimitäts- und Gemeinschaftsritualen. Zu Beziehungsritualen zählen die Verabschiedung am Morgen, die Begrüßung am Abend und das gemeinsame Ausgehen auf einen Kaffee, um sich zu unterhalten. Ich sprach mit einer Frau, die erzählte, dass sie und ihr Mann einander beim Abschied immer sagen „Ich liebe dich", weil sie nie wissen, ob sie einander wiedersehen. Auch gemeinsames Arbeiten im Garten kann ein Beziehungsritual sein. (…)
>
> Zu Intimitätsritualen zählen Verabredungen, bei denen Sie ausgehen, um besondere Zeit miteinander zu haben, Muster der sexuellen Begegnung sowie besondere Anlässe wie Geburtstage oder Valentinstag. Übrigens denke ich, dass Hochzeitstage zu den am wenigsten bewusst gefeierten Ritualen in amerikanischen Familien gehören. Wenn Sie Leute auf Ihre Hochzeitstage ansprechen, dann gestehen die meisten kleinlaut, dass sie wenig daraus machen. Ehejubiläen haben das so in sich, dass sie auf Tage wie Dienstag fallen, wo der Rest der Welt nichts von ihnen weiß und an denen Veranstaltungen für die Kinder anstehen. Aber Hochzeitstage sind die Geburtstage unserer Ehe! Und wir neigen dazu, sie ohne Ritual verstreichen zu lassen …
>
> (…) Wenn wir an unseren Ritualen festhalten, kann das der Klebstoff sein, der uns in Stress- und Krisenzeiten hilft, beieinander zu bleiben.[52]

Genauso wie persönliche, soziale und familiäre Rituale wiederholen sich Eherituale und haben eine besondere Bedeutung oder einen besonderen

Wert in sich. Weil sie sich wiederholen, ist es einfach, sie in die Chronos-Zyklen einzubinden.

Anbetungsrituale

Christen mit einem Sinn für Liturgie profitieren schon lange von dem jährlichen Rhythmus, der sich am Kirchenjahr orientiert. Über Jahrhunderte hinweg entstandene Perikopenordnungen bieten Lieder, Lesungen und Gebete in einem absehbaren Zyklus zur geistlichen Erneuerung. In neuerer Zeit greifen christliche Jugendliche abseits von Denominationsgrenzen auf Gewohnheiten der alten Kirche zurück, Liturgie und Perikopenlesungen inbegriffen.

Schon in den ersten nachchristlichen Jahrhunderten und dann verstärkt im Mittelalter entstanden in den klösterlichen Lebensgemeinschaften tägliche und wöchentliche Rituale für die geistliche Gesundheit. Stundengebete, ein rhythmischer Wechsel von Arbeit und Anbetung, persönliches und gemeinsames Gebet und Zeiten der Meditation strukturierten das Leben in den Klöstern. Heute kommt ein „neues Mönchtum" auf, das die Vorteile der klösterlichen Rituale betont, auch unabhängig vom Leben in einem Kloster.

Lebensverbessernde Rituale in längeren Chronos-Zyklen

Rituale können für längere oder kürzere Zyklen in Betracht gezogen werden.

Geburts- und Hochzeitstage

Anlässe wie Feiertage und Geburtstage liegen auf der Hand, um im Laufe eines Jahres sinnstiftende Rituale einzuführen. Obwohl wir wissen, dass diese Tage kommen werden, werden viele von uns von Geburts- und Feiertagen überrascht. Männer sind dafür berüchtigt. Viele von uns denken nicht groß an Geburts- und Hochzeitstage, bis sie kurz bevorstehen – wenn wir überhaupt an sie denken.

Mein größter Fauxpas liegt nun schon einige Jahre zurück, aber mein Magen zieht sich noch immer zusammen, wenn ich mich daran erinnere: Mein Hochzeitstag ist am 2. Juli und Tamaras Geburtstag am 6. Juli. In dem Jahr vergaß ich *beides!* Es war schrecklich und dieses Jahr holt mich immer wieder ein. Ich hoffe, dass ein rhythmischer Lebensansatz mich davor bewahrt, diesen Fehler jemals zu wiederholen!

Tamara und ich haben fünf Kinder. Ihren ganzen Geburtstag über dürfen sie von dem Teller mit dem Aufdruck essen: „Du bist der Größte". Für diesen Festtag nehmen wir den Teller von der Küchenwand ab, um die Kinder an ihrem Geburtstag zu feiern. Unabhängig davon, in was für einer Art von Familie Sie leben, können auch Sie sich kreative Familientraditionen ausdenken. Es ist nie zu spät, damit anzufangen.

Wir sollten uns wirklich viel mehr Gedanken darüber machen, wie wir besondere Anlässe gestalten und feiern können. Unsere Überlegungen drücken unsere Liebe aus und das Ritual verkörpert Werte. So bauen wir an unseren Beziehungen.

Feiertage

„Zu wessen Familie fahren wir?" Wenn Sie Konflikte mögen, dann machen Sie sich den Spaß und stellen Sie diese Frage vor Feiertagen. Mehr als genug Ehepaare streiten sich Jahr für Jahr, mit wessen Familie sie Thanksgiving und Weihnachten feiern. Aber es muss nicht so sein.

Feiertage können stressfreier sein, wenn es einen jährlichen Zyklus gibt, der weit im Voraus bedacht wurde. In Ehevorbereitungskursen helfe ich verlobten Paaren zu durchdenken, wie sie Feiertage mit ihren neuen Schwiegereltern feiern wollen. Wenn Sie damit warten, bis die Ferien vor der Tür stehen, kann es sein, dass Sie von Stress und Anspannung überwältigt werden. Dann können die Gefühle mit einem durchgehen. Schmieden Sie im Voraus einen Plan, wen Sie das Jahr über an welchem Feiertag besuchen wollen. Führen Sie Ihre eigenen Rituale ein und kommunizieren Sie Ihre Pläne weit im Voraus.

Der eigene Lebensabschnitt ist von Bedeutung. Rituale bleiben nicht für immer. Als unsere Kinder klein waren, fuhren wir jahrelang am Unabhängigkeitstag zum örtlichen Feuerwerk. Als sie dann in die Teenagerjahre kamen, veränderten wir die Tradition und kauften unsere eigenen Feuerwerkskörper. Wir fuhren gemeinsam an einen sicheren Ort und jagten sie dort in die Luft. (Natürlich können Sie das nicht machen, wenn Feuerwerkskörper in Ihrem Staat verboten sind.) Heute sind alle unsere Kinder erwachsen und es gibt bei uns gar kein eigenes Feuerwerk mehr. Wir schauen es uns einfach im Fernsehen an.

Solange unsere Kinder noch keinen eigenen Führerschein hatten, fuhren wir jedes Jahr am Labor Day[53] mit der ganzen Familie zum Sandy Lake Park, einem günstigen Freizeitpark mit großem Schwimmbecken. Wir genossen den Tag in vollen Zügen, mit Picknick und allem Drum und Dran. Für mindestens ein Jahrzehnt war das ein Familienritual. Doch irgendwann war es vorbei.

In den Wochen vor Weihnachten war es in unserer Familie üblich, Kerzen am Adventskranz anzuzünden. Zu jeder Kerze gab es eine dazugehörige biblische Geschichte und ein Adventslied. Jede Woche durfte ein anderes Kind die Kerze anstecken. Das war ein großes Ereignis. Jetzt warten wir darauf, dass wir das Ritual eines Tages mit unseren Enkelkindern wieder aufleben lassen können. Einige Familien fahren durch die Gegend, schauen sich die Weihnachtsbeleuchtung an und trinken Eierpunsch. Bei Ritualen ist es die Wiederholung, die für eine Erinnerung sorgt und den Wert besiegelt.

Bei uns war es immer üblich, dass die Geschenke am Weihnachtsmorgen geöffnet wurden. Um mit dem Materialismus zu brechen, haben wir letztes Weihnachtsfest ein neues Ritual begonnen, indem wir uns am Weihnachtsbaum versammelt haben, um gemeinsam zu beten und uns daran zu erinnern, wen wir feiern und warum. Die Geschenke sind eine Form, um die Menschwerdung Jesu zu feiern.

Am Memorial Day haben wir mit einem neuen Ritual begonnen. Wir besuchten eine Gedenkfeier an unserem alten Friedhof am Ort, auf dem Veteranen verschiedener Kriege beigesetzt sind. Für meinen Vater, einen Exmarine, ist der Memorial Day ein wichtiger Tag, den er auf seine Weise mit eigenen Gewohnheiten begeht. Zum einen hat er beschlossen, am Memorial Day nicht einzukaufen, weil der Tag nicht zum Shoppen eingerichtet wurde. Stattdessen hisst er auf seiner Veranda die Fahnen der USA und der US-Marines. Den Tag verbringt er auf seinem Sofa und ruft alte Kameraden von den Marines an. Später am Tag sucht er dann den örtlichen Veteranenfriedhof auf und legt einzelne rote Rosen mit einem Band der Marines auf die Gräber seiner gefallenen Kameraden, die er teilweise selbst gekannt hat. „Das sind die Leute, die ich nicht vom Sofa aus erreichen konnte“, sagt er dazu. An jedem Grab spricht er ein Gebet um Kraft für die zurückgebliebenen Familien dieser mutigen Männer, die ihr Leben für ihr Land gegeben haben.

Essensrituale

Ich liebe Essen. Rund ums Essen gibt es immer viele Traditionen. Natürlich ist da der Truthahn für Thanksgiving, aber man könnte noch viel mehr Gewohnheiten anführen. Tamara kocht an Heiligabend fast immer Tortillasuppe. An Weihnachten gibt es immer Nussbrot nach einem alten Familienrezept. Einige unserer Freunde ziehen es vor, besondere Anlässe in einem guten Restaurant zu feiern.

Auch am Arbeitsplatz kann Essen ein Brauch sein. Einige Firmen veranstalten als Höhepunkt einmal im Jahr ein gemeinsames Picknick. Selbst am Arbeitsplatz ist es durchaus üblich, Geburtstage mit Eis oder Kuchen zu feiern. Es ist eine tolle Sache, wenn eine Abteilung oder ein Team das Erreichen oder Übertreffen eines Ziels mit einem gemeinsamen Essen feiert. Werden Sie kreativ, was Essensrituale betrifft.

Camping

Bei allem geht es darum, Rituale zu entwickeln, die Ihnen helfen, Ihren Auftrag auszuführen. Zu meinem Auftrag gehört es, ein guter Vater zu sein. Als meine Kinder klein waren, kauften wir eine Campingausrüstung. Da unsere finanziellen Möglichkeiten begrenzt waren, verbrachten wir häufig Teile der Ferien mit Zelten in den Nationalparks der verschiedenen US-Staaten. Im Rückblick gesehen war das ein riesiger Segen; ohne Ablenkung verbrachten wir unglaublich viel Zeit zusammen und hatten jede Menge Spaß. Wir haben viele tolle Erinnerungen an unsere Campingabenteuer und können eine Menge lustiger Geschichten erzählen.

Meine Kinder erzählen z. B. die Geschichte, als ich die Familie in die Berge von New Mexico führte, noch außerhalb des Ortes Red River. In der Nacht wurde es richtig kalt. Die Kinder schliefen im Auto zusammen mit unserem schwarzen Labrador Retriever. Am Morgen waren die Autotüren zugefroren. Obwohl ich noch bleiben wollte, wurde ich überstimmt. Die nächste Nacht schliefen wir in einem beheizten Bungalow im Ort.

Als die Kinder dann älter wurden und Ferienjobs annehmen konnten, wurde es zunehmend schwierig, einen Familienurlaub mit allen zusammen zu planen. Doch das gehört zum natürlichen Lauf des Lebens. Kinder werden älter. Darum nutzen Sie, wenn nur irgend möglich, die Zeit für den Familienurlaub, solange die Kinder noch unter Ihrem Dach wohnen.

„Das Programm"

In unserer Verwandtschaft gibt es eine tolle und ungewöhnliche Thanksgiving-Tradition. Tanten, Onkel, Cousins und Cousinen und dazu viele angeheiratete Familienmitglieder treffen sich seit rund 100 Jahren jedes Jahr in Texas. Nicht selten kommen 50 oder 75 Leute zusammen. Vor rund einem Jahrhundert führte eine der prägenden Frauen der Familie „das Programm" ein. Dabei trägt jedes Kind etwas bei, angefangen von den ganz Kleinen bis hin zu den älteren Teenagern. Sie führen etwas vor, tragen ein Gedicht vor oder denken sich etwas Besonderes für die ganze Familie aus. Die Kleinen sind mit Begeisterung dabei, aber die älteren Kinder hassen es. Jedes Jahr werden die Eltern ganz aufgeregt, wenn sie sich überlegen, was ihre Kinder beitragen könnten. Ich war froh, als ich dann endlich mit der Schule fertig war und mich an Thanksgiving um „das Programm" drücken konnte. Aber natürlich müssen meine Kinder mitmachen!

Zwischen Weihnachten und Neujahr veranstaltet die eine Familie ein Gesellschaftsspielturnier, die nächste Familie kommt für einen Videomarathon zusammen und wieder eine andere puzzelt gemeinsam an einem riesigen Puzzle mit vielen Teilen. Denken Sie sich etwas Eigenes aus und beginnen Sie mit Familientraditionen, an die man sich gerne erinnert.

Persönliche Rituale

Um mich als Person weiterzuentwickeln, ziehe ich mich drei Tage im Jahr in das Ferienhaus eines Freundes an einem See zurück. Das sind meine persönlichen geistlichen Einkehrtage, eine Zeit des Gebets, Fastens, Nachdenkens und der Vorausschau. Außerdem nutze ich in den meisten Jahren die Gelegenheit, um auf einer gerade angebotenen Fortbildung meine Fähigkeiten weiterzuentwickeln und mein Wissen zu erweitern. Am Labor-Day-Wochenende ziehe ich mit zwei meiner besten Freunde, Mike und Bart, auf eine Tour in die Colorado Rocky Mountains.

Von anderen weiß ich, dass sie sich ein größeres Vorhaben für jedes Jahr aussuchen. Viele Leute pilgern einmal im Jahr zu einem großen Sportereignis: der Grand Prix [Schwimmen], die World Series [Baseball], der Super Bowl [Football] oder die Indy 500 [Autorennen; in Deutschland wären das z. B. die Bundesliga, die Formel 1, die DTM oder – meist jenseits der Grenze – die Tour de France; *Anm. d. Übers.*].[54] Andere pflegen ein Ritual im Unterhaltungsbereich: Sie besuchen ein Konzert, ein Festival oder eine Show, die alljährlich stattfindet. Der Wechsel der Jahreszeiten bringt jeweils andere Rituale mit sich. So kann im Spätjahr der bunte Herbstwald in New England bewundert werden, im Frühling dagegen die Wildblumen oder die Wale an der Pazifikküste. Wieder andere Leute machen bei Wettkämpfen mit, was nicht nur ein Ritual an sich ist, sondern gewöhnlich viele kleinere Rituale nach sich zieht.

Wenn Sie Rituale in Ihren jährlichen Zyklus einbauen, werden Sie mehr Frieden, Freude und Erfüllung erleben, weil Sie Ihre Berufung im Einklang mit der Funktionsweise unserer Welt leben. Diese Zyklen existieren, ob Sie sie beachten oder nicht. Aber wenn Sie sich auf sie einstellen, werden Sie Stress und die Gefahr des Ausbrennens reduzieren, sich entspannen und das Leben besser genießen können.

Lebensverbessernde Rituale in kürzeren Chronos-Zyklen

Auch in die kürzeren Zyklen (Monate, Wochen und Tage) lassen sich jede Menge lebensverbessernde Rituale einbauen, die Ihnen dabei helfen, wesentlicher zu leben. Mit festen Ritualen müssen wir weniger Anschubenergie aufbringen, sodass wir frei sind, unsere Energie gezielt auf kreative, sinnvolle Weise einzusetzen.[55]

Wenn wir klein sind, muss man uns beibringen, dass wir uns die Zähne putzen. Einige von uns haben sich gegen das Ritual gewehrt und mussten immer wieder daran erinnert werden. Doch als Erwachsene ist uns das

Zähneputzen inzwischen so sehr in Fleisch und Blut übergegangen, dass wir es im Halbschlaf tun können und selten vergessen. Die Erinnerung ans Zähneputzen kostet uns kaum Energie, weil es zum Ritual geworden ist. Ritualisiertes Verhalten spart mentale Energie und Willenskraft für andere Aufgaben.

Monatsrituale

Nehmen wir nun den Mondzyklus: Stellen Sie sich monatliche Rituale vor, die Ihr Leben verbessern können. Könnten Sie vielleicht einen monatlichen Besuch bei Ihren Großeltern einrichten, der Ihnen helfen würde, einen Teil Ihres Lebensauftrages zu erfüllen? Könnten Sie ein Ritual für Ihr physisches oder geistiges Wohlergehen einführen, das sie kräftigt, aufbaut oder erfrischt? Vielleicht möchten Sie einmal im Monat für einen Spaziergang an einen See fahren, einen Park besuchen oder wandern gehen?
In einem Jahr hatte ich mir das Ritual angewöhnt, Tamara einmal im Monat ein Geschenk zu machen. Jeden Monat überlegte ich mir ein anderes kleines Geschenk: Blumen, Schokolade, ein Schaumbad usw. Sie freute sich darüber. Leider ist diese Gewohnheit untergegangen und ich muss sie wieder neu aufleben lassen.

Wenn Sie kleine Kinder haben, dann wissen Sie, dass sie Rituale zu schätzen wissen. Sie lieben die Vorfreude auf Ereignisse, auf die sie sich verlassen können. Als Vater oder Mutter können Sie monatliche Rituale einführen, die Freude in das Leben Ihrer Kinder bringen und Ihre Beziehung zu Ihnen vertiefen. Bei manchen Familien gibt es einmal im Monat am Samstag Pfannkuchen zum Frühstück, andere haben einen Spiele- oder Filmabend. Wieder andere besuchen einmal im Monat den Wochenmarkt oder stöbern auf einem Flohmarkt.

Stellen Sie sich vor, wie ein monatliches Ritual die Beziehungen innerhalb Ihrer Verwandtschaft vertiefen könnte. Wenn Ihre Verwandten in der Nähe wohnen, könnten Sie vielleicht ein gemeinsames Mittagessen einführen. Wenn sie dafür zu weit weg wohnen, könnten Sie stattdessen eine monatliche Telefonkonferenz ins Leben rufen.

Sie können in Ihrem privaten und beruflichen Leben gesunde Rituale einführen, die Ihr Leben verbessern. Auf der Arbeit könnten Sie sich jeden Monat persönlich mit jeder Person in Ihrem Team unterhalten. Und zu Hause geben Sie sich einen Ruck und ordnen einmal im Monat Ihre finanziellen Angelegenheiten oder führen ein Staubwischritual ein - *ein* monatliches Projekt für Zuhause.

Wochenrituale

Ein großer Teil der Woche wird uns schon von anderen vorgegeben; Ihr Arbeitgeber verlangt von Ihnen, dass Sie gewisse Stunden an Ihrem Arbeitsplatz verbringen, oder Sie arbeiten in dieser Zeit von zu Hause aus. Als Mutter müssen Sie zu bestimmten Stunden für Ihre Kinder da sein. Aber welche Entscheidungen treffen Sie für Ihre frei verfügbare Zeit, die Abende und Wochenenden?

Welche kreativen wöchentlichen Rituale könnten Sie einrichten, um Ihren Alltag effektiver und erfolgreicher zu gestalten? Was könnten Sie z. B. tun, damit Sie Ihren Platz als Familienmitglied wahrnehmen? Was könnten Sie für Ihre Beziehung zu Gott tun? Der wöchentliche Gottesdienstbesuch nimmt in den Vereinigten Staaten ab, aber es ist ein Ritual, das wir nicht verlieren sollten. Manche Paare gehen einmal die Woche miteinander aus, besonders wenn die Kinder im Schulalter sind.

Vieles läuft in unserem Leben nach einem wöchentlichen Rhythmus. Aber ist es ein Unterschied, ob wir passiv durch den Wochenrhythmus stolpern oder gezielt Rituale einbauen, die unsere Lebensqualität verbessern.

Tagesrituale

Begrüßungsrituale gibt es an jedem Tag. Als frisch verheiratetes Paar kauften wir uns einen schwarzen Labrador, den wir Glory nannten. Wenn ich von der Arbeit kam, stürzte Glory zur Tür, ihr Schwanz wedelte, ihre Augen schauten mich erwartungsvoll an und strahlten Dankbarkeit aus, dass ich wieder zu Hause war. Tamaras Begrüßung war nicht ganz so überschwänglich und eines Tages machte ich eine Bemerkung darüber. Am nächsten Tag beschloss Tamara, vor Glory an der Tür zu sein und sie an Begeisterung zu übertreffen. Wir lachen heute darüber. Aber wir nehmen uns immer noch die Zeit, um uns voneinander zu verabschieden, wenn wir für einige Stunden auseinandergehen, und um uns zu begrüßen, wenn wir uns wieder treffen. Ein einfacher Kuss und ein „Ich hab dich lieb" können über Tausende von Tagen ein mächtiges Ritual sein.

In Ritualen steckt eine große Kraft für unseren Tagesablauf. Wenn Sie z. B. als guter Bürger auf dem aktuellen Stand der internationalen politischen Entwicklungen sein wollen, dann richten Sie es ein, dass Sie täglich im Internet die internationalen Politiknachrichten lesen. Planen Sie Rituale in Ihren Tagesablauf ein. Wie wollen Sie täglich Gott begegnen, Ihrem Ehepartner, Ihren Kindern?

Weil wir täglich essen, kann Essen und Trinken eine Hilfe sein, um tägliche Rituale zu planen. Meine Frau und ich trinken jeden Morgen gemeinsam eine Tasse Kaffee. Meistens essen wir auch zusammen zu Abend.

Sportliche Übungen lassen sich ebenfalls gut in den täglichen Zyklus einbauen, sei es in Form eines Spaziergangs, eines Besuchs im Fitnessstudio oder Gymnastik. Gebet, Andacht und Bibellesen sind ebenfalls gute tägliche Rituale.

Es ist wichtig, Rituale in unseren Tagesablauf einzuplanen, aber genauso sollten wir die längeren Zyklen im Blick behalten. Wir können leicht Tage überfrachten, wenn das alte „Balance-Monster" uns einredet, dass wir jetzt und sofort allen Lebensbereichen gerecht werden müssen. Wenn Sie versuchen, jeden Tag ausgewogen zu leben, dann werden Sie verrückt. Obwohl tägliche Rituale wertvoll sind, dürfen und sollten sich Ihre Tage voneinander unterscheiden. An einem Tag haben Sie frei; an einem anderen Tag müssen Sie fünfzehn Stunden am Stück arbeiten, um ein größeres Problem zu lösen; wieder an einem anderen Tag sind Sie auf einer Fortbildung. Nicht jeder Tag ist gleich. So können tägliche Rituale an den meisten Tagen vorkommen, aber nicht an allen.

Das Einführen von Ritualen ist eine Rhythmus-Schlüsselstrategie, um ein besseres Leben führen zu können. Rituale steigern Ihre persönliche Leistung und vertiefen die Beziehungen in Ihrer Familie oder Ihrem Team. Rituale in längeren Zeiträumen werden zu Traditionen, Rituale in kürzeren Abständen werden zu Gewohnheiten. Rituale werden Ihrem Leben mehr Erfüllung geben, mit weniger Burnout und mehr Erfolg in Bereichen, auf die es wirklich ankommt.

Alltagsübung: Überlegen Sie sich mindestens ein Ritual, das Ihrem Leben mehr Qualität verleihen könnte. Bauen Sie es in einen der fünf Chronos-Zyklen ein.

12

Chronos-Strategie 3: Wechseln zwischen Arbeit und Ruhe

Stress ist nicht schlecht. Permanenter Stress ist schlecht. Ruhezeiten sind keine Zeitverschwendung. Zu viele Ruhezeiten sind Zeitverschwendung.
Matthew Kelly, *The Rhythm of Life*

Alles, was auf der Erde geschieht, hat seine von Gott bestimmte Zeit:
(…) niederreißen und aufbauen,
weinen und lachen (…),
zerreißen und zusammennähen.
Prediger 3,1.3-4.7

Roger, der ausgebrannte Professor, hätte möglicherweise sein Burnout vermieden, wenn er den Wechsel zwischen Arbeit und Ruhe praktiziert hätte. Er hatte keine Augen für die Zyklen in seinem Dienst. Das Leben ist kein Marathon, sondern eine Aneinanderreihung von Sprints und Pausen. Wenn wir versuchen, eine gleichmäßige Geschwindigkeit einzuhalten, erhöhen wir unseren Stresslevel mehr und mehr. Der Mensch ist einfach nicht geschaffen, um so zu leben.

Selbst von Menschen entwickelte Maschinen funktionieren am besten in Zyklen. Wir bringen unsere Autos in die Werkstatt zur vorgesehenen Inspektion (oder wir wissen, dass wir es eigentlich tun sollten). Einmal im Jahr oder alle 15.000 Kilometer machen wir einen Ölwechsel. In Texas tauschen wir einmal im Monat die Filter in unserer Klimaanlage aus. Und trotzdem begreifen wir nicht, dass unsere menschlichen Arbeitszyklen genauso funktionieren: Wir brauchen regelmäßig Ruhe, Zeit zum Auftanken und zur Erholung!

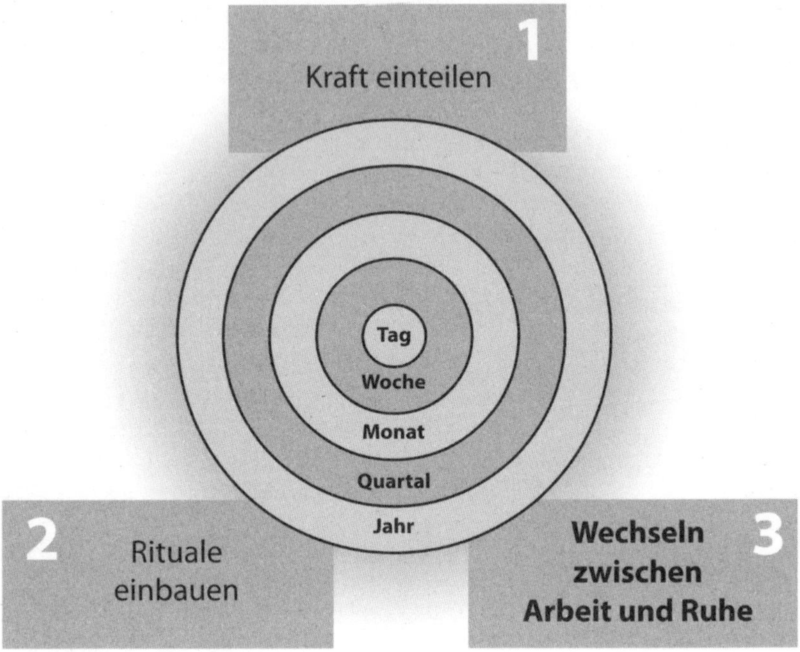

Jesus als Vorbild

Jesus fordert uns auf, uns selbst zu verleugnen, alles zurückzulassen und ihm zu folgen. Aber wenn er uns auch lehrt, unser Kreuz auf uns zu nehmen, so sagt er doch ebenfalls: „Kommt zu mir, ihr alle, die ihr euch abmüht und belastet seid! Bei mir werdet ihr Ruhe finden. Nehmt das Joch auf euch, das ich euch gebe. Lernt von mir: Ich meine es gut mit euch und sehe auf niemanden herab. Dann wird eure Seele Ruhe finden. Denn mein Joch ist leicht. Und was ich euch zu tragen gebe, ist keine Last“ (Mt 11,28-30; Basisbibel).

Wie kann beides stimmen? Wie können wir unser Kreuz auf uns nehmen und gleichzeitig ein *leichtes* Joch auf uns nehmen? Jedenfalls nicht, indem wir versuchen, beides in Balance zu bringen. Es macht wesentlich mehr Sinn, wenn wir das Tragen des Kreuzes und des leichten Joches als etwas verstehen, das *nach*einander geschieht, in verschiedenen Phasen unseres Lebens.

Die Bibel ruft uns dazu auf, am Sabbat zu ruhen *und* zu opfern. Wir sollen zu gewisser Zeit die Arbeit unterbrechen und zu anderer Zeit opferbereit arbeiten. Wir sollen Zeit zur Erholung reservieren *und* Risiken für Gott auf uns nehmen. Wir sind dazu aufgerufen, Maria *und* Martha zu sein, alles zu seiner Zeit (vgl. Lk 10,38-42): Wir sitzen zu Jesu Füßen, um zu lernen, und wir üben Gastfreundschaft, indem wir „die Füße waschen" und dienen (vgl. Joh 13). Ruhe und Arbeit müssen nicht in Balance gehalten werden, sondern langfristig im richtigen Rhythmus geschehen. Wir sollen fasten und feiern, aber nicht gleichzeitig![56]

Jesu eigenes Leben war nicht ausgeglichen, sondern rhythmisch. Er wuchs in seinem Elternhaus auf, um dann als alleinstehender Mann als Zimmermann zu arbeiten. Mit dreißig Jahren begann er einen dreijährigen Dienst als Wanderprediger mit einer wachsenden Zahl von Anhängern. Während seines Dienstes arbeitete er an manchen Tagen sehr lange. Selbst wenn seine Jünger die Menge wegschicken wollten, ließ er es nicht zu, sondern trug seinen Jüngern auf, sie mit Essen zu versorgen (Mk 6,37). An anderen Tagen schickte er die Menge weg, damit er auf einem Berg allein sein konnte (Mt 14,23). Wenigstens in einer Nacht blieb er die ganze Nacht über wach, um zu beten (Lk 6,12). Bei anderer Gelegenheit stand er vor Sonnenaufgang zum Gebet auf (Mk 1,35). Dann, als „seine Stunde" kam, lebte er die letzte Woche seines Lebens „mit Volldampf".

Wo ist da die Balance? Mir fällt keine einzige gottesfürchtige Person in der Bibel ein, die ein ausgeglichenes Leben führte.[57] Jesus pendelte zwischen Stoßzeiten und Erholungsphasen.

Der Arbeit-Ruhe-Wechsel erlaubt ganzen Einsatz

Die Rhythmusstrategie eines Wechselspiels von Arbeit und Ruhe entspricht den Einsichten von Jim Loehr und Tony Schwartz, die sie als Berater für Weltklasse-Athleten und führende Wirtschaftsunternehmen weitergegeben haben. In ihrem Buch *Die Disziplin des Erfolgs* erklären sie, welche Kraft in einem solchen Wechsel liegt. Der Prozess des Muskelaufbaus dient dabei als Vergleich für die Lebensgestaltung.

> Stress ist nicht der Feind unseres Lebens, als der er häufig dargestellt wird. Stress ist vielmehr der Schlüssel zum Wachstum. Wenn wir einen Muskel stärken wollen, müssen wir ihn systematisch belasten und über das normale Maß hinaus Energie verbrauchen. Das bewirkt buchstäblich mikroskopische Risse in den Muskelfasern. Zum Ende einer Trainingseinheit reduziert sich die Funktionsfähigkeit der Muskeln. Aber wenn wir ihnen 24 bis 48 Stunden Erholung gönnen, werden sie kräftiger und können die nächste Bewährungsprobe besser bestehen. ... Diese Einsicht vereinfacht und revolutioniert zugleich die Art, wie wir mit den Hindernissen umgehen, die sich uns in den Weg stellen.[58]

Wir brauchen Stress, um zu wachsen. Wir müssen uns über das normale Maß hinaus fordern, um unser Leistungsvermögen steigern zu können. „Ein reiches, glückliches und produktives Leben zeichnet sich durch die Fähigkeit aus, sich mit vollem Einsatz der jeweils aktuellen Aufgabe zu widmen – sich regelmäßig zu entspannen und die eigenen Kräfte zu erneuern."[59]

Was ist mit diesem Wechsel zwischen Arbeit und Ruhe gemeint? Loehr und Schwartz erklären es so: „die rhythmische Bewegung zwischen Energie aufwenden (Stress) und neuer Energie schöpfen (Erholung)."[60] Um den Stress zu verringern und die Freude zu steigern, brauchen wir geeignete Zyklen von Arbeits- und Ruhephasen.

Wir brauchen nicht nur Ruhe, sondern beides, Ruhe und Arbeit, Hochdruck und Entspannung. „Chronischer Stress ohne Erholung und chronische Erholung ohne Stress bewirken jeweils eine Reduzierung der Kapazität. Im Sport werden diese Phänomene als Über- und Unterbeanspruchung bezeichnet."[61] Was ist das Gegenteil von Oszillation? Linearität, Gleichförmigkeit. „Linearität ist übermäßiger Stress ohne Erholung oder übermäßige Erholung ohne ausreichend Stress."[62] Das ist kein gutes Leben. Auf Grundlage ihrer Beobachtungen stellen Loehr und Schwartz fest: „Die meisten von uns sind physisch und spirituell untertrainiert (nicht genug Stress) und mental und emotional übertrainiert (nicht genug Erholung)."[63] Wir brauchen beides, Stress und Erholung.

Der Psychologe Mihaly Csikszentmihalyi, Autor des Buches *Flow: Das Geheimnis des Glücks,* schreibt: „Die besten Momente ereignen sich gewöhnlich, wenn Körper und Seele eines Menschen bis an die Grenzen angespannt sind, in dem freiwilligen Bemühen, etwas Schwieriges und etwas Wertvolles zu erreichen."[64] Kosten Sie diese Zeit aus, in der Sie unter Hochdruck arbeiten und alles aus sich herausholen. Diese Zeiten können einen berauschen. Stoß- wie Erholungszeiten können uns *beide* beglücken. Es hat mir große Freude gemacht, einen Berg zu ersteigen, mich selbst an meine Grenzen zu bringen, und es hat mir große Freude gemacht, total entspannt am Strand zu liegen. Um Stress zu verringern und Freude zu vermehren, müssen wir Berge ersteigen *und* am Strand liegen.

Auf Stoßzeiten müssen Erholungsphasen folgen. Loehr und Schwartz führen das heute populäre Intervalltrainingskonzept auf das alte Rom zurück. „Die Idee, Aktivität und Ruhe miteinander abzuwechseln, um auf diese Weise die Leistung zu maximieren, stammt von Flavius Phiostratus, der von 170 bis 245 n. Chr. lebte und Trainingsanleitungen für Athleten im alten Griechenland verfasste. Russische Sportwissenschaftler ließen das Konzept in den 60ern wieder aufleben und brachten es mit verblüffendem Erfolg bei ihren olympischen Athleten zur Anwendung. Heute bildet der Wechsel zwischen Arbeit und Erholung den Kern der Periodisierung, einer Trainingsmethode, deren sich Hochleistungssportler in aller Welt bedienen."[65]

Dieser zwischen Arbeit und Ruhe pendelnde Rhythmus gilt für alle Lebensbereiche. „Zu viel Energieverbrauch ohne ausreichende Erholung führt dazu, dass wir ausbrennen und zusammenbrechen. Zu viel Erholung ohne ausreichenden Stress lässt uns verkümmern und schwach werden."[66] Wir brauchen beide Arten von Phasen. In was für einer Phase Sie sich gerade befinden, sei es eine Stoß- oder Ruhezeit: Geben Sie sich ganz in diese Phase hinein! Wenn eine Ruhephase ansteht, dann ruhen Sie sich aus; und wenn eine Arbeitsphase ansteht, dann strengen Sie sich an. Ein fröhliches Leben, das seinen Auftrag erfüllt, bedarf eines dynamischen Rhythmus, der in allen Lebensbereichen zwischen Energie aufwenden und Auftanken pendelt.

Matthew Kelly zieht die Parallele zur Musik: „Pausen sind in bedeutenden Musikstücken genauso wichtig wie die Töne selbst. Pausen sind in einem sinnvollen Leben genauso wichtig wie das Handeln."[67] Auch Loehr und Schwartz wenden das biologische Prinzip auf das ganze Leben an:

> Ein reiches, glückliches und produktives Leben zeichnet sich durch die Fähigkeit aus, sich mit vollem Einsatz der jeweils aktuellen Aufgabe zu widmen – sich regelmäßig zu entspannen und die eigenen Kräfte zu erneuern. Stattdessen leben wir meistenteils, als ob wir einen endlosen Marathon bestreiten würden, und verausgaben uns dabei ohne Rücksicht auf gesundheitliche Grenzen. Wir werden zu Besessenen, die ständig Energie verbrauchen, ohne sich zwischenzeitlich zu erholen. Langsam, aber sicher nutzen wir uns ab.[68]

Wir müssen rhythmisch pendeln zwischen Aktivität und Inaktivität, Anspannung und Entspannung. Wenn wir alles ausgleichen, indem wir uns weder voll einsetzen noch wirklich entspannen, powern wir uns aus und bereiten uns Stress oder Langeweile. Wir brauchen keine Balance zwischen Einsatz und Erholung, wir müssen pendeln zwischen beidem.

Gewichtheber wissen genau, wie weit sie gehen müssen, um ihr Muskelgewebe gerade so weit zu verletzen, dass es sich stärker aufbaut und sie sich nicht dauerhaft schaden. Dann warten sie eine angemessene Zeit, damit der Muskel sich regenerieren kann, bevor sie weiterarbeiten. Ihre Arbeit verläuft also nach einem bestimmten Muster, der Prozess verläuft in einem Zyklus.

Diesen rhythmischen Wechsel zwischen Arbeit und Ruhe treffen wir auch in anderen Lebensbereichen an, selbst in solchen, die sich unserem Einfluss entziehen. In seinem Buch *The Tyranny of Time* [d. h. „Die Tyrannei der Zeit"] stellt Robert J. Banks heraus: „Während wir zwischen Gesundheit und Krankheit pendeln, sollten wir erkennen, welches Verhalten zu welcher Phase passt. Einer Krankheit muss die nötige Zeit gewährt werden, damit wir vollständig gesunden."[69] Ich gebe zu, dass ich für gewöhnlich versuche, mich durch Krankheitszeiten hindurchzumogeln, indem ich weitermache, wenn ich eigentlich aufhören sollte. Dabei weiß ich, dass ich mich in einer neuen, hoffentlich kurzen Krankheitsphase befinden und mich dementsprechend verhalten sollte. Wenn Sie krank sind, machen Sie eine Pause. Gehen Sie nicht ins Büro. Bleiben Sie zu Hause.

Banks beschreibt verschiedene Arten von psychischen Rhythmen und weist darauf hin, dass wir uns Zeiten für uns alleine genauso nehmen sollten wie Zeiten in Gemeinschaft: „Man sollte eine Balance finden zwischen großen und kleinen Treffen, Zeiten mit fremden Menschen und Zeiten mit Freunden, fordernden, zeitintensiven Zeiten für andere und entspannten, ausgedehnten Zeiten für einen selbst.“[70] Obwohl Banks das B-Wort (Balance) benutzt, beschreibt er in Wirklichkeit ein rhythmisches Pendeln zwischen einer Art von Beschäftigung und einer anderen. Er meint nicht, dass man alles zur gleichen Zeit tun müsse.

Den Arbeit-Ruhe-Wechsel in die Chronos-Zyklen einbauen

Das Konzept des Pendelns zwischen Arbeit und Ruhe wird praktisch, wenn man es in die fünf Chronos-Zyklen einbaut. Wenn Sie den Ablauf eines jeden Zyklus verstehen, können Sie sich überlegen, wie das Pendeln zwischen Arbeit und Ruhe bzw. Anspannung und Entspannung in jedem Zyklus aussehen kann. Nachdem Sie sich schon mit lebensverbessernden Ritualen für jeden Zyklus beschäftigt haben, wenden Sie sich nun also der lebenserneuernden Pendelbewegung zwischen Arbeit und Ruhe zu.

Für jeden einzelnen Zyklus können Sie sich selbst fragen: „Wann bin ich am leistungsfähigsten, wann brauche ich Ruhe?“ Fragen der Persönlichkeitsstruktur spielen da mit hinein. Sind Sie stärker introvertiert oder extrovertiert? Wenn Sie unter Leuten sind, tanken Sie da auf oder kostet Sie das Kraft? Wie ist das bei Ihnen mit dem Alleinsein? Manche Menschen sind Frühaufsteher, andere Nachtschwärmer. Wie können Sie in den einzelnen Zyklen zwischen Arbeit und Ruhe pendeln?

… in den Jahresablauf

Wenn Sie in Gedanken den Ablauf Ihres Jahreszyklus durchgehen, überlegen Sie sich, wann an Ihrem Arbeitsplatz die heißen Phasen sind und wann die ruhigeren. Wann arbeiten alle unter Hochdruck und wann gibt es Leerlauf? Wann ist Hochsaison und wann Nebensaison? Im Laufe eines Jahres begegnen einem Bauern Zeiten der Saat und Ernte, aber auch der Brache.

Mit großer Wahrscheinlichkeit kennen Sie Zeiten intensiver Arbeit, wenn Sie ein Projekt fertigstellen wollen, einen Studienabschluss machen, eine Firma gründen oder nebenbei einen zweiten Job haben. Aber wenn Sie rhythmisch planen, dann werden Sie auch Zeiten der Ruhe und Erholung haben, in denen Sie durchatmen können. Wann im Jahr ist die beste Zeit, um ein größeres Projekt voranzutreiben? Wann ist die beste Zeit für einen längeren Urlaub?

In meinem Jahresablauf verlangsamt sich im Hochsommer das Gemeindeleben. Deshalb nehme ich mir jeweils im Juni oder Juli einen längeren Urlaub. Ostern und Weihnachten sind Stoßzeiten mit zusätzlichen Gottesdiensten und Sonderveranstaltungen und daher für einen Urlaub nicht besonders geeignet. Jeweils im September und Januar beginnen neue Bibelgruppen und Kinderprogramme. Normalerweise starten wir dann auch mit einer neuen Predigtreihe. Daher nehme ich mir im Juli die Zeit, um für die Predigtreihe im September vorzuarbeiten.

Vielleicht arbeiten Sie in einem Teil des Jahres 70 bis 80 Stunden die Woche, um ein neues Produkt auf den Markt zu bringen. Aber wenn Sie dann das ganze Jahr anschauen, dann wissen Sie auch, dass Sie im Anschluss für zwei Wochen in Urlaub fahren. Wenn Sie dann endlich Urlaub haben, wäre es verrückt, wenn Sie Schuldgefühle hätten, dass Sie gerade nicht arbeiten. Aber genau das passiert Leuten, die versuchen, ein Leben in Balance zu führen. Sie merken nicht, dass unterschiedliche Zeiten unterschiedliche Rhythmen erfordern.

Im Urlaub sollten Sie sich wirklich ausruhen und nicht die Ruhe in Balance bringen wollen mit irgendetwas anderem. In der Anfangsszene von Arthur Millers *Tod eines Handlungsreisenden* gibt es ein berühmtes Abendgespräch zwischen Willy Loman und seiner Frau Linda. Willy, ein alternder Geschäftsmann, ist von einer Dienstreise zurückgekehrt. Er ist müde und noch etwas aus der Fassung, weil er auf der Rückfahrt mit dem Wagen von der Straße abgekommen ist. Seine besorgte Frau Linda meint, Willy müsse sich Ruhe gönnen. Aber Willy erinnert sie daran, dass sie gerade erst aus dem Urlaub zurück sind. Linda bemerkt jedoch einsichtsvoll: „Du hast dich eben nicht richtig ausgeruht. Dir geht zu viel im Kopf herum, und gerade deine Gedanken müsstest du ausruhen."[71]

Wenn Sie lernen, wie Sie die Strategie des Wechselns zwischen Ruhe und Arbeit auf den Jahreszyklus anwenden können, können Sie Chancen wahrnehmen, die Sie sonst verpasst hätten, sei es, um etwas Wichtiges zu erreichen oder um neu aufzutanken. Bei einem gesunden Jahresrhythmus von Arbeit und Ruhe werden Sie den Vorteil vielleicht nicht in jeder einzelnen Woche spüren. Doch Sie müssen sich über den Vorwurf der Unausgewogenheit keine Gedanken machen, weil ja die Erholungszeit schon vor Ihnen liegt. Wenn Sie das Jahr mit Weitwinkelobjektiv als Ganzes sehen, mit seinen Wechseln zwischen Arbeit und Ruhe, dann entspannt das in der Teleperspektive, wenn Sie die einzelne Woche oder einen Tag vor sich haben.

Jedes Jahr pendeln die Dallas Cowboys zwischen Vorsaison, normaler Saison, den Play-offs (zumindest hoffen sie darauf) und der Frühjahrspause. Mancher Stress in unserem Leben kommt daher, dass wir über Lebensphasen hinweg die ganze Zeit das Tempo der K.-o.-Runde fahren oder das der Frühjahrspause. Oder schlimmer noch: Wir versuchen, das Tempo beider Zeiten in einer Phase in Balance zu bringen. Zu einem besseren Leben gehört das Wechselspiel zwischen Ruhe und Arbeit im Laufe eines Jahres.

Schüler können sich diese Strategie zunutze machen und so ihr Leistungsvermögen steigern. Sie sollten in der Zeit, wenn Klausuren anstehen, härter arbeiten, und während der Ferien sich ordentlich entspannen, um anschließend wieder voll loslegen zu können.

An dieser Stelle greifen die Chronos-Zyklen und die Kairos-Zeiten ineinander. In stetem Fluss folgt ein Jahr dem anderen. Wenn Sie zwischen Arbeit und Ruhe pendeln, dann nutzen Sie die Chancen, die jede Zeit des Jahres bietet, sei es, um auf Hochtouren zu arbeiten oder um durchzuatmen. Sie werden beides genießen können und sich von der falschen Erwartung lösen, dass Sie in einer Arbeitsphase ruhen oder in einer Ruhezeit arbeiten müssten.

Inwieweit können Sie den Ablauf eines Jahres voraussehen, sodass Sie Ihr Leben entsprechend organisieren können? Wenn Sie zwischen Stoßzeiten und Erholungszeiten pendeln, werden Sie ein besseres Leben haben, mit mehr Freude, Frieden und Erfüllung. Sie werden mehr erreichen mit weniger Stress und Frust.

Was ist Ihre stressige Zeit? Wann läuft es bei Ihnen ruhiger? Wann bietet es sich bei Ihnen im Jahr an, Aufwendiges, Neues zu starten? Wann wollen Sie sich stärker ehrenamtlich engagieren oder einen Missionseinsatz machen? Wann bietet es sich an, sich Zeit für die Weiterbildung zu nehmen, einen Kurs zu belegen oder ein Seminar zu besuchen? Wann wäre Gelegenheit, um einen Zehn-Kilometer-Lauf zu machen oder einem Volleyballverein beizutreten? Überlegen Sie sich im Voraus, wie Sie das Jahr über gesund bleiben können, indem Sie zwischen Einsatz und Erholung pendeln.

Studien weisen überzeugend nach, dass regelmäßiger Urlaub die Gesundheit verbessert. Forscher nahmen sich z. B. die Ergebnisse einer Herzstudie vor. Daraus ergab sich, dass Frauen, die nur alle sechs Jahre Urlaub machten, mit fast acht Mal größerer Wahrscheinlichkeit an einer Herzerkrankung erkrankten oder einen Herzinfarkt erlitten. Eine Studie der State University von New York in Oswego, die 12.000 Männer zwischen 35 und 57 Jahren befragte, fand heraus, dass „Männer, die jährlich Urlaub machten, ihr Sterberisiko um 20 Prozent reduzierten, und das Risiko, an einer Herzerkrankung zu sterben, um 30 Prozent."[72]

Nach Dr. Kay Judge und Dr. Maxine Barish-Wreden ergeben verschiedene Studien, dass Urlaub den ehelichen Verkehr, den Schlaf und die Stimmung verbessert und körperliche Beschwerden und Erschöpfung vermindert.[73]

Diese Strategie kann nicht nur für einen persönlich angewandt werden, sondern auch auf Gruppen und Organisationen. Wenn Sie ein Team leiten, dann planen Sie strategisch, wie Sie zwischen Arbeit und Ruhe pendeln wollen. Sie könnten z. B. Ihr Team einmal im Quartal für eine Fortbildung zusammenrufen oder für ein Gemeinschaftserlebnis, um den Teamgeist zu fördern.

Wie könnten Sie die Strategie, zwischen Arbeit und Ruhe zu wechseln, auf Ihre Ehe anwenden? Auf Ihre Beziehung zu Ihren Kindern? Auf Ihre

Beziehung zu Gott? Auf Ihre Gesundheit? Auf Ihre Zeit zu Hause? Auf die Zeit in der Schule?

Eltern achten darauf, dass ihre Kinder gut erholt sind, bevor das Schuljahr beginnt. Sie wollen nicht, dass ihre Kinder schon am ersten Schultag übermüdet sind. Wenn Sie ausgebrannt sind, dann ist nicht der Moment, ein neues Unternehmen zu gründen oder ein großes Projekt zu beginnen; dann ist Ruhe und Erholung dran. Überlegen Sie sich für die Zeit, über die Sie verfügen können, was für eine Phase als Nächstes für Sie dran ist. Haben Sie sich gerade erholt und ist es nun dran, die Ärmel hochzukrempeln, oder sind Sie erschöpft und ein Urlaub ist an der Reihe? Wenn Arbeit auf der Tagesordnung steht, dann arbeiten Sie hart und legen sich ins Zeug. Wenn Erholung dran ist, dann vergessen Sie alles andere und lehnen sich zurück.

... in den Monatsablauf

Wie können Sie zwischen intensiven Arbeitszeiten und Ruhezeiten auf einer monatlichen Ebene pendeln? Gibt es eine Zeit im Monat, in der Sie am leistungsfähigsten sind? Gibt es eine Zeit im Monat, in der Sie Ruhe brauchen? Wenn Sie an Ihre Verpflichtungen und Ihre Situation denken – welcher Abschnitt des Monats (Anfang, Mitte, Ende) hat den größten Einfluss? Für Mütter mit kleinen Kindern macht der Zeitpunkt im Monat kaum einen Unterschied; für Geschäftsleute dagegen ist das ein großer Unterschied.

Nehmen Sie sich alle vier Wochenenden auf einmal vor. Welche von Ihnen reservieren Sie zum Arbeiten? Welche reservieren Sie zum Durchatmen? An einem Wochenende sind Sie möglicherweise unterwegs auf einer Messe, einer Konferenz oder einer Fortbildung. An einem anderen Wochenende werden Sie an einem See fischen gehen. Einige Wochenenden sollten ein volles Programm mit sich bringen. Vielleicht streichen Sie Ihr Haus oder arbeiten im Garten. Je nachdem wie Sie gestrickt sind, werden die Tätigkeiten Sie Kraft und Mühe kosten oder Sie werden sich dabei erholen.

Innerhalb eines Monats sollte es auch Zeiten für Hobbys geben, um abzuhängen, Golf oder etwas anderes zu spielen und sich auszuruhen. Daneben sollte es andere Zeiten geben, an denen bis spät gearbeitet wird, um ein Projekt abzuschließen oder auf einen Notfall reagieren zu können. Der Stress steigert sich ins Unermessliche, wenn wir immer arbeiten oder uns immer ausruhen. Wir müssen im Laufe eines Monats zwischen beidem pendeln.

… in den Wochenablauf

In seinem Buch *Making Room for Life: Trading Chaotic Lifestyles for Connected Relationships* [d. h. „Platz machen fürs Leben: Chaotische Lebensweisen gegen verbindliche Beziehungen eintauschen"] empfiehlt Randy Frazee einen „hebräischen Tagesplaner". Er meint damit ein altes Konzept, das jedoch heute für viele Leute neu ist, und schreibt: „Die Grundannahme eines hebräischen Tagesplaners ist, dass wir von Gott am sechsten Tag der Schöpfung geschaffen wurden, um im Einklang und Rhythmus mit dem zu leben, was er an den ersten fünf Tagen geschaffen hat."[74] Dazu gehört auch, dass wir uns an einem Tag in der Woche ausruhen, um neue Kraft zu schöpfen.

Vor einigen Jahren arbeitete ich regelmäßig sieben Tage pro Woche. Samstags arbeitete ich keinen ganzen Tag, aber die übrige Woche war sehr voll. Mein Verstand sagte mir, dass ich dabei war, eine neue Gemeinde zu gründen und es noch so viel zu tun gab. Natürlich arbeitete ich am Sonntag und einige Leute meinten, das sei der einzige Tag, an dem ich arbeitete, weil sie mich an dem Tag reden hörten.

In einem Jahr im Spätherbst legten mir schließlich die Ältesten (also in meinem Fall so etwas wie das Kuratorium der Gemeinde) nachdrücklich nahe, mir einen Tag in der Woche freizunehmen. Eigentlich war es eine Dienstanweisung. Sie waren sicher besorgt, dass ich ausbrennen würde, aber ich verteidigte mich: „Ihr könnt mir doch keinen Arbeitstag streichen, gebt mir höchstens noch einen dazu!" Aber nachdem ich darüber nachgedacht hatte, stimmte ich im Glauben zu, zunächst für drei Monate jeden Freitag freizunehmen und anschließend zu schauen, wie es lief.

Ich werde nie wieder sieben Tage die Woche arbeiten! Offen gestanden war ich erstaunt, dass ich durch einen freien Ruhetag die Woche an den anderen sechs Tagen mehr geschafft bekam, als vorher in sieben Tagen. Tag für Tag fühlte ich mich frischer und war konzentrierter, weil ich mir freitags die Zeit nahm, um mich zu erholen und auszuspannen. Das ist die Macht, die im Wechsel zwischen Arbeit und Ruhe liegt und die Sie vorm Ausbrennen schützt, wenn Sie den Wechsel in Ihre Chronos-Zyklen einbauen.

Wenn Sie Ihren eigenen Wochenablauf anschauen: Wann sind Sie am leistungsfähigsten? Wann brauchen Sie Pausen? Gibt es einen Wochentag, an dem Sie mehr Energie haben als an anderen? Dann nehmen Sie sich die schwersten und wichtigsten Aufgaben für diesen Tag vor. Lösen Sie die kompliziertesten Probleme. Und wann bietet sich eine Ruhepause an? An welchem Tag nehmen Sie sich frei – also Zeit, um neue Kraft zu schöpfen?

Ich habe für montags Teamsitzungen angesetzt, dienstags erarbeite ich mir Material für meine Predigt, mittwochs schreibe ich dann mein Predigtkonzept zusammen, donnerstags treffe ich mich mit einzelnen Personen. Freitags und samstags nehme ich mir frei. Die Sonntage sind natürlich mit den Gottesdiensten gefüllt. Die beste Zeit in meiner Woche, um langfristige Überlegungen anzustellen oder mit meinem Team Ideen zu sammeln, sind die Donnerstagvormittage.

... in den Tagesablauf

Wenn Sie sich überlegen, wie Sie den Tag über zwischen Arbeit und Ruhe wechseln können, dann nehmen Sie sich die Zeit vor, die Sie frei einteilen können. Können Sie sich eher die Zeit am Morgen oder eher am Abend einteilen? Die meisten Leute verbringen den Tag über am Arbeitsplatz. Doch wie planen Sie sich den Wechsel für die Zeit ein, über die Sie am ehesten verfügen können? Jede Woche hat sieben Tage, die Ihnen sieben Vormittage und sieben Abende bieten. Falls Sie Mittagspause machen: Wie gestalten Sie diese sieben Mittagspausen?

Ein Tag entsteht durch den Wechsel von Tag und Nacht, Licht und Dunkelheit. Wir sind so angelegt, dass wir nachts ruhen und tags arbeiten. Doch die Erfindung der Glühbirne versetzte uns in die Lage, diesen Rhythmus zu durchbrechen, womit wir uns selbst geschadet haben.

Nehmen Sie sich die Zeit, um sich den Ablauf eines idealen Tages vorzustellen (nicht eines „normalen“, den gibt es nicht!). Wann würden Sie aufstehen, wann ins Bett gehen? Wann würden Sie die schwierigsten Aufgaben anpacken, wann sich entspannen?

Studien zeigen regelmäßig, dass ein Schlafdefizit das Reaktionsvermögen und die Konzentration vermindert, das Gedächtnis verschlechtert und sich direkt auf das logische Denkvermögen auswirkt. Der durchschnittliche menschliche Körper braucht sieben bis acht Stunden Schlaf in einem Zeitraum von 24 Stunden. Sechs oder weniger Stunden verdreifachen das Risiko für einen Autounfall (nicht genug Erholung), doch mehr als neun Stunden können ebenfalls Ihrer Gesundheit schaden (nicht genug Arbeit). Wir genesen und wachsen während des Schlafens und der Schlaf ist eine der wichtigsten Erholungsphasen. Wenn Sie nicht gut schlafen, wird nicht nur Ihr Stress zunehmen und Ihre Lebensfreude abnehmen, sondern auch die der Menschen in Ihrem Umfeld: Schlafmangel macht Sie nämlich unausstehlich. Schlaf ist ein unverzichtbarer Teil des täglichen Wechselspiels von Arbeit und Ruhe.

Der Schlaf hilft uns nicht nur, negative Eindrücke zu verarbeiten, sondern stattet uns mit neuer positiver Energie aus. Eine Reportage der *Dallas Morning News* nennt fünf Vorteile von angemessener Schlafdauer und beruft sich dabei auf Dr. Nilesh Dave, den medizinischen Leiter des Southwestern Medical Centers der University of Texas: Wenn wir genug Schlaf bekommen, sind wir bessere Sportler, können besser mit Stress umgehen und haben ein besseres Erinnerungsvermögen. Dazu ist genügend Schlaf für ein sicheres Autofahren unverzichtbar und wir sind nicht so leicht reizbar.

Es ist weitgehend bekannt, dass der Schlaf in Phasen von 90 bis 120 Minuten verläuft.[75] Neuere Forschungen zum Mittagsschlaf haben ergeben, was viele Menschen, die Hochleistungen erbringen, schon intuitiv erfasst haben, nämlich dass es mit den Wachphasen ganz ähnlich ist. Man spricht hier von einem *ultradianen* Rhythmus. Diese Zyklen erklären das Auf und Ab unseres Leistungsvermögen im Tagesverlauf. Der menschliche Körper verlangt geradezu den Wechsel. Man gähnt, reckt sich, hat Hunger, Konzentrationsschwierigkeiten, beginnt mit Tagträumen, die Fehler vermehren sich – alles Zeichen dafür, dass das Leistungsvermögen sinkt. Das ist völlig normal. Besser 90 Minuten konzentriert arbeiten und dann eine kurze Pause einlegen, um sich dann weitere 90 Minuten der Arbeit zu widmen.

Ein Leben im Rhythmus kann deshalb so viel verändern, weil wir auf die natürlichen Zyklen unseres Körpers und unserer Welt aufspringen. Wenn wir mit Aufputschmitteln wie Kaffee, Energy Drinks oder Amphetaminen gegen diese Zyklen ankämpfen, dann schaden wir uns langfristig selbst.

Dann kommen wir nicht zur Ruhe, greifen zum Alkohol, zu Marihuana oder Schlafmitteln. Der Versuch, immer gleichförmig nonstop zu leisten, ist unnatürlich und schädigt uns physisch, emotional, geistig und geistlich.

Das National Institute of Mental Health [d. h. also für geistige Gesundheit] hat sich hinter eine Veröffentlichung gestellt, die besagte, dass sogenannte „Nickerchen“ ein Burnout verhindern.[76] Sara Mednick, die zu den führenden Forschern zu Tagesschlafphasen gehört, sagt: „Ein Nickerchen erhält und vergrößert sogar Ihre Fähigkeiten. Das betrifft Ihre Fähigkeit, kreativ Probleme zu lösen, Ihre Aufmerksamkeit, körperliche Ausdauer, Laune und Ihr Gedächtnis.“[77]

Andererseits kann zu viel Schlaf dazu führen, dass Sie schläfrig werden. Hatten Sie schon einmal das Gefühl, wenn Sie von einem kurzen Schlaf am Tag aufwachten, dass sich Ihre Glieder wie Blei anfühlten, Sie Ihre Augen nicht scharf stellen konnten, Ihre Stimme undeutlich war und Sie nur langsam zu sich kamen? Allgemein gesagt können Tagesschlafzeiten von mehr als zwanzig Minuten zu Schwerfälligkeit führen.[78]

Es ist nur verständlich, dass wir verrückt werden, wenn wir gegen natürliche Zyklen ankämpfen. Wenn wir abgestimmt auf die schöpfungsmäßig verankerten Zyklen leben, bringt das Harmonie in unser Leben. Wechseln Sie Arbeits- und Ruhephasen in Ihren Chronos-Zyklen ab, um Ihr Glück zu steigern. Um ein hohes Leistungsvermögen zu haben, wählen Sie gezielt Zeiten aus, an denen Sie lange am Tag arbeiten und viele Tage am Stück; bestimmen Sie die geeignetsten Zeiten in der Woche und am Tag, um schwierige Aufgaben anzupacken. Um neue Kraft zu schöpfen, nehmen Sie sich Ihren Jahresurlaub; sorgen Sie täglich für genügend Schlaf. Besteigen Sie Berge und entspannen Sie am Strand. Arbeiten Sie hart und erholen Sie sich gut.

Wenn Sie die drei Rhythmusstrategien einsetzen – Ihre Kraft einteilen, sich Rituale angewöhnen, und zwischen Arbeit und Ruhe wechseln –, dann wird das Ihr Leben spürbar verbessern. Sie werden weniger Schuldgefühle haben, weniger ausbrennen und weniger Stress haben und stattdessen Frieden, Erfüllung und Zuversicht erleben. Wenn Sie nun noch die drei Kairos-Strategien dazunehmen – sich von falschen Erwartungen lösen, Chancen nutzen und mit Vorfreude vorausschauen – dann wird das Ihr Leben zusätzlich verbessern.

Wir sind für mehr als nur diese kurze Lebensspanne geschaffen. Trotzdem können wir schon ein besseres Leben auf der Erde haben, wenn wir diese sechs Rhythmusstrategien einsetzen. Wenn Sie im Rhythmus leben, werden Sie mehr erreichen und das mit weniger Stress. Die Arbeitsblätter werden Ihnen helfen, das in die Praxis umzusetzen.

> ***Alltagsübung:*** Überlegen Sie sich für wenigstens einen Chronos-Zyklus ein Wechselspiel zwischen Arbeit und Ruhe.

Teil IV

So wird Rhythmus zum Lebensstil

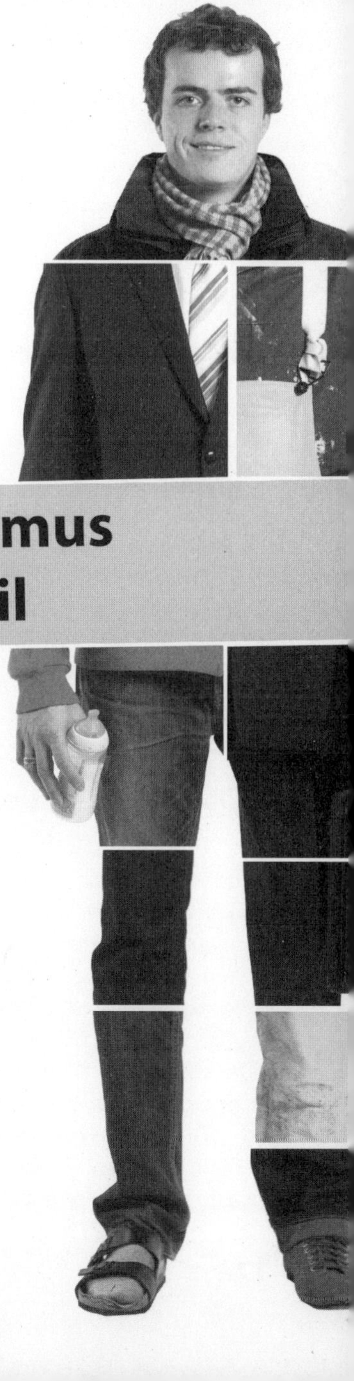

Alles zusammenbringen

13

Rhythmusgefühl ist etwas, das hat man oder man hat es nicht, aber wenn man es hat, dann hat man es ganz und gar.
Elvis Presley

Unser Ziel ist ein besseres Leben, ein Leben mit weniger Stress, mehr Frieden, weniger Burnout, mehr Erfüllung, weniger Entmutigung und mehr Zuversicht. Wie können Sie alle sechs Rhythmusstrategien zusammenbringen, sodass sie Ihnen in Ihrer Lebenssituation weiterhelfen?

Nehmen Sie sich Ihr wirkliches Leben vor. Beschreiben Sie ein Problem, mit dem Sie kämpfen. Sie können sich die Themen in Erinnerung rufen, die Sie am Ende von Kapitel 2 notiert haben. Dann nutzen Sie das Arbeitsblatt (vgl. S. 224), um die Rhythmusstrategien zur Lösung Ihrer Probleme einzusetzen.

Das Problem bestimmen

Es lohnt sich, sich die Zeit zu nehmen, um Ihr Problem wirklich zu erfassen. Der Wirtschaftsjournalist Henry Hazlitt schreibt: „Wenn ein Problem richtig beschrieben ist, dann ist es schon halb gelöst."[79] Problemlösung beginnt mit dem Chaos, einer falsch beschriebenen Herausforderung, einem verwirrenden Durcheinander von Gefühlen und Fakten. Wie häufig hasten wir auf eine Lösung zu, bevor wir das Problem, das wir lösen wollen, richtig erfasst haben. Es ist natürlich dumm, eine Antwort auf eine Frage zu suchen, die man noch nicht richtig verstanden hat, aber wir versuchen es trotzdem immer wieder.

In der Ehe ist es typisch für den Mann, dass er schon beginnt, ein Problem zu lösen, bevor seine Frau überhaupt die Situation zu Ende erklärt hat. Wenn Sie es noch nicht gemerkt haben sollten: Diese Vorgehensweise endet gewöhnlich mit einer Katastrophe, besonders, wenn der Ehemann verfrüht meint, das Problem seiner Frau verstanden zu haben, aber total danebenliegt. Die Zeit, die wir uns am Anfang nehmen, um ein Problem zu erfassen, steht in direktem Zusammenhang mit der Zeit, die wir brauchen, um ein Problem zu lösen. Wenn Sie am Anfang in eine falsche Richtung laufen, werden Sie unweigerlich Zeit verschwenden, die Sie nämlich später brauchen, um Ihren Fehler wiedergutzumachen.

Wenn Sie von einem Balance-Ansatz ausgehen, dann führt das häufig zu einer falschen Einschätzung der Probleme in Ihrem Leben. Mike Jones z. B. dachte, sein Problem wäre, dass er nicht alle Lebensbereiche in Balance brachte. Er meinte, er müsste seine Zeit besser organisieren, und orientierte sich an einem falschen Ideal, nach dem die eigenen Verpflichtungen in totaler Ausgewogenheit organisiert sind. Tatsächlich versuchte Mike, in zu vielen Rhythmen gleichzeitig zu leben, und übertrug Erwartungen auf sein Leben, die nicht zu seinem aktuellen Lebensstadium oder seiner Lebensphase passten. Das führte dazu, dass er unter hohem Stress stand und sich Sorgen machte, weil er nicht alles schaffte, was in den einzelnen Lebensbereichen von ihm verlangt wurde. Paradoxerweise fühlte er sich umso schlechter, je mehr er sich um das Ideal der Balance bemühte.

Meines Erachtens kann das Arbeitsblatt auch dazu beitragen, dass wir die tiefer liegenden Ursachen hinter den Symptomen erkennen. Ein Hausarzt in einem Vorstadtgebiet erklärte einmal, dass über die Hälfte seiner Patienten unter stressbedingten Gesundheitsproblemen leiden. Wenn wir die zugrunde liegenden Probleme anpacken, dann werden wir auch die ständigen Sorgen los. Wenn die behoben sind, dann erübrigen sich vielfach auch die gesundheitlichen Probleme, die durch den Stress entstanden sind.

Den Lebensauftrag überdenken

Leben Sie zielbestimmt? Haben Sie einen Lebensauftrag, den Sie in Worte fassen können? Wissen Sie, warum Sie leben und was Sie mit Ihrem Leben anfangen wollen? Wenn Sie sich nie die Zeit genommen haben, um Ihren persönlichen Lebensauftrag zu erarbeiten und zu formulieren, dann ermutige ich Sie, das im Rahmen dieses Rhythmus-Prozesses zu tun.[80]

Außerdem muss Ihnen klar sein, für welche Dinge Sie in Ihrem Leben als Verwalter verantwortlich sind. Dazu gehören Ihre Aufgaben als Arbeitnehmer, als Vater oder Mutter und als Bürger.[81]

Wenn Sie sich über diese wegweisenden Dinge im Klaren sind, dann können Sie weise Entscheidungen hinsichtlich Ihrer Lebensrhythmen treffen. Dann haben Sie nämlich die beiden grundlegenden Fragen beantwortet: die nach dem Lebensauftrag (wo wollen Sie hin?) und die nach der Verwalterschaft (für wen oder was sind Sie verantwortlich?). Das sind die beiden Schlüssel zu einem zielbestimmten Leben.

Das Rhythmus-Arbeitsblatt

Das Arbeitsblatt soll Ihnen helfen, sich zu überlegen, wie Ihnen eine oder mehrere der sechs Rhythmusstrategien in Ihrer aktuellen Situation weiterhelfen kann bzw. können. Verwenden Sie die Rhythmusstrategie, die Ihr Problem betrifft. Das Arbeitsblatt gibt Ihnen eine Route vor, der Sie folgen können, um schnell und einfach eine Lebensfrage aus rhythmischer Sicht anzugehen. Natürlich können Sie alle Strategien anwenden, aber in vielen Fällen werden schon ein paar wenige einen großen Unterschied machen.

Die Situation (Phase, Lebensstadium) erfassen

Nachdem Sie das Problem bestimmt haben, besteht der erste Schritt im Lösungsprozess darin, dass Sie feststellen, welche Zeit gerade in Ihrem Leben vorherrscht. In welchen Lebensphasen und in welchem Lebensstadium befinden Sie sich gerade? Hat Ihr Stress mehr mit Ihrer Phase oder mehr mit Ihrem aktuellen Lebensabschnitt zu tun – oder mit beidem?

Die Kairos-Rhythmusstrategien anwenden

Nehmen Sie sich die Phase oder den Abschnitt vor, der Sie am meisten herausfordert, und fragen Sie sich: „Von welchen *Erwartungen* kann ich mich lösen, um gelassener zu werden? Welche *Chancen* kann ich nutzen, um mit größerer Freude und mit dem Wissen um Erfüllung meines Auftrags zu leben? Worauf kann ich mich freuen, um voller *Hoffnung* nach vorne blicken zu können?“ Anschließend wenden Sie sich den Chronos-Strategien zu.

Die Chronos-Rhythmusstrategien anwenden

Teilen Sie Ihre Kraft gut ein: Wo sollten Sie die Häufigkeit bestimmter Tätigkeiten verändern? Wo kann Ihr Leben besser auf die Chronos-Rhythmen abgestimmt werden?

Führen Sie Rituale ein: Welche lebensverbessernden Traditionen können Sie in den längeren Zyklen einführen? Welche lebensverbessernden Gewohnheiten können Sie in die kürzeren Zyklen einbauen?

Wechseln Sie zwischen Arbeit und Ruhe: Brauchen Sie im Moment mehr Arbeit oder mehr Ruhe? Wie können Sie in einem oder mehreren der fünf Chronos-Zyklen besser zwischen Arbeit und Ruhe pendeln?

Menschen einbeziehen

Keiner von uns hat ein klares Bild von sich selbst. Wenn Sie langjährige oder komplexe Probleme haben oder einfach gerade keine Lösung finden, dann beziehen Sie einen Freund Ihres Vertrauens ein oder suchen Sie sich jemanden, der weise ist und Sie beraten kann. Oftmals kann eine andere Person sehr schnell etwas erkennen, das Sie selbst nicht sehen, weil Sie zu nah dran sind. Wir alle haben unsere Schwachstellen und typischen Eigenschaften. Z. B. gehören Sie vielleicht zu den Leuten, die sich voll in Ihre Arbeit hineinknien, dann werden Sie höchstwahrscheinlich meinen, dass nun eine richtige Powerphase dran sei. Andere neigen eher zu der Ansicht, es sei Zeit für einen Urlaub. Stress kann uns durcheinanderbringen. Erholung ist dabei nicht immer das richtige Mittel gegen Stress. Manchmal hilft es Ihnen nicht, wenn Sie auf dem Sofa vor dem Fernseher dösen, und es wäre besser, auf dem Laufband im Fitnesscenter zu joggen oder einfach das Projekt zu Ende zu bringen, das Sie gerade belastet. Ein guter Freund, der Sie kennt, kann Ihnen hier häufig einen objektiveren Rat geben, als Sie sich selbst.

Ein Freund kann auch Ihr Rechenschaftspartner sein. Der berüchtigte Weg zur Hölle ist sprichwörtlich mit guten Vorsätzen gepflastert. So wertvoll es auch für Sie sein mag, das Rhythmus-Arbeitsblatt durchzuarbeiten, wenn Sie Handlungsschritte nur auf dem Papier festhalten, wird das allein Ihr Leben noch nicht verändern. Diäten sind nur dann erfolgreich, wenn sie eingehalten werden. Besprechen Sie Ihre Erkenntnisse in Sachen Rhythmus mit einem Freund oder einer Freundin und ernennen Sie den anderen zu Ihrem Rechenschaftspartner. Bitten Sie den anderen, Sie in ein paar Wochen noch einmal auf Ihre Vorsätze anzusprechen und Sie zu fragen, wie es läuft. Wenn Sie jemand anderen in Ihren Plan mit einbeziehen, wird es Ihnen schon viel leichterfallen, dranzubleiben.

Fallbeispiele

Lassen Sie uns ein paar wirkliche Lebenssituationen gemeinsam durchgehen. Es sind Fallbeispiele, die Ihnen zeigen, wie Sie die sechs Rhythmusstrategien anwenden können. Ich habe ein paar Leute ausgewählt. Bei jedem beschreibe ich zunächst das Problem. Dann bestimme ich jeweils die Lebenssituation, in der sich jemand befindet: In welcher Lebensphase oder in welchem Lebensstadium befindet sich er oder sie?

Dann gehe ich die Kairos- und Chronos-Rhythmusstrategien durch und schaue, welche Strategie(n) hier am hilfreichsten wäre(n). Für gewöhnlich befassen sich ein bis drei der Strategien mit einem Problem. Natürlich ist es möglich, alle sechs Strategien auf die Situation einer Person anzuwenden, aber normalerweise ist das übertrieben. Außerdem können die meisten Leute nur einen oder zwei Schritte auf einmal gehen. Selbst wenn ich eine Lösung empfehle, die mehrere Schritte umfasst, werde ich einer Person vorschlagen, zunächst mit dem einen oder den zwei wichtigsten Schritten zu beginnen und anschließend weiterzugehen.

Wenn Sie die Fallbeispiele durchgehen, werden Sie ein leeres Arbeitsblatt entdecken, das Sie verwenden können, um eine Lösung für die Probleme in Ihrem Leben zu entwickeln. Natürlich können Sie das Blatt auch als Vorlage gebrauchen und sich Kopien davon anfertigen.

Rhythmus-Arbeitsblatt

Name: Chris, alleinstehend, Hochschulabsolvent

Chris hat einen Abschluss in Kommunikationswissenschaften und will es als Sportjournalist zu etwas bringen. Er ist Volontär bei einem bekannten Rundfunksender, arbeitet dort Nachtschichten bei niedriger Bezahlung. Um seine Krankenversicherung zu finanzieren, jobbt er noch zu allen möglichen Tageszeiten Teilzeit bei Starbucks. Er ist chronisch erschöpft und fühlt sich als Versager. Neben seinen beiden Jobs engagiert er sich noch in der Teenagerarbeit seiner Gemeinde und ist Lobpreisleiter in der Junge-Erwachsenen-Arbeit. Er lebt am gleichen Ort wie seine Familie, zu der er einen engen Draht hat. Er sagt, dass er es satt habe, vom Rundfunksender nach Hause zu kommen, nur um sich dann sofort die Schürze von Starbucks umzubinden.

Bestimmen Sie das Problem	Chris verpasst die Chancen seines Lebensstadiums und klammert sich an falsche Erwartungen.
Bestimmen Sie Ihre aktuelle Lebensphase und das aktuelle Lebensstadium	**Lebensphase:** Erst kürzlich ist die Beziehung zu seiner Freundin auseinandergegangen, es war alles nicht einfach und sie hat sich kurz darauf mit ihrem Exfreund verlobt; er muss Analysen erstellen für den Rundfunksender über den Spieltag der Dallas Cowboys.
	Lebensabschnitt: jung, alleinstehend, gerade mit dem Studium fertig, Berufsanfänger.
Wenden Sie die Kairos-Strategien an	**Sich von falschen Erwartungen lösen:** Als Berufsanfänger sind Sie beruflich sehr gefordert und müssen zudem mit der Trennung von Ihrer Freundin fertig werden; von daher ist das kein guter Zeitpunkt für eine neue Beziehung; lösen Sie sich von der Erwartung, dass Sie sich jetzt um eine neue Beziehung bemühen müssten. Als Radiovolontär dauert es länger als in anderen Bereichen, bis sich Einsatz auch finanziell auszahlt; lösen Sie sich von der Erwartung eines höheren Einkommens, auch wenn ehemalige Mitstudenten inzwischen mehr verdienen. Verabschieden Sie sich auch von der Erwartung, dass Sie in dieser Phase zwei umfangreiche Aufgaben in der Gemeinde wahrnehmen müssten.
	Chancen nutzen: Lernen Sie so viel wie möglich an einem der führenden Radiosender des Landes, gerade wenn Sie mit landesweit bekannten Sportjournalisten zusammenarbeiten. Genießen Sie es, bekannte Athleten und Trainer zu treffen. Besuchen Sie jedes Spiel, für das Sie Freikarten bekommen.
	Vorausschauen: Sie werden nicht für immer Volontär sein. Wenn Sie nach vorne schauen, dann werden Sie wahrscheinlich in ein paar Jahren eine volle Stelle und eine Freundin haben, vielleicht sogar schon eine Frau. Freuen Sie sich auf diese Dinge, die zu ihrer Zeit kommen werden.
Wenden Sie die Chronos-Strategien an	**Kraft einteilen (Häufigkeit und Zeitpunkt):** Besuchen Sie regelmäßig donnerstagabends die Bibelstunde, da Sie es angesichts der Samstag-Nachtschichten und den sonntäglichen Football-Spielen nicht in den Gottesdienst schaffen.
	Rituale einbauen (Traditionen und Gewohnheiten): Weil Familie wichtig ist, gewöhnen Sie sich an, wöchentlich Zeit mit Ihren Eltern und Ihrem kleinen Bruder zu verbringen. (Das ist übrigens auch eine Chance, die es zu nutzen gilt, weil Sie im gleichen Ort leben.)
	Wechseln zwischen Arbeit und Ruhe: Handeln Sie mit dem Radiosender und Starbucks aus, dass Sie nicht in einer Woche Tag- und Nachtschichten gleichzeitig arbeiten. Nehmen Sie sich alle paar Monate (vierteljährlich) einige Tage frei. Besuchen Sie Freunde, kommen Sie mal raus.

Rhythmus-Arbeitsblatt

Name: Mary, eine gestresste Studentin

Mary befindet sich gerade im stressigsten Semester ihres Studiums. Neben 18 Pflichtvorlesungen muss sie noch praktische Übungen besuchen (Labor) und es stehen Proben für ihren Musikstudiengang an. Für ihr Stipendium muss sie gute Noten einfahren.

Bestimmen Sie das Problem	Mary versucht, dieses Semester genau so zu leben wie alle vorangegangenen.
Bestimmen Sie Ihre aktuelle Lebensphase und das aktuelle Lebensstadium	**Lebensphase:** Das härteste Semester; Ihr Freund hat gerade sein Studium an derselben Uni aufgenommen.
	Lebensstadium: Student
Wenden Sie die Kairos-Strategien an	**Sich von falschen Erwartungen lösen:** Stellen Sie sich darauf ein, dass Sie in diesem Semester keine Zeit für einen Nebenjob haben. Sie werden also weniger Geld zur Verfügung haben. Teilen Sie Ihrem Freund mit, dass Sie sich in diesem Semester nicht so häufig treffen können, und lösen Sie sich damit von dem Erwartungsdruck durch die Beziehung. Lösen Sie sich von der Erwartung, dass Sie an genauso vielen Wochenenden nach Hause fahren können wie sonst, und erklären Sie Ihren Eltern, warum.
	Chancen nutzen: Profitieren Sie von den Vorlesungen; dies ist die Zeit fürs Studium! Geben Sie sich ganz in Ihre musikalischen Wettbewerbe; genießen Sie das Studentenleben.
	Vorausschauen: Das nächste Semester wird leichter; die Weihnachtsferien kommen bald.
Wenden Sie die Chronos-Strategien an	**Kraft einteilen (Häufigkeit und Zeitpunkt):** Erstellen Sie einen Wochenplan rund um die Vorlesungen und studentischen Verpflichtungen.
	Rituale einbauen (Traditionen und Gewohnheiten):
	Wechseln zwischen Arbeit und Ruhe: Arbeiten Sie fleißig. Dies ist Ihr Semester, um noch einmal alles im Studium zu geben. Planen Sie, einmal in der Woche alles zur Seite zu legen, um zu entspannen: Gehen Sie samstagabends zum Marshmallow-Grillen. Ruhen Sie sich während der vierteljährlichen vorlesungsfreien Zeit aus: Machen Sie einen Wochenendausflug. Oder fahren Sie nach Hause und hauen Sie sich ins Bett.

Rhythmus-Arbeitsblatt

Name: Lu, eine frischgebackene Mama

Lu ist erst kürzlich von Mexiko eingewandert. Sie strotzt nur so vor Energie und hat immer schwer gearbeitet. Manchmal hat sie neben einem vollen Job noch Abendkurse belegt und sich dazu noch ehrenamtlich eingebracht. Gerade hat sie ihr erstes Baby (einen Jungen) bekommen und das Leben, so wie sie es bisher kannte, ist plötzlich zum Stillstand gekommen. Sie fühlt sich sehr unwohl. Eigentlich hatte sie sich vorgenommen, an ihren Arbeitsplatz zurückzukehren, aber nun scheint das nicht machbar. Sie kann sich auch ehrenamtlich nicht mehr so einbringen wie bisher.

Bestimmen Sie das Problem	Lu lässt sich nicht auf ihren neuen Lebensabschnitt ein.
Bestimmen Sie Ihre aktuelle Lebensphase und das aktuelle Lebensstadium	**Lebensphase:** Mutter eines neugeborenen Babys
	Lebensstadium: junge Mutter mit ihrem ersten Kind
Wenden Sie die Kairos-Strategien an	**Sich von falschen Erwartungen lösen:** Verabschieden Sie sich von der Erwartung, dass Sie ins Büro zur Arbeit gehen müssten; lösen Sie sich genauso von den Erwartungen, dass Sie die Abendschule besuchen und sich viele Stunden ehrenamtlich engagieren müssten.
	Chancen nutzen: Dies ist Ihre Zeit, um Ihren kleinen Sohn großzuziehen. Haben Sie ihn lieb und genießen Sie jede Stunde mit ihm. Genießen Sie reduzierte Arbeitsstunden von Ihrem neuen Firmennotebook von zu Hause aus.
	Vorausschauen: In fünf oder sechs Jahren wird Ihr Sohn in der Schule sein, zumindest halbtags. In achtzehn Jahren wird Ihr Kind das Haus verlassen.
Wenden Sie die Chronos-Strategien an	Im Fall von Lu wenden wir nur Kairos-Strategien an, weil das für sie am wichtigsten ist. Wir könnten auch über das Einteilen der Kraft sprechen und über lebensverbessernde Rituale mit einem neuen Baby. Aber das kann warten. Mehr über Lus Geschichte unter www.yourlifeinrhythm.com [nur engl.].

Rhythmus-Arbeitsblatt

Name: Darrell und Tonya, im Ruhestand und in einer Krise

Darrell und Tonya erleben in ihren Ruhestandsjahren eine große Krise, die sie körperlich und seelisch sehr mitnimmt. Ihre erwachsene Tochter war gerade dabei, ein Blockhaus auf einem Stück Land zu bauen, als ihre Ehe geschieden wurde und sie zeitgleich ihren Job als Führungskraft verlor. Nun steckt sie in einer Depression und es droht die Pfändung des Grundstücks mit dem halbfertigen Haus an die Bank. Dazu gibt es Probleme mit der Baufirma. Darrell und Tonya haben sich eingeschaltet, um zu helfen, haben den Kredit übernommen, eine neue Baufirma gesucht und stemmen das Projekt. Ihre ganze Zeit verbringen sie mit Arbeiten und Sorgen. Nachts können sie nicht schlafen.

Bestimmen Sie das Problem	Darrell und Tonya müssen mit Dingen umgehen, die eigentlich nicht zu ihrem Lebensstadium (Ruhestand) passen.
Bestimmen Sie Ihre aktuelle Lebensphase und das aktuelle Lebensstadium	**Lebensphase:** Sie müssen sich um eine erwachsene Tochter kümmern, die geschieden und arbeitslos ist und eine Hypothek auf ein Haus mit Grundstück hat.
	Lebensstadium: Ruhestand
Wenden Sie die Kairos-Strategien an	**Sich von falschen Erwartungen lösen:** Es wäre eine Möglichkeit gewesen, dass Sie sich von der Erwartung gelöst hätten, Ihre Tochter aus dem Schlamassel zu ziehen. Das hieße, dass Sie zugelassen hätten, dass sie das Grundstück verliert. Da Sie nun aber den Kredit auf sich überschrieben haben, lösen Sie sich von der Erwartung, dass Sie die gleiche finanzielle Sicherheit haben müssten wie bisher, sich genauso ehrenamtlich engagieren und genauso Missionare unterstützen müssten wie bisher. Nehmen Sie sich eine Auszeit in Ihrem finanziellen und zeitlichen Engagement für Dinge, die Sie eigentlich unterstützen wollen.
	Chancen nutzen: Seien Sie für Ihre Tochter da und helfen Sie Ihr, wieder auf die Beine zu kommen. Sie werden vielleicht nie wieder so viel Gelegenheit haben, um Zeit mit Ihrer erwachsenen Tochter zu verbringen.
	Vorausschauen: Ihre Tochter wird sich wieder aufrappeln und in das Blockhaus ziehen oder an einen neuen Ort. Diese Phase wird vorübergehen. Dann werden Sie in den Ruhestand zurückkehren können.
Wenden Sie die Chronos-Strategien an	**Kraft einteilen (Häufigkeit und Zeitpunkt):** Nehmen Sie sich täglich Zeit, um die Situation mit Ihrer Tochter zu besprechen, und dann lassen Sie sie den Rest des Tages auf sich beruhen.
	Rituale einbauen (Traditionen und Gewohnheiten): Treiben Sie täglich Sport (als Ausgleich zum Stress und aus gesundheitlichen Gründen): Drehen Sie nach dem Essen eine gemeinsame Runde um den See.
	Wechseln zwischen Arbeit und Ruhe: Setzen Sie sich voll ein, um das zu tun, was getan werden muss. Diese Zeit ist intensiv, aber auch begrenzt.

Rhythmus-Arbeitsblatt

Name: Bill und Susan, die nach fünfzehnjähriger Ehe in einer Ehekrise stecken

Sie selbst sagen über ihre Situation: „Unsere Ehe ist ein einziges Chaos. Schlechte Entscheidungen in der Vergangenheit haben das Vertrauen zwischen uns zerstört. Wir mögen uns noch nicht einmal mehr. Das Leben ist so verrückt: Wir haben nie die Zeit, um wirklich miteinander zu reden."

Bestimmen Sie das Problem	Bill und Susan haben sich auseinandergelebt.
Bestimmen Sie Ihre aktuelle Lebensphase und das aktuelle Lebensstadium	**Lebensphase:** Bill hat eine Beförderung angeboten bekommen, die neue Verpflichtungen mit sich bringen würde, inklusive Dienstreisen. Die Kinder stecken mitten im Schuljahr.
	Lebensstadium: Lebensmitte, verheiratet, Erziehung von Kindern, die gerade in die Teenagerjahre kommen.
Wenden Sie die Kairos-Strategien an	**Sich von falschen Erwartungen lösen:** Überprüfen Sie anhand Ihres Lebensauftrags, ob dies die Zeit für Bill ist, um eine Beförderung anzunehmen. Eine Lösung wäre, dass Sie um Ihrer Ehe willen die Beförderung ausschlagen. Susan muss sich von unrealistischen Erwartungen an Bill lösen, die sie wegen ihres eigenen Vaters hat, der nie auf Dienstreisen ging und täglich um fünf Uhr zu Hause war. Lösen Sie sich beide von der Erwartung, dass Sie die Vergangenheit rückgängig machen oder die Folgen der Vergangenheit schnell wegwischen könnten.
	Chancen nutzen: Genießen Sie es, die Kinder zu ihrem Nachmittagsprogramm wie Sportveranstaltungen zu begleiten. Falls Bill die Beförderung annimmt, verwenden Sie einen Teil des Einkommens für eine Eheberatung.
	Vorausschauen: Innerhalb von zehn Jahren werden die Kinder ausgeflogen sein. Das sollte Sie zusätzlich motivieren, jetzt an Ihrer Beziehung zu arbeiten, weil Sie schließlich gut miteinander klarkommen wollen, wenn Sie nur noch zu zweit sein werden.
Wenden Sie die Chronos-Strategien an	**Kraft einteilen (Häufigkeit und Zeitpunkt):**
	Rituale einbauen (Traditionen und Gewohnheiten): Fahren Sie gemeinsam zu Sportereignissen oder Auftritten der Kinder, nutzen Sie die gemeinsame Zeit im Auto oder vor Veranstaltungsbeginn zum Reden; planen Sie einmal die Woche einen gemeinsamen Abend; besuchen Sie diesen Freitag die Kunstausstellung zum Impressionismus in der Stadt; nutzen Sie die Flugmeilen von Bills Dienstreisen, um an Ihrem Hochzeitstag gemeinsam wegzufliegen.
	Wechseln zwischen Arbeit und Ruhe:

Rhythmus-Arbeitsblatt

Name: Michael, ein Firmenmanager kurz vor dem Zusammenbruch

Die Firma fordert mehr und mehr Zeit, sodass Michael unter dem beruflichen Druck schier zusammenbricht. Seine ganze Zeit ist mit der Firma ausgefüllt, sodass er zu erschöpft ist, um irgendetwas anderes zu tun, Familie, Freunde und Freizeitaktivitäten eingeschlossen. Seine Exfrau hat das Sorgerecht für die Kinder, doch Michael schafft es noch nicht einmal, die ihm zugebilligte Zeit mit den Kindern zu verbringen, weil seine Arbeit ihm in die Quere kommt.

Bestimmen Sie das Problem	Michael bekommt seine unterschiedlichen Aufgaben und Verantwortungsbereiche nicht unter einen Hut.
Bestimmen Sie Ihre aktuelle Lebensphase und das aktuelle Lebensstadium	**Lebensphase:** Die Firma befindet sich in einer Phase enormen Aufschwungs, Michael wird ständig auf einen neuen Posten befördert.
	Lebensstadium: Karrieremitte, geschiedener Vater von Schulkindern
Wenden Sie die Kairos-Strategien an	**Sich von falschen Erwartungen lösen:** Nehmen Sie sich erneut Ihren Lebensauftrag vor und überlegen Sie, ob Sie sich nicht von der Erwartung schneller Beförderung verabschieden sollten; besprechen Sie realistische Erwartungen mit Ihrem Chef. Treten Sie von Ihrer freiwilligen zusätzlichen Verpflichtung in einer Kammer Ihres Industriezweigs zurück.
	Chancen nutzen: Nutzen Sie jede Chance, die sich Ihnen bietet, um Zeit mit Ihren Kindern zu verbringen. Machen Sie Ihrem Chef klar, dass für die verbleibenden Teenagerjahre Ihre Kinder Priorität haben.
	Vorausschauen:
Wenden Sie die Chronos-Strategien an	**Kraft einteilen (Häufigkeit und Zeitpunkt):** Nehmen Sie sich die täglichen Arbeitsabläufe vor: Was können Sie delegieren, verschieben oder abgeben? Reduzieren Sie das Tempo. Untersuchen Sie den Rhythmus Ihres Arbeitslebens anhand der Chronos-Zyklen. Erstellen Sie für Zuhause einen Familienkalender für jeden Chronos-Zyklus, in den Sie eintragen, wann Sie Zeit für die Kinder haben. Sehen Sie diese Termine als genauso bindend an wie Geschäftstermine. Tragen Sie die Termine am Arbeitsplatz in Ihren Dienstkalender ein, sodass Mitarbeiter sie sehen und Terminüberschneidungen möglichst vermeiden.
	Rituale einbauen (Traditionen und Gewohnheiten): Senden Sie täglich eine SMS an Ihre Kinder, bevor Sie Ihren Tag beginnen. Sprechen Sie sonntagnachmittags mit jedem Ihrer Kinder am Telefon.
	Wechseln zwischen Arbeit und Ruhe: Überlegen Sie sich, wie Sie zwischen Arbeit und Ruhe wechseln und gemäß den Rhythmen Ihrer Firma durchatmen können, anstelle nonstop bis an die Leistungsgrenzen zu arbeiten. Planen Sie sich regelmäßig freie Zeit ein. Gehen Sie samstagabends in den Jazz-Klub, wenn die Kinder nicht gerade das Wochenende bei Ihnen verbringen.

Rhythmus-Arbeitsblatt

Name: Monika, eine geschiedene, alleinstehende Mutter mit Kindern kurz vor der Pubertät

Monika sagt: „Mein Exmann zahlt seinen Unterhalt nicht und wir streiten uns vor Gericht über lächerliche Sachen. Ich habe eine volle Stelle und zwei Nebenjobs, um irgendwie über die Runden zu kommen. Ich verabrede mich mit Männern. Das Leben ist einfach verrückt."

Bestimmen Sie das Problem	Monika hat aufgrund ihrer Scheidung finanzielle Probleme.
Bestimmen Sie Ihre aktuelle Lebensphase und das aktuelle Lebensstadium	**Lebensphase:** geschieden, alleinstehende Mutter; das Schuljahr hat begonnen; Rechtsstreit mit ihrem Exehemann.
	Lebensstadium: Mittdreißigerin; Erziehung von Kindern, die kurz vor der Pubertät stehen.
Wenden Sie die Kairos-Strategien an	**Sich von falschen Erwartungen lösen:** Weil Ihre Kinder Ihre erste Verantwortung sind, lösen Sie sich von der Erwartung, dass Sie sich jetzt mit Männern verabreden müssten. Geben Sie einen der beiden Nebenjobs auf und leben Sie mit dem geringeren Einkommen. Lösen Sie sich von der Erwartung, dass Sie sich ehrenamtlich genauso engagieren müssten wie einige andere Mütter.
	Chancen nutzen: Investieren Sie in Ihre Kinder; lassen Sie sich ganz auf sie ein. Genießen Sie die Zeit, die Sie für sich haben, ohne einen Ehemann oder Freund.
	Vorausschauen: Ihre Kinder werden erwachsen werden. Vielleicht werden Sie wieder heiraten. Wenn nötig, können Sie später einmal mehr Stunden im Beruf arbeiten.
Wenden Sie die Chronos-Strategien an	**Kraft einteilen (Häufigkeit und Zeitpunkt):** Schauen Sie, dass Sie so viele Aufgaben wie möglich ohne großen Aufwand routinemäßig erledigen können; lassen Sie die Kinder Pflichten übernehmen, auf die sie sich einstellen können.
	Rituale einbauen (Traditionen und Gewohnheiten): Schaffen Sie Traditionen für Ihre Kinder rund um deren Geburtstage und um Feiertage. Sie müssen ja nicht unbedingt exakt an dem Tag stattfinden. So können Sie beständig sein, auch wenn die Kinder Feiertage bei ihrem Vater verbringen.
	Wechseln zwischen Arbeit und Ruhe: Richten Sie sich Erholungsrhythmen in den Chronos-Zyklen ein: Täglich – machen Sie Stille Zeit, vielleicht manchmal auf der Terrasse. Wöchentlich – nehmen Sie sich sonntagabends frei, keine Termine, alle bleiben zu Hause. Monatlich – nehmen Sie sich einen ganzen Samstag frei und unternehmen Sie etwas Tolles mit den Kindern. Vierteljährlich – nehmen Sie sich einen Tag für sich ohne Ihre Kinder. Jährlich – planen Sie einen günstigen Urlaub mit den Kindern (z. B. campen gehen, die Großeltern besuchen).

Rhythmus-Arbeitsblatt

Name: Jack, verheiratet, zwei Kinder, schreibt gerade seine Masterarbeit in Betriebswirtschaft

Jack macht nie eine Pause; wenn er nicht für seinen Masterabschluss arbeitet, hilft er mit, seine beiden Kinder (neun Monate und zweieinhalb Jahre) zu versorgen. Es kommt ihm so vor, als sei sein Leben gar nicht in Balance, weil er fast alle freie Zeit mit Freunden oder für Sport aufgegeben hat. Sein Stresslevel hat ein ungesundes Maß erreicht und er reagiert gereizt gegenüber seiner Frau und den Kindern. Er hasst es, wenn er die Beherrschung verliert, und fühlt sich ziemlich schuldig dafür.

Bestimmen Sie das Problem	Jack ist übereifrig und gestresst.
Bestimmen Sie Ihre aktuelle Lebensphase und das aktuelle Lebensstadium	**Lebensphase:** arbeitet an seinem Masterabschluss.
	Lebensstadium: Ende zwanzig, verheiratet, Erziehung von Kleinkindern.
Wenden Sie die Kairos-Strategien an	**Sich von falschen Erwartungen lösen:** Legen Sie die Erwartung ad acta, dass Sie diese Saison Baseball spielen müssten. Lösen Sie sich von der Erwartung, dass Sie das Semester über neben dem Studium viel freie Zeit haben werden. Arbeiten Sie mit Ihrer Frau daran, dass sie sich von der Erwartung löst, dass Sie eben mal Dinge für sie erledigen könnten.
	Chancen nutzen: Lernen Sie. Dafür machen Sie den Studiengang. Nehmen Sie keine Abkürzung. Nutzen Sie die Fahrt zur Uni, um möglichst viele Kunden anzurufen, oder fahren Sie mit öffentlichen Verkehrsmitteln, um auf dem Weg dösen, Ihre Lieblingsmusik hören oder einfach nur durchatmen zu können.
	Vorausschauen: Am Horizont steht die Absolvierung! Bis dahin können Sie noch durchhalten. Das Ende ist schon in Sicht. Die Babys werden älter werden. Dann müssen Sie keine Windeln mehr wechseln und die Kinder nicht mehr füttern oder anziehen.
Wenden Sie die Chronos-Strategien an	**Kraft einteilen (Häufigkeit und Zeitpunkt):** Ein besonderer Teil des Tages bedeutet Ihrer Frau und Ihren Kindern am meisten. Daher konzentrieren Sie sich zwischen 18 und 20 Uhr auf das Füttern, Baden und Zubettbringen der Kinder. Reservieren Sie diese Zeit für Ihre Familie und lernen Sie später weiter, wenn die Kinder im Bett sind.
	Rituale einbauen (Traditionen und Gewohnheiten): Lesen Sie Ihren Kindern eine Gutenachtgeschichte vor und bringen Sie sie zu Bett.
	Wechseln zwischen Arbeit und Ruhe: Richten Sie sich in den Semesterferien jeweils eine Auszeit ein. Spielen Sie Minigolf, machen Sie mit Ihrer Familie einen Ausflug an einen See, schlafen Sie aus.

Rhythmus-Arbeitsblatt

Name:

Bestimmen Sie das Problem	
Bestimmen Sie Ihre aktuelle Lebensphase und das aktuelle Lebensstadium	**Lebensphase:**
	Lebensstadium:
Wenden Sie die Kairos-Strategien an	**Sich von falschen Erwartungen lösen:**
	Chancen nutzen:
	Vorausschauen:
Wenden Sie die Chronos-Strategien an	**Kraft einteilen (Häufigkeit und Zeitpunkt):**
	Rituale einbauen (Traditionen und Gewohnheiten):
	Wechseln zwischen Arbeit und Ruhe:

Teil V

Der ultimative Rhythmus

Aus der Sicht der Ewigkeit

14

Auch hat er die Ewigkeit in ihr Herz gelegt.
Prediger 3,11 (Luther)

Ein rhythmisches Leben wird Ihr Leben zwar verbessern, aber nicht von allen Schwierigkeiten befreien. Es wird nicht alles immer eitel Sonnenschein sein. Wir leben in einer komplizierten Welt voller Not; ständig passieren viele schlimme Dinge: Da erkranken Menschen an Krebs und andere verlieren ihren Arbeitsplatz. Auf dieser Seite der Ewigkeit wird das Leben niemals einfach sein. Wenn wir das eigene oder auch weltweite Leid sehen, kann uns das erdrücken. Wir können in Verzweiflung und Hoffnungslosigkeit abrutschen. Aber es gibt eine ultimative Hoffnung.

Bis jetzt haben wir uns auf die irdischen Rhythmen konzentriert. Chronos-Zyklen entstehen weitgehend durch die Bewegungen und Konstellationen von Erde, Mond und Sonne. Kairos-Abläufe erreichen den Menschen im Laufe seines Lebens wie Meereswellen. Theologen bringen vielleicht Chronos-Rhythmen mit der Schöpfung in Verbindung und Kairos-Rhythmen mit göttlichen Schicksalsfügungen. Aber es gibt noch einen anderen Rhythmus, der allem übergeordnet ist. Tief im Innern wissen wir, dass dieses Leben nicht alles ist, was es gibt. Fast jede Kultur hat ihre eigenen Jenseitsvorstellungen. In Kunst, Literatur und Musik spiegelt sich die Sehnsucht nach Ewigkeit wider - der siebten Rhythmusstrategie.

Burnout rührt nicht nur daher, dass wir unsere Zeit in den Tretmühlen des Lebens verbringen. Er entsteht auch, wenn die Sorge über den Sinn und Zweck unseres Lebens uns mürbe macht. Wird das, was wir tun, am Ende wirklich von Bedeutung sein? Was macht es am Lebensende für einen Unterschied, ob ich mein Leben in Balance, im Rhythmus oder sonst wie gelebt habe? Wenn wir unser Leben aus der Perspektive der Ewigkeit betrachten, werden wir eine ganz neue Sicht entwickeln.

Sinn oder sinnlos? Wir sind für mehr bestimmt

Im alten jüdischen Buch des Predigers wirft König Salomo heikle Fragen über die offensichtliche Bedeutungslosigkeit des Lebens auf. Als mächtiger König hatte er die Mittel, um jede Art von gutem Leben auszuprobieren. Seine Experimente führten zu wenig positiven Ergebnissen, ob er sich nun an Bauprojekten versuchte, sexuelle Abenteuer einging, sich endlosen Urlaub gönnte oder sich in seiner königlichen Macht sonnte. Am Ende stellt er fest, dass der Tod doch auf alle von uns wartet und man uns auf der Erde schnell vergessen wird.

Aber die Aussicht auf die Ewigkeit gibt uns Hoffnung auf einen ultimativen Sinn, der über unser kurzes Leben hinausgeht. In Prediger 3,11, direkt nach seinem Gedicht über den rhythmischen Aufbau des Lebens (vgl. Kap. 5), sagt Salomo:

> Er [Gott] hat alles schön gemacht zu seiner Zeit, auch hat er die Ewigkeit in ihr Herz gelegt; nur dass der Mensch nicht ergründen kann das Werk, das Gott tut, weder Anfang noch Ende. (Luther)

„Die Aussage entbehrt nicht einer gewissen Ironie", schreibt der Bibelwissenschaftler Choon-Leong Seow: „Gott, der für alles seine Zeit eingerichtet hat, hat auch einen Sinn für Zeitlosigkeit im menschlichen Herzen verankert." Das hebräische Wort für Ewigkeit – das, was Zeit übersteigt – meint etwas Zeitloses und steht damit im Gegensatz zu „zu seiner Zeit", was sich ja auf die Zeitlichkeit bezieht.

Ein inneres Gefühl tief in unseren Herzen sagt uns, dass wir für mehr geschaffen sind als nur für diesen kurzen Augenblick auf der Erde. Jede große Kultur hat ihre Jenseitsvorstellungen, aber die der Hebräer ist eine besonders alte Tradition. Der Alttestamentler Michael Eaton stellt fest:

> Die „Ewigkeit" spielte eine wichtige Rolle in der Tradition Israels. Ein ewiges Leben war verloren gegangen (1Mose 3,22), und ein „ewiger Bund" in Kraft getreten (1Mose 9,16) durch einen ewigen Gott (Ps 90,2). Ein ewiges Priestertum (2Mose 40,15) und ein ewiges Königreich (2Sam 7,13) wurden von

einem ewig gnädigen Gott eingerichtet (Ps 111,4-5), der seinem Volk ewige Freude gibt (Jes 35,10). Dem Ewigkeitsgedanken in Gottes Umgang mit der Menschheit entspricht etwas, das in uns angelegt ist: Wir haben ein Verständnis für ewige Dinge, machen uns über die Zukunft Gedanken, wollen etwas „von Anfang bis Ende“ verstehen und haben einen Sinn für etwas, das über unsere augenblickliche Situation hinausgeht.[82]

Unsere Trauerzeremonien weisen auf eine Realität hin, die über unsere irdische Existenz hinausgeht. Selbst unsere Träume sprechen von einem Leben, das mehr ist als das aktuelle.

Für die Unsterblichkeit geschaffen

Es geht alles auf den Garten Eden zurück. Wir wurden unsterblich geschaffen, nur quasi unter „Vorbehalt“. Denn die Menschheit wurde Gott ungehorsam und wurde daraufhin mit dem Tod verflucht. Der Tod gehört ursprünglich nicht zu dieser Welt, wenn er auch heute die ganze Welt bestimmt. Ursprünglich waren wir ohne Tod geschaffen, zu ewigem Leben bestimmt; doch das ewige Leben ging durch den Sündenfall verloren. Gerade weil wir anfangs unsterblich waren, ist der Tod eine so traurige Sache. Ein unerwünschter Eindringling in unsere Welt.

Als Salomo nachforschte, woher Glück auf der Erde kommt, fand er letztlich nichts Vergängliches, was das menschliche Herz vollkommen zufriedenstellen kann. Der Kirchenvater Augustin hat gesagt: „Zu deinem Eigentum erschufst du uns, und unruhig ist unser Herz, bis es Frieden findet in dir.“[83] In *The Tyranny of Time* beschreibt Robert Banks unsere Welt als vorläufig, unsere Erfolge und Erfahrungen bleiben immer unvollkommen.[84] Banks meint, dass dieses Phänomen auf unsere Sehnsucht nach einem jenseitigen Leben deutet.

Nehmen wir einmal an, es gibt ein Jenseits: Was hat das für eine Auswirkung auf unser Leben heute? Jeder von uns wird sich einmal vor Gott verantworten müssen, wie wir unserem Lebensauftrag gerecht geworden sind, dem Zweck, zu dem er uns auf die Erde gesetzt hat (Röm 14,12). Die Ewigkeit verleiht unserem Lebensauftrag eine umso größere Bedeutung;

daher ist es so wichtig, dass wir unseren Lebensauftrag richtig erfassen und gut ausführen. Die Aussicht auf die Ewigkeit steigert die Bedeutung unseres Auftrags auf der Erde.

Was können wir in diesem Leben tun, das wir in der Ewigkeit nicht tun können? Obwohl die Frage nicht endgültig beantwortet werden kann, weil wir nicht genug über die Ewigkeit wissen, so ist doch deutlich, dass wir später Beziehungen nicht auf die gleiche Weise wie jetzt werden leben können. Wenn wir sterben, ist es zu spät, um unseren Familien zu sagen, dass wir sie lieb haben, zu spät für Entschuldigungen und Versöhnung. Nur in diesem Leben haben wir diese Chancen. Weil wir mit Sicherheit wissen, dass das Leben so kurz ist, sind diese Verhaltensweisen umso wichtiger und dringlicher.

Der allem übergeordnete Rhythmus der Ewigkeit motiviert mich, ein guter Verwalter über das zu sein, was mir anvertraut ist. Gott wird mich in der Ewigkeit nach dem belohnen, wie ich mit dem mir Anvertrauten hier auf der Erde umgegangen bin. Im Anschluss an das Gleichnis vom untreuen Verwalter stellt Jesus eine Frage: „Wenn ihr mit dem nicht umgehen könnt, was euch gar nicht gehört, wie soll Gott euch dann schenken, was er euch als Eigentum zugedacht hat?“ (Lk 16,12).

In mancher Hinsicht ist unser Leben auf der Erde ein Test, ein Treuetest. Unsere vergängliche Zeit in diesem Leben ist nur ein Punkt auf dem Zeitstrahl der Ewigkeit. Trotzdem können wir heute unsere Ewigkeit beeinflussen durch die Art und Weise, wie wir das verwalten, was Gott uns im Diesseits anvertraut hat.

Was können wir mit unserer Schuld tun?

Es gibt falsche Schuldgefühle, die wir uns durch falsche Erwartungen bescheren. Aber andere Schuldgefühle produziert unser Gewissen, wenn es uns darauf hinweist, dass wir tatsächlich etwas falsch gemacht haben. Wie können wir mit dieser echten Schuld umgehen? Die Angst vor dem göttlichen Gericht kann uns schwer auf der Seele lasten und uns innerlich herunterziehen.

Wenn wir uns bewusst machen, dass Gott im Endgericht über unsere Ewigkeit entscheiden wird, kann das unsere Schuldgefühle noch verstärken. Wie werden wir vor dem heiligen Richter bestehen können? Unser Gewissen sagt uns schon, dass wir noch nicht einmal unseren eigenen Maßstäben genügen, wie viel weniger werden wir den seinen entsprechen! Und damit liegen wir richtig. Das ist keine eingebildete, sondern wirkliche Schuld. Kein Mensch hat je ein vollkommenes Leben geführt. Was also sollen wir mit unserer Schuld machen?

Wir können nichts damit machen. Wir haben da ein großes Problem: Wir können mit unserer Schuld nicht fertig werden. Nur Gott kann das. Deshalb starb Jesus am Kreuz, um unsere Schuld auf sich zu nehmen. Die Bibel sagt: „Gott hat Christus, der ohne Sünde war, an unserer Stelle als Sünder verurteilt, damit wir durch ihn vor Gott als gerecht bestehen können" (2Kor 5,21). Um von echter Schuld frei zu werden, müssen wir Gottes Vergebung in Anspruch nehmen. Nur Gott kann Sünde vergeben. Er bietet an, unsere Schuld durch Jesus Christus wegzunehmen. So werden wir von Schuld frei!

Ewigkeitsperspektive reduziert Hektik, Stress und Burnout

Überlegen Sie sich, wie die Ewigkeit mit den Rhythmen dieses Lebens zusammenhängt. Gott hat die Chronos-Zyklen geschaffen, aber es gibt keinen sicheren Hinweis, dass diese Zyklen in der Ewigkeit andauern werden. Kairos-Zeiten entstehen durch das menschliche Leben auf dieser gefallenen Erde. In der Ewigkeit hat unser Leben dagegen kein Ende, unsere Lebensphasen werden nicht durch Schmerzen getrübt. Wir werden im Paradies sein. Eines Tages wird das Zeitalter (der *Äon)* der Ewigkeit die Einrichtungen von *Chronos* und *Kairos* ablösen. In der Ewigkeit werden wir andere Abläufe erleben und andere Kairos-Chancen haben.

Wie kann uns also ein Verständnis der Ewigkeit in unserem Leben heute weiterhelfen? Wenn Sie sich der Kürze dieses Lebens und der Länge des zukünftigen bewusst sind, dann wollen Sie in diesem Leben die Weichen für die Ewigkeit stellen. Sie werden sich fragen: Was ist vom Himmel aus gesehen auf der Erde wichtig? Was wird langfristig, von der Ewigkeit her gesehen von Bedeutung sein? Am wichtigsten ist das, was am längsten Bestand hat.

Was wird also in der Ewigkeit noch Bestand haben? Was in diesem Leben wirkt sich noch auf die Ewigkeit aus? Menschen. Menschen bleiben für immer. Wenn Sie ständig mit tausend Dingen beschäftigt sind, dann fragen Sie sich selbst: Welche dieser Dinge sind in einer Woche noch wichtig? In einem Jahr? In der Ewigkeit? Diese äußerst langfristige Sicht kann Ihnen helfen, Ihr Tun zu durchdenken und zu entscheiden, was wirklich Ewigkeitswert hat. Was wird Gott interessieren, wenn Sie eines Tages vor ihm stehen?

Solche Fragen schützen uns vor dem Burnout, weil wir unsere Geschäftigkeit zurückschrauben können. Ganz grundsätzlich gilt: Wenn wir unser Leben auf das ausrichten, was ewig Bestand hat, dann verleiht das unserem täglichen Leben neuen Sinn und wir schöpfen neue Motivation dafür. Ein Burnout wird auch dadurch beschleunigt, dass einem sein Tun sinnlos erscheint. Wenn wir die Motivation verlieren, ist das Leben eine Qual und zieht uns herunter. Wenn uns bewusst ist, dass das, was wir tun, in Gottes Augen für alle Ewigkeit wichtig ist, dann sind wir viel eher in der Lage, mit Elan weiterzumachen.

Alltagsaufgaben wie der Abwasch oder Spesenabrechnungen können uns aufreiben, wenn wir sie nicht aus dem Blickwinkel der Ewigkeit betrachten. Wenn wir unseren Aufgaben nachkommen, dienen wir anderen Menschen und geben Gott Ehre. Beides hat Ewigkeitswert.

Doch auch bei bester Motivation kann das Leben schwierig sein und uns ermüden. Die Aussicht auf die Ewigkeit gibt uns Kraft und hilft uns, heute durchzuhalten. Wir können schwere Tage durchstehen, wenn wir wissen, dass die endgültige Ruhe kommen wird. Der Blick auf die Zukunft gibt uns Hoffnung für heute.

Wenn wir den übergeordneten Rhythmus verstehen, kann uns das helfen, uns von falschen Erwartungen zu lösen (1. Kairos-Strategie). In diesem Fall können und sollten wir uns von der irrigen Ansicht verabschieden, dass das Leben hier jemals ein Paradies sein wird. Diese Erwartung wird in der Ewigkeit erfüllt, aber nicht vorher. Wir werden uns Frust ersparen und zufriedener sein, wenn wir diese Tatsache akzeptieren.

Ergreifen Sie also die Gelegenheiten (2. Kairos-Strategie), um Dinge zu tun, die für immer Bestand haben. Sie werden weniger ausbrennen und mehr Erfüllung erleben. Wenn Sie sich mit dem beschäftigen, was im

Himmel zählt, was in Gottes Augen wirklich wichtig ist, dann werden Sie echte Erfüllung und wahre innere Zufriedenheit erfahren.

Freuen Sie sich daran, dass das, was Sie tun, für Gott ewige Bedeutung hat. Menschen zählen für immer. Durch Ihr Handeln kann eine andere Person für die Ewigkeit geprägt werden. Das Wissen, dass das, was Sie tun, Gott gefällt, verleiht ein Gefühl tiefer Befriedigung.

Und zuletzt: Freuen Sie sich auf die Ewigkeit (3. Kairos-Strategie)! Aus dieser Vorfreude können Sie große Hoffnung schöpfen. In einem Leben voller Verzweiflung, Leid und Enttäuschungen kann diese Hoffnung ein Anker für Ihre Seele sein. An den dunkelsten Tagen und in den tiefsten Tälern wird Ihnen diese Aussicht auf die Ewigkeit Kraft geben.

15

Zum Schluss: Leben im Rhythmus

Alles hat Rhythmus; alles tanzt.
Maya Angelou

Als mir mein Geistesblitz in Neuseeland kam, hatte ich keine Vorstellung davon, was für ein Reichtum in dem Rhythmuskonzept steckt und wie segensreich es sich für mein Leben erweisen würde. Ein rhythmisches Leben befreite mich gründlich von Burnout, Hektik und Schuldgefühlen. Ich habe gelernt, mehr von dem zu erreichen, was wirklich zählt - und das mit weniger Stress und Frust.

Auch wenn ich ein Leben im Rhythmus längst nicht erschöpfend begriffen habe, so ist mein Leben heute doch wesentlich besser als vor ein paar Jahren. Fort ist das unbestimmte schlechte Gefühl, kein ausgewogenes Leben zu führen. Tatsächlich habe ich mich von dem Gedanken eines „Lebens in Balance" endgültig verabschiedet. Das ist gar nicht mehr mein Ziel. Heute frage ich mich, ob mein Leben in einem guten Rhythmus ist.

Das Leben kann immer noch verrücktspielen. Ich neige von meiner Persönlichkeit her immer noch dazu, zu viele Eisen gleichzeitig im Feuer zu haben. Damit mache ich mir Stress, wo es gar nicht nötig wäre. In solchen Zeiten muss ich erneut die Lage von einem Rhythmus-Standpunkt aus betrachten und mir eine Lösung über die jeweiligen Rhythmusstrategien erarbeiten. Trotzdem erlebe ich heutzutage weniger Hektik, weil ich so auf den Kairos-Wellen reite, wie sie auf mich zukommen. Auch wenn nicht alle Schwierigkeiten und Herausforderungen wie durch Magie verschwunden sind, so ist doch der Stress weniger geworden und Erfüllung und Zufriedenheit in dem Maß gewachsen, in dem ich rhythmisch in einem der fünf Chronos-Zyklen gelebt habe. Meine Lebensqualität hat sich einfach verbessert, und ich bin überzeugt, dass Ihnen das auch so gehen kann.

Wie erging es denn nun Mike und Julia Jones?

Mike hat sich von dem wahnwitzigen Anspruch verabschiedet, ein ausgeglichenes Leben zu führen, und stattdessen den Rhythmusansatz übernommen. Als er die drei Kairos- und Chronos-Rhythmusstrategien anwandte, verbesserte sich sein Leben. Es ist weiterhin gut gefüllt, aber er droht nicht mehr auszubrennen.

Sich von unnötigem Erwartungsdruck lösen

Mike löste sich von der falschen Erwartung, dass er jetzt und sofort in jedem Lebensbereich das perfekte Leben haben müsse. Weil gerade die Fußballsaison für seine Tochter begann, hörte er auf, Basketball zu spielen, und nahm dabei Sticheleien von seinen Freunden in Kauf. Im Bewusstsein seines Lebensabschnitts – Vater von Kleinkindern (die Ewigkeitswert haben) – löste sich Mike von der Erwartung, dass er beim Wettbewerb um den schönsten Vorgarten mithalten und mit seinen Eltern genauso viel Zeit verbringen müsse wie zuvor. Er trat auch von seinem Vorstandsposten bei der lokalen Tafel zurück und nahm etwas Tempo aus seinem Masterstudium.

Chancen nutzen

Mike entschloss sich, die Chance zu nutzen, auf dem Pfadfindercamp in das Leben seines Sohnes zu investieren. Er erklärte seinen Eltern, dass (und warum) er sie an dem Wochenende nicht besuchen würde. Er konnte die Enttäuschung in ihren Stimmen hören, aber sie unterstützten seine Entscheidung. Schließlich war Ben ihr Enkelsohn. Mike und Ben hatten einen Wahnsinnsspaß zusammen. Als sie am Sonntagmorgen mit dem Kanu unterwegs waren, fragte Ben Mike: „Was passiert, wenn man stirbt?"

Mike ging der Gedanke durch den Kopf: „Was wäre, wenn ich nun nicht da gewesen wäre, um meinem Sohn diese Frage zu beantworten?" Gerne sprach er mit seinem Sohn darüber, was wirklich zählt, und genoss die Fahrt auf dem See gemeinsam mit seinem Sohn in einem Kanu. In den darauffolgenden Wochen erzählten Ben und Mike immer wieder Geschichten von ihrem Camp, setzten Fotos auf ihre Facebook-Seiten und mussten lachen, bis ihnen die Tränen über die Wangen liefen, als sie den Großeltern beim Essen davon erzählten.

Sich auf den nächsten Schritt freuen

Im nächsten Sommer wird Ben gerade alt genug sein, um für eine Woche ein Wildniscamp in den Bergen mizumachen. Mike hat dafür schon Urlaub beantragt. Er malt sich mit Ben bereits zusammen aus, was sie dann erleben werden. Sie joggen gemeinsam, um für ihre Tour fit zu sein. Die Vorfreude hilft beiden, wenn Arbeit und Schule sie unter Druck setzen. In ein paar Monaten werden sie auf dem Camp sein.

Kräfte einteilen

Mike und Julia haben sich zusammengesetzt und sind ihre Chronos-Zyklen durchgegangen, um ihr Leben als Individuen, Ehepaar und Familie zu verbessern. Nachdem sie nochmals festgehalten haben, was ihnen wirklich wichtig ist – ihr gemeinsamer Lebensauftrag – haben sie Listen von ihren regelmäßigen Tätigkeiten erstellt und jeweils eine angemessene Häufigkeit festgelegt. Gartenarbeit wanderte von den täglichen Aufgaben zu den wöchentlichen. Das bedeutet, dass der Vorgarten nun nicht mehr so gut aussieht wie vorher, aber dafür haben Mike und Julia mehr Zeit für Emma und Ben.

Rituale angewöhnen

Bei der ganzen Arbeit und den vielen Aktivitäten der Kinder äußerte Julia ihre Sorge über die Einheit der Familie. So beschloss sie mit Mikes Unterstützung, ein Ritual zum Auftanken einzuführen. Weil sie kürzlich über die Bedeutung des Frühstücks für die körperliche Gesundheit gelesen hatte, entschieden sie sich für ein Morgenritual mit allen vier Familiengliedern. Sie wollen gemeinsam den Tisch fürs Frühstück decken, essen und auch gemeinsam aufräumen. Während des Essens wird jeden Tag eine andere Person einen Bibelvers vorlesen und ein Gebet für den Tag sprechen. Um ihre Ehe zu stärken, schlug Mike vor, regelmäßig miteinander auszugehen. Das ist jetzt für den letzten Freitag im Monat vorgesehen.

Außerdem haben sie mit den Kindern zusammen Ideen gesammelt, was sie gerne einmal gemeinsam unternehmen würden.

Zwischen Arbeit und Ruhe wechseln

Das Gespräch über das Einteilen der Kräfte und Einführen von Ritualen führte Mike und Julia dazu, auch über die Strategie zu reden, zwischen Arbeit und Ruhe zu wechseln. Sie wussten beide, dass sie das nicht gut konnten. Ein großer Teil ihres Stresses hing damit zusammen, dass sie versuchten, ein konstantes Tempo zu fahren. Das ließ natürlich keinen Raum für zwischenzeitliche Überstunden am Arbeitsplatz oder gewisse Auszeiten.

Nach dem Samstagsanruf von seinem Chef trat Mike mit seinem Team am Arbeitsplatz in eine schwierige Phase. Der Systemcrash an sich war dabei nur das kleinste Problem, er würde Wochen von unvorhergesehener Arbeit nach sich ziehen. Weil Mike das wusste, informierte er schon im Voraus seinen Chef, sein Team, Julia und die Kinder. Er erklärte ihnen, dass er für fünf Wochen länger im Büro und bei einem Kunden sein werde. Gleichzeitig kündigte er an, dass, wenn das Projekt geschafft wäre, jeder im Team ein auf vier Tage verlängertes Wochenende bekäme. Mike legte das Wochenende so, dass seine Kinder in der Zeit schulfrei hatten, und lieh sich mit Julia das Wohnmobil seiner Eltern, um mit Emma und Ben in ihren Lieblingsferienpark zu fahren. Seine Eltern sagten nicht nur das Wohnmobil zu, sondern boten an, mitzufahren und bei der Betreuung von Emma und Ben mitzuhelfen.

Nachdem sie diese Strategien umgesetzt hatten, kam es einige Monate später zu neuen Konflikten. Wiederum schauten sich Mike und Julia die natürlichen Zyklen an, um zu sehen, wie sie ein gutes Tempo finden, lebensverbessernde Rituale einführen und zwischen Kraft investieren und regenerieren wechseln konnten. Wenn ihr Leben auch immer noch genug Herausforderungen mit sich bringt, so hat es sich doch im Großen und Ganzen sehr verbessert.

Nun sind Sie dran!

Das Potenzial des Rhythmusansatzes ist noch nicht voll ausgeschöpft, Sie werden sicher weitere Entdeckungen machen und herausfinden, welche Vorteile ein rhythmischer Ansatz für Ihr Leben haben kann.

Mein Wunsch ist es, Ihnen zu helfen, weniger Stress, Burnout und Schuldgefühle zu haben und dafür mehr Frieden, Erfüllung, Freunde und Hoffnung. Das kann geschehen, wenn Sie auf den Kairos-Wellen reiten, bis zum Strand surfen, den Wind im Rücken haben und sich den Chronos-Zyklen anpassen, und im Einklang leben mit den Rhythmen des Lebens.

Ihr Leben

Nun sind Sie an der Reihe. Wenn Sie immer noch dabei sind, Ihr Leben in Balance zu bringen, dann hören Sie damit auf. Lassen Sie von diesem unerreichbaren und törichten Ziel. Welches Problem droht mit seinen Krallen, immer wieder Ihr Leben zu packen? Was stresst Sie, in Ihrer Ehe, auf der Arbeit, in Ihrer augenblicklichen Situation? Schlagen Sie Anhang B auf, wo Sie einige leere Arbeitsblätter finden. Setzen Sie das Rhythmus-Arbeitsblatt ein. Suchen Sie sich einen Freund oder jemanden, der Ihnen sonst wie nahesteht, und bitten Sie ihn oder sie, den Arbeitsbogen mit Ihnen durchzugehen.

Ihr Freund

Vielleicht können Sie aber auch dieser Freund für jemand anders sein. Wer in Ihrem Bekanntenkreis ist total gestresst? Wer hat sich krampfhaft darauf eingeschossen, ein Leben in Balance zu leben? Wer in Ihrem Freundeskreis könnte von diesem Buch profitieren? Geben Sie es weiter. Helfen Sie den betreffenden Freunden, durch das Rhythmus-Arbeitsblatt ein besseres Leben zu erreichen.

Ihr Team

Falls Sie verantwortlich sind für ein Team: Stellen Sie sich vor, was der Rhythmusansatz in Ihrem Teamleben verändern könnte. Vereinbaren Sie eine Zeit mit Ihrer Truppe, um das Buch gemeinsam durchzuarbeiten, indem Sie sich an den Fragen am Ende des Buches entlanghangeln. Kaufen Sie Ihren Teammitgliedern das Buch. Wie würde Ihr Team reagieren, wenn Sie ihm den neuen Rhythmusansatz vorstellen?

Ihr Einflussbereich

Vielleicht haben Sie auch eine einflussreiche Position. Wenn Sie Geschäftsführer sind oder in der Personalabteilung einer Firma arbeiten, dann überlegen Sie sich, wie der Rhythmusansatz Ihrer Firma weiterhelfen könnte. Wie könnten Sie dadurch die Moral und Produktivität der Belegschaft steigern? Wie wäre es, wenn Ihr Team voller Elan die Arbeit anginge, um eine Frist einzuhalten, in der ein Angebot erstellt werden muss? Wie wäre es, wenn Ihr Vertriebsteam gesünder leben könnte? Wie könnte eine Analyse vom rhythmischen Ansatz her Ihre Sichtweise verändern, wie Sie Ihre Geschäftszyklen und den Einsatz der Mitarbeiter in den unterschiedlichen Abteilungen betrachten?

Was würde passieren, wenn Ihre Firma sich auf das Rhythmus-Prinzip einließe? Wie wäre es, wenn die Angestellten, statt Woche für Woche 40 Stunden zu arbeiten, eine Woche 65 Stunden arbeiteten und in der nächsten Woche 15 Stunden? Ich vermute, dass über ein Jahr gesehen bei einer rhythmischen Herangehensweise mit wechselnden Wochenarbeitszeiten mehr erreicht würde als mit einer konstanten Stundenanzahl. Mancher Betrieb sollte das Risiko eingehen und dies einfach einmal ausprobieren.

Wenn im Betrieb ein Projekt in der entscheidenden Phase ist, dann ist es nur recht und billig, lange Schichten zu schieben und sich mit ganzer Kraft reinzuhängen. Manchmal kann das eine Nacht durchgehen oder ein Wochenende, doch anschließend ist es Zeit, um einen Gang zurückzuschalten und sich zurückzulehnen, auszuspannen und sich zu erholen. In einer Umgebung mit einem ausgeprägten Vertrauensverhältnis klappt das zwischen Managern und Angestellten, ohne dass es groß organisiert würde. Aber könnte es vielleicht einen systematischeren, stärker rhythmisch geprägten Weg zur Einteilung der Arbeitszeit geben, der besser zu dem passt, wie das Leben wirklich verläuft?

Als Lebensberater

Ich ermutige jeden Lebensberater, den Rhythmusansatz aufzugreifen, damit Sie Ihren Klienten helfen können, ihr Leben gesünder zu leben. Verabschieden Sie sich von dem Balance-Gedanken und arbeiten Sie mit dem Rhythmuskonzept, wenn Sie in der Beratung Menschen zu einem besseren Leben anleiten. Entwickeln Sie Hilfsmittel auf Grundlage des Rhythmusansatzes, die Klienten helfen, ihr Leben in den Griff zu bekommen.

Was würde passieren wenn Autoren, die über Wirtschafts- oder Lebensfragen schreiben, vom Balance- auf das Rhythmus-Denken umschwenken würden? Was für kreative Ideen würde ein solcher Paradigmenwechsel mit sich bringen?

Wie würden Sie sich Ihr Leben aus der neuen Perspektive gesehen vorstellen?

Was wäre, wenn Sie am Montagmorgen voller Elan zur Arbeit gingen?

Was wäre, wenn Ihre Familie im Urlaub glücklich wäre?

Was wäre, wenn sich Ihr Team voll reinhängen würde?

Was wäre, wenn Sie mehr erreichen würden und das mit weniger Stress?

Was wäre, wenn Sie voller Feuer leben könnten, ohne auszubrennen?

Die alten Griechen sagten: „Erkenne die Zeit“ und meinten damit: Nutze sie gut. Ein gut geführtes Leben schwingt im Einklang mit der Musik, von der unser Leben nur ein Teil ist.

Der Mythos der Balance ist entlarvt. Wir werden nicht länger fragen: „Ist mein Leben in Balance?“, sondern: „Lebe ich in einem guten Rhythmus?“

Ich wünsche Ihnen ein tolles Leben!

Anhang

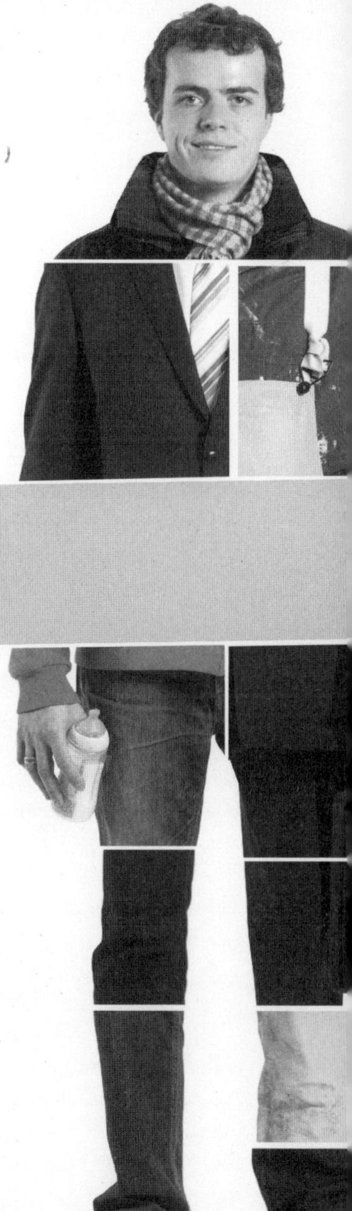

Ihre Lebensplanung mit den Chronos-Zyklen

Die meisten Leute haben Schwierigkeiten damit, sich ihr Leben angepasst an die fünf Chronos-Zyklen vorzustellen, solange sie sich keine Notizen machen. Um Ihnen zu helfen, Ihre Gedanken zu sortieren, folgen nun ein paar Arbeitsblätter.

Schreiben Sie für jeden der fünf Chronos-Zyklen die entsprechenden Tätigkeiten auf. Achten Sie beim Ausfüllen darauf, dass Sie Ihre verschiedenen Rollen und Verantwortungsbereiche im Blick haben – als Elternteil, Schüler, Arbeitgeber, Arbeitnehmer, Abteilungsleiter, Freund, ehrenamtlicher Mitarbeiter, Gemeindeglied, Bürger und Nachbar. Die meisten Menschen empfinden es als hilfreich, sich eine der Rollen vorzunehmen und sie für jeden Zyklus durchzugehen. Sie müssen sich nicht *jede* Rolle für *jeden* Zyklus anschauen; konzentrieren Sie sich auf die wichtigsten. Für den einen Zyklus könnte das Ihre berufliche Rolle sein, in einem anderen Ihre familiäre Verantwortung. Der Sinn des Ganzen ist, Ihre Rollen und Verantwortungsbereiche aus einem rhythmischen Blickwinkel zu sehen. Notieren Sie für jeden Zyklus Ihr Lebenstempo (wie häufig wiederholt sich eine Tätigkeit?), die Rituale (eine lebensverbessernde Gewohnheit oder Tradition) und den Wechsel zwischen Arbeit und Ruhe.

Lassen Sie sich von den Arbeitsbögen nicht erschlagen. Diese Übungen sollen Sie befreien und nicht noch mehr versklaven. Jeder Bogen soll eine Anregung für Sie sein, darüber nachzudenken, was zu Ihrem Lebenszyklus passt. Nehmen Sie sich einen Zyklus und einen Bogen vor und probieren Sie aus, ob es Ihnen weiterhilft. Wenn Sie dann die ersten Erfolgserlebnisse haben, können Sie sich den weiteren Arbeitsblättern zuwenden.

So verläuft ein Jahr bei mir

Notieren Sie in der unten stehenden Tabelle, wie typischerweise ein Jahr bei Ihnen aussieht. Schreiben Sie für jeden Monat die Aktivitäten und Ereignisse auf, die anfallen und Ihr Leben prägen. Auf der Seite 208 f. finden Sie Beispiele für solche Rhythmen.

Monat	Jährlicher Rhythmus
Januar	
Februar	
März	
April	
Mai	
Juni	
Juli	
August	
September	
Oktober	
November	
Dezember	

Jährliche Rhythmen

Zyklen haben für gewöhnlich einen typischen Ablauf, d. h. sie wiederholen sich nach einem bestimmten Muster. Besonders hilfreich ist es, den Ablauf eines *Jahres* zu verstehen, weil es vielen von uns schwerfällt, ein Jahr als Ganzes zu betrachten. Gehen Sie den Zyklus eines Jahres durch. Wann beginnt es, wann hört es auf? Wann fallen die hektischen Zeiten an, wann die ruhigeren? Welche Tätigkeiten oder Ereignisse beanspruchen Ihre Zeit?

Beispiele für jährliche Rhythmen[85]

Feiertage und besondere Tage: Silvester, Valentinstag, Muttertag, 1. Mai, 3. Oktober, Weihnachten

Familie: Geburtstage, Hochzeitstage, Urlaub, Zeltlager, Freizeiten, Prüfungen, Jahrestage von Todesfällen oder Unfällen

Zuhause: Frühjahrsputz, Saatzeit im Garten, Erntezeit im Garten, Schneeschippen

Schule: Osterferien, Sommerferien, Herbstferien, Weihnachtsferien, Einkauf von Schulsachen, erster Schultag, Elternsprechtag

Religiöse Feste: Fastenzeit, Palmsonntag, Ostern, Pfingsten, Advent, Weihnachten; Rosch ha-Schana (jüdisches Neujahrsfest), Jom Kippur, Chanukka, Passahfest; Ramadan; Missionseinsätze

Staat: Steuererklärung, TÜV, Wahlen

Kulturell/gesellschaftlich: [in Deutschland: 3. Oktober, 9. November; in den USA:] Martin Luther King Jr. Day; May Day, Cinco de May, D-Day, Pearl Harbor Day u. a.

Arbeit: Betriebsausflug, Konferenzen, Messen, Budgetplanung, Mitarbeitergespräche, Fortbildung, Jahresabrechnung, saisonbedingte Höhen und Tiefen

Sport: Trainingslager, Eröffnungsspiel, Pokal, Meisterschaft, Abschiedsspiel, Qualifikation

Saisonsportarten: Fußball-Bundesliga, Eishockey, Wintersportarten (z. B. Ski-Weltcup und Vierschanzentournee), Tour de France, Formel 1, Tennisturniere (z. B. Wimbledon)

Gesundheit: Vorsorgeuntersuchungen, Kontrollen beim Zahn- oder Augenarzt, jahreszeitbedingte Krankheiten wie Allergien, Arthritis, Erkältungen, Winterdepression

Hobby: bestimmte Jahreszyklen, z. B. Wettkämpfe

Essen: Picknick, Grillfeste, traditionelles Feiertagsessen, saisonbedingtes Obst und Gemüse

Unterhaltung: Oscars, Eurovision Song Contest, Berlinale, TV-Staffeln, Weihnachtskonzerte

Mein persönlicher Jahresablauf

Welche jährlichen Rhythmen, Rituale oder Wechsel zwischen Arbeit und Ruhe würden Sie gerne in Ihr Leben einbauen? Notieren Sie in der unten stehenden Tabelle einige Ideen für Ihren jährlichen Ablauf. Beginnen Sie damit, dass Sie für eine Rolle in Ihrem Leben einen jährlichen Rhythmus notieren. Auf der Seite 208 f. finden Sie Beispiele für solche Rhythmen.

Rolle im Leben	Häufigkeit, Rituale und Arbeit-Ruhe-Wechsel im Jahr

Mein persönlicher Quartalsablauf

Welche vierteljährlichen Rhythmen, Rituale oder Wechsel zwischen Arbeit und Ruhe würden Sie gerne in Ihr Leben einbauen? Notieren Sie in der unten stehenden Tabelle einige Ideen für Ihren Quartalsablauf. Beginnen Sie damit, dass Sie für eine Rolle in Ihrem Leben einen vierteljährlichen Rhythmus notieren. Auf der Seite 215 finden Sie Beispiele für solche Rhythmen.

Rolle im Leben	Häufigkeit, Rituale und Arbeit-Ruhe-Wechsel im Quartal

Mein Monatsablauf

Welche monatlichen Rhythmen, Rituale oder Wechsel zwischen Arbeit und Ruhe würden Sie gerne in Ihr Leben einbauen? Notieren Sie in der unten stehenden Tabelle einige Ideen für Ihren Monatsablauf. Beginnen Sie damit, dass Sie für eine Rolle in Ihrem Leben einen monatlichen Rhythmus notieren. Sie können auf der Seite 215 Beispiele für monatliche Rhythmen nachschlagen.

Rollen im Leben	Häufigkeit, Rituale und Arbeit-Ruhe-Wechsel im Monat

Mein Wochenablauf

Welche wöchentlichen Rhythmen, Rituale oder Wechsel zwischen Arbeit und Ruhe würden Sie gerne in Ihr Leben einbauen? Notieren Sie in der unten stehenden Tabelle einige Ideen für Ihren Wochenablauf. Beginnen Sie damit, dass Sie für eine Rolle in Ihrem Leben einen wöchentlichen Rhythmus notieren. Auf der Seite 216 finden Sie Beispiele für solche Rhythmen.

Rollen im Leben	Häufigkeit, Rituale und Arbeit-Ruhe-Wechsel in der Woche

Mein Tagesablauf

Welche täglichen Rhythmen, Rituale oder Wechsel zwischen Arbeit und Ruhe würden Sie gerne in Ihr Leben einbauen? Notieren Sie in der unten stehenden Tabelle einige Ideen für Ihren Tagesablauf. Beginnen Sie damit, dass Sie für eine Rolle in Ihrem Leben einen täglichen Rhythmus notieren. Auf der Seite 216 finden Sie Beispiele für solche Rhythmen.

Rolle im Leben	Häufigkeit, Rituale und Arbeit-Ruhe-Wechsel am Tag

Beispiele für Quartalsrhythmen

- Ölwechsel
- Börsenberichte, Quartalsberichte für Aktienunternehmen, Überprüfung eines Finanzplanes, Verkaufsziele fürs nächste Quartal, Vorstandstreffen
- größere Arbeiten zu Hause
- Planungen
- Wochenendausflug, Wochenendfreizeit
- ein Buch lesen
- Regale abstauben, Fensterputzen
- Kleidung für nächste Jahreszeit planen
- große Sportereignisse besuchen

Beispiele für Monatsrhythmen

- Haushaltsbudget planen
- Rechnungen zahlen, Kontostand überprüfen
- Putzen
- ein Geschenk für den Ehepartner oder eine andere wichtige Person kaufen
- eine größere Unternehmung mit dem Ehepartner
- für Klassenarbeiten lernen und Referate vorbereiten
- ehrenamtlich bei einem Projekt mitmachen
- ausgiebige Zeit mit Gott
- einen Brief schreiben
- zum Friseur gehen, Haare färben
- Freunde oder Familie besuchen
- Ziele setzen
- den Monat finanziell abschließen, Geschäftsbericht schreiben
- Menstruation (Raum für Energie- und Stimmungsschwankungen)
- Haustiere baden
- ein Buch lesen
- sich um defekte Geräte kümmern (reparieren oder ersetzen)
- einen Film anschauen

- zum Essen ausgehen
- einen Freund oder Nachbarn zum Essen einladen
- einen Spieleabend machen
- Flohmarkt oder Antiquitätenhandlung besuchen
- an einem Seminar teilnehmen

Beispiele für Wochenrhythmen

- Arbeit
- Wochenendunternehmungen
- Fernsehshows
- Fußballspiele und andere Sportereignisse
- Gemeindeveranstaltungen (Gottesdienste, Gebetstreffen, Hauskreis …)
- andere regelmäßige Veranstaltungen (Chor, Jugendgruppe …)
- Klavierunterricht, Ballett …
- Training
- Gartenarbeit
- Hausarbeit (Mülltonnen herausstellen, saugen, Wäsche waschen, Badezimmer putzen, Staub wischen …)
- Montag (Wochenanfang) und Freitag (Start ins Wochenende)
- Einkäufe
- Autowäsche
- Anrufe bei Eltern oder Kindern, die außer Haus leben
- Skatabend o. Ä.
- Familienabend
- freier Tag

Beispiele für Tagesrhythmen

- Schlafen und aufstehen
- duschen
- Mahlzeiten
- Pausenbrote für die Kinder schmieren
- Essen kochen
- zur Arbeit fahren (Auto oder öffentliche Verkehrsmittel)

- beim Ganztagsschulprogramm mitmachen
- Zähneputzen
- Sport treiben
- Mittagsschlaf machen
- sich entspannen, Kaffeepause einlegen
- spazieren gehen
- lesen, Musik hören
- die Nachrichten schauen
- die Kinder zur Schule oder zum Verein fahren
- E-Mails lesen und beantworten
- soziale Kontakte pflegen
- ein Baby stillen
- spielen
- den täglichen Ablauf am Arbeitsplatz mitmachen (Morgenkonferenz, Zeitung lesen, Mittagsandrang, Laufkundschaft …)

Meine Woche in 21 Abschnitten

Stellen Sie sich eine Woche vor, die aus 21 Zeitabschnitten besteht. Jeder der sieben Tage wird in drei Abschnitte eingeteilt (Morgen, Nachmittag, Abend). Worauf konzentrieren Sie sich in dem jeweiligen Zeitabschnitt? Familie, Beruf, Engagement, Sport, sich selbst? Die folgende Tabelle hilft Ihnen, Ihre Woche im Überblick zu sehen und den Rhythmus darin zu erkennen, wie Sie mit Ihrer Zeit umgehen.

Wochentag	Tageszeit		
	Morgen	Nachmittag	Abend
Montag			
Dienstag			
Mittwoch			
Donnerstag			
Freitag			
Samstag			
Sonntag			

Alles zusammenbringen

Nachdem Sie sich nun über jeden einzelnen Chronos-Zyklus im Detail Gedanken gemacht haben, treten Sie einmal zurück und betrachten Sie alle fünf Zyklen zusammen. Jeder Ablauf umfasst die jeweils kürzeren, sodass sie sich unterschiedlich überschneiden.

Schaut man sich nun alle fünf Chronos-Zyklen auf einmal in einer Tabelle an, könnte einem Angst und Bange werden – aber es kann einem auch Druck nehmen. Schließlich werden Sie feststellen, dass Sie nicht alles auf einmal machen können. Die einzelnen Tätigkeiten im Leben sind unterschiedlich häufig dran.

Diese Tabellen sollen Ihnen dabei helfen, die vielen Details und Informationen zusammenzustellen. So können Sie leichter erkennen, wo Sie Ihre Rhythmen aufeinander abstimmen müssen. Wenn die Tabellen Sie überfordern, lassen Sie sie weg - sie sollen nur ein Werkzeug sein, um Ihnen eine bessere Übersicht zu verschaffen.

Nun sind Sie dran!

Füllen Sie nun den folgenden Bogen aus und nehmen Sie dabei die schon ausgefüllten Tabellen der anderen Seiten zur Hilfe. Vielleicht werden Sie nicht in jedes Feld etwas eintragen, aber Sie werden Ihr Leben im Überblick sehen können. So eine Übersicht kann Ihnen helfen, sich von weiteren Erwartungen zu verabschieden und mehr Chancen zu nutzen. Schlagen Sie auf Seite 221 nach, um ein Beispiel für eine ausgefüllte Tabelle zu den Lebensrollen und Tagesabschnitten zu finden.

Lebensrollen und Chronos-Zyklen

Rolle im Leben	Chronos-Zyklen				
	jährlich	viertel-jährlich	monat-lich	wöchent-lich	täglich
persönlich					
als Ehepartner					
als Elternteil					
als Arbeit-nehmer					
Hobbys und Erholung					

Lebensrollen und Chronos-Zyklen

Rolle im Leben	Chronos-Zyklen				
	jährlich	viertel-jährlich	monat-lich	wöchent-lich	täglich
persönlich	persönliche geistliche Einkehrtage, Seminar oder Konferenz	drei Stunden mit Gott verbringen (nächstes Quartal planen)	Rückblick auf letzten Monat, nächsten Monat planen	eine Stunde mit Gott (Rückblick auf letzte Woche, nächste Woche planen)	15 Minuten Stille Zeit (Bibellesen, Gebet und Tagesplanung)
als Ehepartner	Urlaub	ein Ausflug über Nacht	zum Essen ausgehen	Eheabend	gemeinsamer Morgenkaffee
als Elternteil	Verwandte besuchen	Familienausflug am Wochenende	Zeit mit jedem Kind alleine	Familienabend	gemeinsame Mahlzeit
als Arbeitnehmer	Mitarbeitergespräche, Jahrestagung	Fortbildung besuchen	mit jedem Mitarbeiter einzeln sprechen	Wochenbericht schreiben	pünktlich ankommen und gehen
Hobbys und Erholung	größeres Projekt, Wettkampfteilnahme	eine Veranstaltung besuchen	kleineres Gartenprojekt	dreimal Fitnessstudio	Internet-Blog xy lesen

Arbeitsblätter

Damit Sie die sechs Rhythmusstrategien in Ihrem Leben anwenden können, empfehle ich Ihnen, die Arbeitsblätter auf den folgenden Seiten zu benutzen.

Beginnen Sie damit, Ihr Problem zu bestimmen – zu Hause, auf der Arbeit, in der Schule oder wo auch immer – und beschreiben Sie das Problem kurz.

Bestimmen Sie als Nächstes Ihre aktuelle Lebensphase und Ihr Lebensstadium. Sie bilden den Rahmen für Ihre Anwendung der sechs Rhythmusstrategien.

Gehen Sie die Kairos- und Chronos-Rhythmusstrategien durch und schauen Sie, welche Ihnen am meisten Hilfe für Ihr Problem bietet (oder bieten). Vielleicht lassen sich alle sechs Strategien auf Ihre Situation anwenden, aber im Normalfall ist das übertrieben. Die meisten Menschen können sowieso nur einen oder zwei Schritte auf einmal umsetzen. Von daher empfehle ich Ihnen, zunächst mit den ein, zwei wichtigsten Schritten zu beginnen und erst im Anschluss weitere Schritte anzudenken, auch wenn Sie eine Lösung entdeckt haben, die viele Schritte beinhaltet. Kopieren Sie sich die Seiten aus dem Buch, um mit ausreichend Arbeitsblättern versorgt zu sein.

Um die drei Kairos-Rhythmusstrategien anzuwenden, beantworten Sie die folgenden Fragen:

- Welche Erwartungen kann ich aufgeben, um in meiner Situation zufriedener zu werden?

- Welche Chancen kann ich nutzen, um in meiner augenblicklichen Situation Erfüllung zu finden?
- Wie kann ich nach vorne schauen, um Hoffnung zu schöpfen?

Um die drei Chronos-Rhythmusstrategien anzuwenden, beantworten Sie die folgenden Fragen:

- Wann und wie oft will ich welche Tätigkeiten in mein Leben einbauen? (Ziel: sinnvolles Lebenstempo)
- Wie kann ich Rituale in mein Leben einführen (Traditionen und Gewohnheiten), die mein Leben verbessern?
- Wie kann ich so zwischen Arbeit und Ruhe wechseln, dass ich von beidem profitiere?

Rhythmus-Arbeitsblatt

Name:

Bestimmen Sie das Problem	
Bestimmen Sie Ihre aktuelle Lebensphase und das aktuelle Lebensstadium	**Lebensphase:**
	Lebensstadium:
Wenden Sie die Kairos-Strategien an	**Sich von falschen Erwartungen lösen:**
	Chancen nutzen:
	Vorausschauen:
Wenden Sie die Chronos-Strategien an	**Kraft einteilen (Häufigkeit und Zeitpunkt):**
	Rituale einbauen (Traditionen und Gewohnheiten):
	Wechseln zwischen Arbeit und Ruhe:

Rhythmus-Arbeitsblatt

Name:

Bestimmen Sie das Problem	
Bestimmen Sie Ihre aktuelle Lebensphase und das aktuelle Lebensstadium	**Lebensphase:**
	Lebensstadium:
Wenden Sie die Kairos-Strategien an	**Sich von falschen Erwartungen lösen:**
	Chancen nutzen:
	Vorausschauen:
Wenden Sie die Chronos-Strategien an	**Kraft einteilen (Häufigkeit und Zeitpunkt):**
	Rituale einbauen (Traditionen und Gewohnheiten):
	Wechseln zwischen Arbeit und Ruhe:

Für das Gruppengespräch

Einführung

1. Was reizt Sie daran, dieses Buch zu lesen?
2. Welche Fragen haben Sie zu diesem Buch?
3. Von welchen Themen hoffen Sie, dass sie in diesem Buch behandelt werden?
4. Welche Einwände oder Vorbehalte haben Sie vor dem Lesen des Buches?
5. Was versprechen Sie sich vom Lesen dieses Buches?

Teil I: Rhythmus

6. Was denken Sie, warum „Balance“ so ein weit verbreitetes Konzept ist?
7. Welche Probleme sehen Sie bei dem Balance-Ansatz?
8. Mit welchen Stärken punktet der Rhythmus-Ansatz gegenüber dem Balance-Konzept?
9. Was finden Sie am Rhythmus-Ansatz reizvoll?
10. Worin liegen die Unterschiede zwischen den beiden Arten von Rhythmus: Chronos und Kairos? Nennen Sie einige Beispiele.
11. Inwiefern haben Sie bisher von dem Buch profitiert?

Teil II: Kairos-Rhythmusstrategien

12. Was sind die beiden wichtigsten Kairos-Rhythmen?
13. Warum könnte es hilfreich sein, die eigene Lebensphase und das eigene Lebensstadium zu bestimmen?
14. In welcher Lebensphase befinden Sie sich gerade?
15. Was ist Ihr aktuelles Lebensstadium (Lebensabschnitt)? Befinden Sie sich gerade an dessen Anfang, Mitte oder Ende?
16. Inwiefern wird sich der nächste Lebensabschnitt, der sich an Ihrem Horizont ankündigt, von dem jetzigen unterscheiden?
17. Mit welchen falschen Erwartungen haben Sie bisher gelebt, von denen Sie sich lösen könnten?
18. Welche Chancen könnten Sie in dieser Zeit Ihres Lebens nutzen?
19. Was kommt in Zukunft auf Sie zu, was Ihnen heute Hoffnung geben kann?
20. Welche der drei Kairos-Rhythmusstrategien halten Sie für die wichtigste? Warum?

Teil III: Chronos-Rhythmusstrategien

21. Was sind die fünf Chronos-Zyklen? Warum sind sie für ein gutes Leben von Bedeutung?
22. Bei welchen Tätigkeiten wäre es besser, die Häufigkeit zu ändern?
23. Für welchen Zyklus wünschen Sie sich einen gesünderen Ablauf?
24. Welche Rituale könnten Sie in Ihrem beruflichen oder privaten Umfeld einführen, die Ihre Lebensqualität verbessern würden?
25. Wie können Sie in einem der fünf Zyklen besser zwischen Arbeit und Ruhe wechseln?

Teil IV: Rhythmus-Arbeitsblatt

26. Auf welches Problem oder welche Lebenssituation würden Sie gerne die sechs Rhythmusstrategien anwenden?
27. Wie hat Ihnen das Rhythmus-Arbeitsblatt geholfen oder könnte Ihnen helfen?

Teil V: Der ultimative Rhythmus; Auswertung

28. Was ist Ihre Vorstellung von Ewigkeit? Sind Sie bereit, Gott eines Tages gegenüberzutreten?
29. Wie kann eine Ewigkeitsperspektive Ihnen hier und jetzt zu einem besseren Leben verhelfen?
30. Welcher Gedanke aus dem Buch hat Ihnen am meisten weitergeholfen?
31. Wie werden Sie Ihr Leben durch die Erkenntnisse aus diesem Buch verbessern?
32. Was könnten Sie tun, um die Gedanken des Buches weiterzuführen oder auszubauen?
33. Was denken Sie, wie werden Ihre Freunde auf die Prinzipien in diesem Buch reagieren?

Endnoten

1 Stephen, R. Covey, „Work-Life Balance: A Different Cut“, *Forbes* (21.03.2007), http://www.forbes.com/careers/2007/03/19/covey-work-life-lead-careers-worklife07-cz_sc_0319covey.html.

2 Jim Bird, „Work-Life Balance: Doing It Right and Avoiding the Pitfalls“, WorkLifebalance.com, 2006, http://www.worklifebalance.com/assets/pdfs/article3.pdf.

3 Sinngemäß: „Familienleben bewusst gestalten“ – *Anm. d. Übers.*

4 „What Is Fitness?“, *The CrossFit Journal* (04.10.2002), http://library.crossfit.com/free/pdf//CFJ-trial.pdf.

5 Tony Schwartz/Jim Loehr, *Die Disziplin des Erfolgs: Von Spitzensportlern lernen – Energie richtig managen*, München 2003 (Econ), S. 46.

6 Stephen R. Covey, A. Roger Merrill u. a., *Der Weg zum Wesentlichen: Zeitmanagement der vierten Generation*, Frankfurt/Main 2005 (Campus), S. 110.

7 Über die Jahrhunderte verschieben sich die Bedeutungsfelder von Begriffen. Im antiken Griechenland unterschieden sich *chronos* und *kairos* klarer, während sie später stärker synonym gebraucht wurden, wie etwa im Neuen Testament.

8 *Exegetical Dictionary of the New Testament*, Horst Balz/Gerhard Schneider (Hg.), Grand Rapids 1990–1993 (Eerdmans), Bd. 3, S. 488 f.

9 Gerhard Delling, „χρονός“, *Theologisches Wörterbuch zum Neuen Testament*, Bd. IX, Gerhard Kittel (Hg.), Stuttgart 1990 (W. Kohlhammer), S. 576-589.

10 Gerhard Delling, „καιρός“, *Theologisches Wörterbuch zum Neuen Testament*, Bd. III, Gerhard Kittel (Hg.), Stuttgart 1990 (W. Kohlhammer), S. 457.

11 Siehe 2Tim 4,6; Lk 1,20.

12 Choon-Leong Seow, *Ecclesiastes*, The Anchor Bible Commentary, New York 1997 (Doubleday), S. 171.

13 Das hebräische Wort *yapeh* in Pred 3,11 bedeutet „richtig, angemessen, gut“. Es will kein ästhetisches Urteil ausdrücken, wie man bei der üblichen Übersetzung „schön“ [Luther, Elberfelder Übersetzung] meinen könnte. Siehe Seow, *Ecclesiastes*, S. 162. Vgl. Tremper Logman, *The Book of Ecclesiastes*, Grand Rapids 1998 (Eerdmans), S. 112.

14 Roy Zuck, *Reflecting with Solomon: Selected Studies on the Book of Ecclesiastes*, Grand Rapids 1994 (Baker), S. 217 und 222. Siehe besonders das Zitat von George R. Castellino.

15 Ebd., S. 259 und 264.

16 Elisabeth Kübler-Ross, *Interviews mit Sterbenden*, Stuttgart 1971 (Kreuz-Verlag). Siehe auch Elisabeth Kübler-Ross und David Kessler, *Dem Leben neu vertrauen: Den Sinn des Trauerns durch die fünf Stadien des Verlusts finden*, Stuttgart 2006 (Kreuz).

17 http://changingminds.org/disciplines/change_management/kubler_ross/kubler_ross.htm (abgerufen am 28.4.2007).

18 William Shakespeare, „Wie es euch gefällt", *Shakespeare's dramatische Werke*, Berlin 1799 (Johann Friedrich Unger), 2. Akt, 7. Szene, S. 215.

19 Auf Deutsch 1957 erschienen unter dem Titel *Kindheit und Gesellschaft*, Zürich (Pan-Verlag) [*Anm. d. Übers.*].

20 Gail Sheehy fasst Eriksons Position in ihrem Buch *In der Mitte des Lebens* zusammen: „In der ersten Erwachsenenphase ist das Hauptthema die *Intimität* im Gegensatz zur Isolierung. Ein weiteres Kriterium kontinuierlichen Wachstums ist die *Generativität*, d. h. der Prozess, durch den das Individuum in einem neuen Sinne kreativ wird und die Verpflichtung fühlt, jüngere Generationen und Kollegen, Bekannte oder Freunde zu führen. Im letzten Stadium wird dann *Integrität* erlangt, die Krise der Lebensmitte ist nun erfolgreich bewältigt." Gail Sheehy, *In der Mitte des Lebens: Die Bewältigung vorhersehbarer Krisen*, Frankfurt/Main 1986 (Fischer Taschenbuch), S. 22–23.

21 Ebd., S. 21.

22 Ebd., S. 20.

23 Gail Sheehy, *Die neuen Lebensphasen: Wie man aus jedem Alter das Beste machen kann*, München 1996 (List Verlag), S. 30f.

24 Ebd., S. 25.

25 Ebd., S. 29 und S. 32–33.

26 Ebd., S. 30.

27 Sheehy, *In der Mitte des Lebens*, S. 29.

28 Kenneth H. Cooper, Tyler C. Cooper u. a., *Start Strong, Finish Strong: Prescriptions for a Lifetime of Great Health*, New York 2007 (Avery), S. 7; kursiv im Original.

29 William Blake, „Ewigkeit", *Zwischen Feuer und Feuer: Poetische Werke*, München 2007 (dtv), S. 145.

30 *Rip van Winkle* ist eine Erzählung des amerikanischen Schriftstellers Washington Irving aus dem Jahre 1819. Sie erzählt die Geschichte des Bauern Rip van Winkle, der zur englischen Kolonialzeit in den Bergen New Yorks in einen Zauberschlaf fällt, erst nach zwanzig Jahren wieder aufwacht und feststellt, dass er nun nicht mehr Untertan des englischen Königs, sondern Bürger der Vereinigten Staaten ist. – *Anm. d. Übers.*

31 *Rev! magazine*, Mai/Juni 2007.

32 Stephen R. Covey, A. Roger Merrill u. a., *Der Weg zum Wesentlichen: Zeitmanagement der vierten Generation*, Frankfurt/Main 2005 (Campus), S. 28.

33 „Seit unsere Zeit standardisiert ist (…), wissen die Eifrigen, wie sie in ihren verschiedenen Berufen jedes bisschen Zeit zu ihrem Nutzen einsetzen können. Am Ende ist derjenige, der mit seiner Zeit nachlässig umgeht, ein Geldverschwender. Ich erinnere mich an eine namhafte Frau, die sich vollauf des Wertes bewusst war, der in der Zeit liegt. Ihr Ehemann war Schuster und ein ausgezeichneter Handwerker, aber er achtete nie darauf, wie die Minuten verstrichen. Vergeblich versuchte sie ihm beizubringen, dass *Zeit Geld ist* [„time is money"]. Er war zu schlagfertig, um ihr nachzugeben, und das wurde sein Ruin. Wenn er in der Kneipe bei seinen Freunden saß und einer bemerkte, dass die Uhr elf geschlagen hatte, dann sagte er: „Das kann uns doch egal sein!" Wenn sie den Lehrjungen mit einer Nachricht zu ihm schickte, dass es zwölf geschlagen hatte, war seine Antwort: „Sag ihr, sie soll sich entspannen, es wird niemals höher schlagen." Und wenn es eins schlug, war sein Kommentar: „Tröste sie, es wird niemals niedriger schlagen.'" (Aus: Benjamin Franklin, *Poor Richard's Almanack*, 1751)

34 Siehe Franz Halberg, *Introduction to Chronobiology*, Halberg Chronobiology Center, University of Minnesota 1994, http://www.msi.umn.edu/~halberg/introd/index.html.

35 Russell G. Foster, Leon Kreitzman, *Rhythms of Life: The Biological Clocks that Control the Daily Lives of Every Living Thing*, New Haven 2004 (Yale), S. 3.

36 Ebd., S. 4. Die Chronobiologie ist keine Randdisziplin mehr: „Mittlerweile aber wird die Chronobiologie, die noch vor wenigen Jahren als seltsame, unbedeutende Wissenschaft galt, bereits an bedeutenden Universitäten und medizinischen Zentren der ganzen Welt gelehrt", bemerken Susan Perry und Jim Dawson in *Chronobiologie: Die innere Uhr Ihres Körpers*, Genf 1990 (Ariston), S. 22, „Chronobiologen arbeiten in den USA z. B. für die NASA sowie für die National Institutes of Health und andere Regierungslabore."

37 Foster/Kreitzman, S. 5.

38 Siehe dazu die Arbeiten über das anthropische Prinzip, z. B. Guillermo Gonzalez und Jay W. Richard, *The Privileged Planet: How our Place in the Cosmos is Designed for Discovery*, Washington D. C. 2004 (Regnery). Sie geben weitere Informationen über sensible und besondere Eigenschaften unseres Planeten, die Leben auf der Erde überhaupt erst ermöglichen.

39 Pitirim A. Sorokin, *Sociocultural Causality, Space, Time*, Durham 1943 (Duke University), zitiert in „Social Rhythms, Cycles, and Clocks", http://www.trinity.edu/~mkearl/time-3.html.

40 Eine „Woche" konnte in vergangenen Kulturen von drei bis zu neunzehn Tagen reichen.

41 Eviatar Zerubavel, *The Seven Day Circle: The History and the Meaning of the Week*, Chicago 1985 (University of Chicago), S. 9.

42 Susan Perry, Jim Dawson, *Chronobiologie: Die innere Uhr Ihres Körpers*, Genf 1990 (Ariston), S. 35–36.

43 Jeremy Campbell, *Winston Churchill's Afternoon Nap*, New York 1986 (Simon & Schuster), S. 79. Campbell schreibt auch: „Diese circaseptanen oder in etwa wöchentlichen Rhythmen zählen zu den großen Überraschungen, auf die die moderne Chronobiologie gestoßen ist. Noch vor fünfzehn Jahren hätten wenige Wissenschaftler erwartet, dass biologische Sieben-Tages-Zyklen in der Welt so weit verbreitet und seit so langer Zeit belegt wären. Sie haben ihren Ursprung in sehr früher Zeit und tauchen in primitiven Einzellern auf, anscheinend sogar in Bakterien, der einfachsten Form heute existierenden Lebens." In seinem Artikel mit dem Titel „God's mysterious Seven Day Cycle in Plants, Animals, and Man!" [„Gottes geheimnisvoller Sieben-Tage-Zyklus bei Pflanzen, Tieren und dem Menschen!"] schreibt Ken Westby: „Eine der erstaunlichen Entdeckungen von Franz Halberg ist die eines angeborenen Rhythmus von ungefähr sieben Tagen, der bei einer Riesenalge vorkommt, die auf der evolutionären Zeitleiste vor ungefähr fünf Millionen Jahren eingeordnet wird. Weil diese Zelle unter dem Mikroskop wie ein elegant geschwungenes Champagnerglas aussieht, ist diese Alge

im englischsprachigen Bereich im Volksmund als ‚mermaids wineglass' [‚Weinglas der Meerjungfrau'] bekannt (Acetabularia mediterranea).Wenn diese ‚primitive' Alge über viele Tage künstlichen Zeitplänen von Licht- und Dunkelperioden unterschiedlicher Dauer ausgesetzt wird, ist diese einzelne intakte Zelle irgendwie dazu imstande, alle diese Manipulationen an Licht und Dunkelheit in einen Sieben-Tages-Rhythmus umzusetzen! ... Wenn die Sieben-Tage-Woche eine Erfindung von Kultur und Religion wäre, wie uns viele Historiker glauben machen wollen, wie erklären wir dann den angeborenen circaseptanen Rhythmus bei ‚primitiven' Algen, bei Ratten, Pflanzen und Kopffliegen?" http://www.biblestudy.org/godsrest/mysterious-seven-day-cycle-in-plants-animals-man-1.html.

44 Tony Schwartz, Jim Loehr, *Die Disziplin des Erfolgs: Von Spitzensportlern lernen – Energie richtig managen*, München 2003 (Econ), S. 227.

45 Duden - Deutsches Universalwörterbuch, 6. Aufl., Mannheim (Bibliographisches Institut & F. A. Brockhaus AG).

46 William Doherty, „Intentional Marriage: Your Rituals will set you free", Hauptreferat bei der Smart Marriage Conference, Denver 2007, http://www.smartmarriages.com/intentionalmarriage.html.

47 Schwartz und Loehr, S. 228.

48 Friesen schreibt: „Verschiedene Studien haben untersucht, welche neurobiologischen Auswirkungen die Teilnahme an einem Ritual hat [d'Aquili, et al., (1979), *Anm. d. Autors*]. Diese Untersuchungen zeigen, dass Rituale positive limbische Entladungen auslösen, die für Wärme und ein Nähegefühl zwischen Menschen sorgen. Rituale stimulieren beide Gehirnhälften, sodass die ‚beiden Hemisphären des Gehirns ineinander übergehen.' Das Ergebnis können tiefgehende emotionale Erfahrungen sein, z. B. ‚ein Schauer, der einem über den Rücken läuft.' Diese Erfahrungen bewirken persönliche Integration und ein Gefühl des Wohlbefindens. Rituale können quantifizierbare und nichtquantifizierbare Informationsebenen miteinander verknüpfen, sodass logische und verbale Kommunikationsmethoden mit nonverbalen, symbolischen Methoden verbunden werden. Daher erreichen Rituale eine Bedeutungs- und Sinnebene, die Worten alleine nicht zugänglich ist." (John D. Friesen, „Rituals and Family Strength", *Direction Journal* 19, Nr. 1, Frühling 1990, http://www.directionjournal.org/article/?654)

49 Peggy Patten, „The Role of Ritual in Strengthening Family Ties: An Interview with William Doherty", Burlington Little School, http:/www.nvo.com/bls/articlesandnewsletters/article.nhtml?uid=10004 [Seite nicht mehr verfügbar].

50 Family Rituals – Research on Family Rituals, http://family.jrank.org/pages/574/Family-Rituals-Research-on-Family-Rituals.html.

51 Nach Carol J. Plate, „Family Holiday Traditions", http://unlforfamilies.unl.edu/Time/Family/Time-FamilyHolidayTraditions.htm.

52 William Doherty, „Intentional Marriage: Your Rituals will set you free", Hauptreferat bei der Smart Marriage Conference, Denver 2007, http://www.smartmarriages.com/intentionalmarriage.html.

53 Labor Day, der „Tag der Arbeit", ist auch in den USA Nationalfeiertag. Im Gegensatz zu Deutschland findet er jedoch nicht am 1. Mai statt, sondern am ersten Montag im September - *Anm. d. Übers.*

54 Vergleichbar mit der Bundesliga, der Formel 1, den Deutschen Tennismeisterschaften und – meist jenseits der Grenze – der Tour de France, *Anm. d. Übers.*

55 Vgl. Schwartz/Loehr, *Die Disziplin des Erfolgs*, S. 23 ff.

56 „Das biblische Essensmuster wechselte zwischen Fasten und Feiern. Das Fasten, der Verzicht auf Nahrung, war Ausdruck der Reue und der Abhängigkeit von Gott. Feiern, nicht weniger eine geist-

liche Übung, war ein Zeichen für die Güte Gottes. Obwohl die meisten Mahlzeiten in Israel sicherlich einfach gehalten waren, kannten die Israeliten sowohl Verzicht wie genussvolles Feiern (die drei bedeutendsten Feste waren das der Ungesäuerten Brote, das Wochenfest und das Laubhüttenfest)." Maxie D. Dunnam, Gordon MacDonald u. a., *Mastering Personal Growth*, Colorado Springs 1992 (Multnomah Books), S. 123.

57 Larry Osborne nennt viele biblische Personen, die nach heutigen Maßstäben nicht ausgeglichen waren (in seinem Buch *A Contrarian's Guide to Knowing God: Spirituality for the Rest of Us*, Colorado Springs 2007 (Multnomah), s. Kapitel „Seeking Balance: Does God Give a Rip?" [„Auf der Suche nach Balance: Interessiert Gott das?"]. Craig Groeschel schreibt am 24.04.2008 in seinem Blog mit dem Titel „Der Mythos von einem Leben in Balance": „Meiner Meinung nach ist ein ausgeglichenes Leben unerreichbar und unbiblisch." Nancy Ortberg erklärt in einem ihrer Bücher: „Ich glaube, dass Balance ein Mythos ist; ein Fabelwesen, eine nette Geschichte. Eine tolle Idee, aber trotzdem ein Mythos." In *Glaube ist kein Kochrezept: Überraschende Begegnungen mit Gott in ganz alltäglichen Momenten*, Asslar 2009 (Gerth Medien), S. 89 f.

58 Schwartz/Loehr, S. 22.

59 Ebd., S. 21.

60 http://www.futurerevisions.org/energy_least.htm.

61 Schwartz/Loehr, S. 274.

62 Ebd.

63 Ebd., S. 275.

64 Mihaly Csikszentmihalyi, *Flow: Das Geheimnis des Glücks*, 15. Aufl.: Stuttgart 2010 (Klett-Cotta), S. 16.

65 Ebd., S. 43.

66 Ebd., S. 44.

67 Matthew Kelly, *The Rhythm of Life: Living Every Day with Passion and Purpose*, New York 1999 (Simon & Schuster/Fireside), S. 294.

68 Schwartz/Loehr, S. 21.

69 Robert J. Banks, *The Tyranny of Time*, Downers Grove 1983 (InterVarsity), S. 224.

70 Ebd., S. 223–224.

71 Arthur Miller, „Tod eines Handlungsreisenden", nach *Hexenjagd/Tod eines Handlungsreisenden*, Frankfurt/Main 1962 (Fischer), S. 121.

72 Kay Judge und Maxine Barish-Wreden, „Take Two Vacations and Call Me in the Morning", *Dallas Morning News* (01.07.2008).

73 Ebd.

74 Randy Frazee, *Making Room for Life: Trading Chaotic Lifestyles for Connected Relationships*, Grand Rapids 2003 (Zondervan), S. 60.

75 Leslie Garcia, „How Getting a Good Night's Sleep Helps during the Day", *Dallas Morning News* (22.07.2008).

76 National Institute of Mental Health, „‚Power Nap' Prevents Burnout; Morning Sleep Perfects Skill," (02.07.2002). http://www.nimh.nih.gov/science-news/2002/power-nap-prevents-burnout-morning-sleep-perfects-a-skill.shtml.

77 Sara Mednick, „Take a Nap", LLC, http://www.saramednick.com.

78 Zur Frage, wie lange ein guter Kurzschlaf dauert: „Ten Benefits of Power Napping and How to Do IT" [„Zehn Vorteile des Kurzschlafs und wie Sie ihn einrichten"], http://ririanproject.com/2007/09/05/10-benefits-of-power-napping-and-how-to-do-it/.

Zum Nano-Kurzschlaf (10–20 Sekunden): Schlafstudien konnten bisher noch nicht feststellen, ob sich diese kurzen Zeitspannen positiv auswirken, z. B. wenn Sie im Zug an die Schulter Ihres Sitznachbarn gelehnt einschlafen. Mikro-Kurzschlaf (2–5 Minuten) ist erwiesenermaßen erstaunlich hilfreich, um Müdigkeit abzuschütteln. Mini-Kurzschlaf (5-20 Minuten) steigert die Aufmerksamkeit, Ausdauer, das motorische Lernen und die Motorik selbst. Echter Kurzschlaf (20 Minuten) umfasst auch die Vorteile des Mikro- und Mini-Kurzschlafs. Zusätzlich steigert er das Muskelgedächtnis und befreit das Gedächtnis von unnötig gespeicherten Informationen. Das wiederum hilft Ihrem Langzeitgedächtnis beim Erinnern an Fakten, Ereignisse und Namen. Der Kurzschlaf des Faulen (50–90 Minuten) umfasst sowohl die Schlafphasen des NREM- als auch des REM-Schlafes, steigert die visuell-räumliche Wahrnehmung, wichtig bei der Verarbeitung von (humanen) Wachstumshormonen und beim Wiederaufbau von Knochen und Muskeln.

79 Henry Hazlitt, *Thinking as a Science*, New York 1916 (E. P. Dutton), S. 17.

80 [Englischsprachige] Informationen finden sich unter www.yourlifeinrhythm.com.

81 Auch hierzu finden sich [englischsprachige] Informationen unter www.yourlifeinrhythm.com.

82 Michael Eton, „Ecclesiastes", *Tyndale Old Testament Commentaries*, Downers Grove 1983 (InterVarsity), S. 81.

83 Augustinus, *Bekenntnisse* 1,1.

84 Robert J. Banks, *The Tyranny of Time*, Downers Grove 1983 (InterVarsity), S. 261.

85 Die angeführten Beispiele wurden weitgehend an die deutsche bzw. europäische Situation angepasst - *Anm. d. Übers.*